集人文社科之思　刊专业学术之声

集 刊 名：教育与乡村发展
主　　编：朱旭东
副 主 编：曾晓东　李兴洲
编　　务：方圆安
主办单位：北京师范大学教育学部
　　　　　联合国教科文组织国际农村教育研究与培训中心

EDUCATION FOR RURAL DEVELOPMENT (Vol.1)

第1辑

集刊序列号：PIJ-2020-415

中国集刊网：www.jikan.com.cn

集刊投约稿平台：www.iedol.cn

教育与乡村发展

（第1辑）

EDUCATION FOR
RURAL DEVELOPMENT
(Vol.1)

主　编　朱旭东

副主编　曾晓东　李兴洲

社会科学文献出版社

SOCIAL SCIENCES ACADEMIC PRESS (CHINA)

序　言

2015 年，国际社会通过了 2030 年可持续发展议程，期望实现包容和共同繁荣的愿景，兑现"有质量的教育"的承诺。在这一议程实施过程中，我们发现，农村地区人口数量大，贫困和不平等现象交织，是实现可持续发展的重要影响因素和最薄弱环节。从宗滴恩世界全民教育大会（World Conference on Education for All）倡导普及教育，到仁川会议提出可持续发展框架，农村和不利群体的教育和教育扶贫斩断贫困的代际传递等问题始终摆在议程的优先位置，成为国际社会的关切。

中国作为人口大国，正处于"脱贫"到"乡村振兴"的过程中，我们的思考和实践不仅有利于我国乡村振兴，也具有世界性意义。面向未来，社会发展需要什么样的教育？现有的教育，哪些需要继承，哪些需要摒弃，哪些需要创新？如何确保教育的公平与质量，保障农村地区人口通过教育实现平等的发展机会？2021 年，中国实现现行标准下农村贫困人口全部脱贫，历史性解决了绝对贫困问题，"发展教育脱贫一批"作为脱贫攻坚战的重要组成部分，对阻断贫困代际传递、推动乡村发展发挥了重要作用。中国经验为教育与发展的相关思考提供了生动的实践案例，为国际社会实现减贫与发展提供了重要参考。当下，中国由脱贫攻坚转向"全面推进乡村振兴"，也为进一步思考教育推动社会发展的内涵、动力与机制等创造了新的契机。对中国实践进行解释与阐述，总结传播现有经验，并通过国际交流互鉴明确中国教育与发展的相关坐标，厘清教育促进乡村发展的路径和机制，成为重要的历史命题。

教育具有巨大的变革性力量，发展教育是实现农村地区可持续发展乃至实现整个可持续发展议程的关键。长期以来，各国和国际社会在以教育消除贫困、促进经济社会发展方面进行了有益的探索，"教育促进发展"的有关理论与实践积累日益丰富。然而，当今世界发展日新月异，社会发展与教育本身都已发生巨大变化。新冠肺炎疫情的冲击、数字技术、环境问题、少子化和老龄化等人口问题、劳动力市场的新变化等因素均极大程度改变了社会面貌，也带来对教育目的、教育内容、教学方式等的新思考。联合国教科文组织未来教育委员会发布的《一起重新构想我们的未来》报告指出，当今世界面临的一系列严峻挑战表明，教育未能兑现其助力塑造和平、公正、可持续社会的期许，因此，教育本身必须变革。

2021 年联合国《世界社会报告：重新思考农村发展》（World Social Report 2021：Reconsidering Rural Development）指出，要实现 2030 年可持续发展目标，我们必须通过提高农村劳动生产率、人力资本和基础设施，消除城乡差别，重新考虑农村在可持续发展中的角色和战略，将农村发展置于实现可持续发展行动的中心。同年 11 月，联合国教科文组织未来教育委员会发布《一起重新构想我们的未来》（Reimagining Our Futures Together：A new Social Contract for Education）报告，提出要在可持续和正义的框架下重新思考学校是什么、学校怎么教和学生如何学习的问题，在思考的过程中，农村儿童和农村教育应该是"教育的社会新契约"的重点议题。

联合国教科文组织国际农村教育研究与培训中心（以下简称"中心"）是中国政府与联合国教科文组织共建的唯一为发展中国家在"教育促进农村发展"领域进行专门研究、培训、信息传播和网络联系等工作的国际机构。"中心"自成立以来，在优质教师、教育技术、性别平等、技能发展、生态文明和可持续发展教育等五大领域开展工作，期望通过教育研究与培训推动实现联合国可持续发展目标 4（SDG-4），即优质教育的目标，助力农村地区经济社会生态可持续发展与 2030 年可持续发展议程的实现。

《教育与乡村发展》集刊出版，是"中心"进一步服务教育与发展领域知识生产、学习互鉴、理论创新与实践积累的务实之举。集刊以"中心"五大工作领域为主线,关注乡村教师与优质教育、教育技术与乡村教育创新、性别平等与教育公平、社区教育与技能开发、生态文明与乡村可持续发展、乡村教育与社会发展、乡村教育国际传播与合作等广泛议题,期望为有关研究者、实务工作者、管理人员、一线工作者等提供对话空间与交流平台,从而引领思辨、汇聚智慧、凝聚合力,为全球范围教育与乡村发展贡献积极力量。

北京师范大学教育学部部长
教育部普通高校人文社会科学重点研究基地
北京师范大学教师教育研究中心主任

目 录

乡村视域下教师专业知识的结构性特征分析

——基于甘肃省某县域高中教师的实证调研

曾晓东　赵瞳瞳　严天怡

【摘　　要】教师专业知识是教师进行教育教学的关键，专业知识影响教师的专业能力和专业信念。了解乡村教师对专业知识的把握及其专业知识结构特征是探索城乡教师教学质量差异的一个重要维度，也是乡村教育发展的突破点。为构建我国乡村视域下教师专业知识结构特征体系，本研究采用质性研究方法对甘肃省某地方县的 18 位高中教师进行了访谈。研究发现，乡村教师专业知识结构分五个维度，即学科和课程知识、一般教学和学科教学知识、学生和环境知识、教育目的和价值知识、信息技术知识。乡村教师不同维度的专业知识结构在乡村自身生态体系下呈现发展差异，教师的学科和课程知识、学生和环境知识相对完整，但是学科教学知识挑战日益明显，信息技术知识受制于相对落后的基础设施配备。教师专业知识掌握受教师个体教龄、学段和职务等因素影响。因此，当前乡村教师培训需要从微观角度切入，为乡村教师提供需要的专业知识，补齐专业知识结构短板，同时建立跟踪辅助系统，为不同阶段教师提供相应的帮助。

【关 键 词】专业知识；乡村教师；专业发展；学科教学知识

【作者简介】曾晓东，北京师范大学教育学部教授，联合国教科文组织国际农村教育研究与培训中心执行主任，研究方向为教师教育、教育经济；通讯作者：赵瞳瞳，北京师范大学教育学部、联合国教科文组织国际农村教育研究与培训中心博士后，研究方向为教师教育、教育公平；严天怡，浙江大学教育学院在读本科生。

一 引言

教师专业知识是教师专业发展的基石，是影响教师教学水平的关键。[1][2] 教师的专业知识结构特征直接影响教师专业能力的发挥，也在一定程度上影响教师的专业信念。当前我国教育发展水平的城乡差距是教育研究的重点，乡村教育发展的弱势地位受到广泛讨论。[3] 虽然城乡经济发展水平差距是导致城乡教育发展水平差距的原因之一，但是越来越多学者指出，教师在乡村教育中发挥的作用更为关键，教师对学生学习和认知能力发展的影响更大，教师的文化素质与职业能力的提升可以有效促进乡村教育质量发展。[4] 乡村教师专业发展困境，尤其是专业能力和态度被广泛研究，乡村教师缺乏提高专业能力的动力和机会，自我发展意识较弱，教育观念滞后，[5][6] 而且乡村教师的职业满意度相对较低，教师流动意愿强

---

① Sorge S., Kröger J., Petersen S., Neumann K., "Structure and Development of Pre-service Physics Teachers' Professional Knowledge", *International Journal of Science Education* 41 (2019): 862-889.

② Keller M. M., Neumann K., Fischer H. E., "The Impact of Physics Teachers' Pedagogical Content Knowledge and Motivation on Students' Achievement and Interest", *Journal of Research in Science Teaching* 54 (2017): 586-614.

③ An Xuehui, "Teacher Salaries and the Shortage of High-quality Teachers in China's Rural Primary and Secondary Schools", *Chinese Education & Society* 51 (2018): 103-116.

④ 宗晓华、杨素红、秦玉友：《追求公平而有质量的教育：新时期城乡义务教育质量差距的影响因素与均衡策略》，《清华大学教育研究》2018 年第 6 期。

⑤ 李明善：《农村中小学教师专业发展问题探析》，《社会科学家》2012 年第 1 期。

⑥ 杨进红：《基于课程理解的农村教师专业发展突破路径》，《中国教育学刊》2015 年第 11 期。

烈，职业流失率较高。①② 从教师专业发展的维度看，相比对教师专业能力和专业信念的研究，现有研究对教师专业知识的关注相对较少，而专业知识对教师的专业能力发挥和信念都有重要影响。政策层面，国家出台了一系列向乡村教育倾斜的政策建议，如《乡村教师支持计划（2015—2020年）》，③ 但是现有政策更多是关注外在资源环境，没有对乡村教师专业知识结构调整和发展给予足够关注，而且对乡村教育生态探讨更多表现在效能维度与国家标准或城市标准对比上，缺少对乡村自身生态体系内部教师专业知识结构的梳理。因此，本研究试图通过对现有乡村教师专业知识结构特征梳理和影响因素探讨，在乡村生态下寻找从乡村教师专业知识维度促进教师专业发展提升的可行路径。

二 文献综述

（一）教师专业知识

专业知识作为教师专业发展的维度之一，是教师专业发展的关键。1966年联合国教科文组织和国际劳工组织提出《关于教师地位的建议》，首次以官方文件形式对教师专业化做出了明确说明，提出"应把教育工作视为专门的职业，这种职业要求教师经过严格、持续地学习，获得并保持专门的知识和特别的技术"。④ 1963年 Gage 首次在其主编的《教学研究手册》（Handbook of Research on Teaching）中提到"教师知识"（Teachers' Knowledge），⑤ 此后专业知识的界定和分类一直是国内外学者关注的重

---

① 王国明、郑新蓉：《农村教师补充困境的政策与社会学考察》，《教师教育研究》2014年第4期。
② 庞丽娟、金志峰、杨小敏：《新时期乡村教师队伍建设政策研究》，《中国行政管理》2017年第5期。
③ 国务院办公厅：《关于印发乡村教师支持计划（2015—2020年）的通知》，中华人民共和国中央人民政府，http://www.gov.cn/zhengce/content/2015-06/08/content_9833.htm。
④ ILO, UNESCO. *Recommendation Concerning the Status of Teachers* (Paris: UNESCO, 1966).
⑤ Gage N. L. *Handbook of Research on Teaching* (Chicago: Rand McNally, 1963).

点。① Elbaz 最早将专业知识分为学科知识、课程知识、一般教学知识、关于自我的知识和关于学校的背景知识五个类别，虽然这些知识本身是静态的，但是在实践中存在动态关联。② Shulman 认为教师专业知识应当包括学科知识、一般教学的知识、课程知识、学科教学知识（PCK）、学生及其学习特点的知识、教育环境的知识，以及关于教学的目的和价值及其哲学和历史基础的知识七类，③ 他的理论框架是具有革命性的，尤其是学科教学知识的建构对后续研究影响深远。Koehler 和 Mishra 在学科教学知识的基础上构建了整合技术的学科教学知识（Technological Pedagogical Content Knowledge，TPACK）理论模型，强调学科知识（CK）、教学法知识（PK）、技术知识（TK）以及三者的深度融合。④

借鉴国外的发展经验，国内也有不少学者对于教师专业知识结构进行了深入的研究。辛涛等从知识的效能出发，将教师专业知识分为本体性知识、条件性知识、实践性知识和文化知识。⑤ 陈向明提出，教师专业知识可依据其存在方式的不同分为理论性知识和实践性知识两类，⑥ 成为我国教师专业知识结构实践性取向划分的代表。按照教师专业发展内涵，朱旭东认为，专业知识需要"教会学生学习"的学科和专业知识，"育人"的学生发展、德育、心理健康、人生规划知识和"服务"的组织管理、科研、教研等知识三大类，其中最重要的当属学科知识和专业知识。⑦ 张师平依据教育部 2012 年的教师专业标准，参考辛涛等的研究结论，再度提出

---

① 康晓伟：《当代西方教师知识研究述评》，《外国教育研究》2012 年第 8 期。

② Elbaz F., *Teacher Thinking: A Study of Practical Knowledge* (London: Croom Helm, 1983), p. 216.

③ Shulman L. S., "Knowledge and Teaching: Foundations of the New Reform", *Harvard Educational Review* 57 (1987): 1-22.

④ Koehler M. J., Mishra P., "What is Technological Pedagogical Content Knowledge?", *Contemporary Issues in Technology and Teacher Education* 9 (2009): 60-70.

⑤ 辛涛、申继亮、林崇德：《从教师的知识结构看师范教育的改革》，《高等师范教育研究》1999 年第 6 期。

⑥ 陈向明：《实践性知识：教师专业发展的知识基础》，《北京大学教育评论》2003 年第 1 期。

⑦ 朱旭东：《论教师专业发展的理论模型建构》，《教育研究》2014 年第 6 期。

农村小学教师专业知识的本体性知识、条件性知识和实践性知识框架。①

当前对教师专业知识的概念界定和分类还没有统一，但是学者从不同维度梳理了教师专业知识构成，为乡村教师专业知识结构建立奠定了基础。本研究在既有的丰富专业知识分类的基础上，探讨我国乡村教师对专业知识的理解和把握，试图在验证现有分类的基础上构建乡村生态下教师专业知识结构体系。该研究可以从相对弱势生态背景下，有效丰富和完善教师专业知识理论体系，提出促进教育公平和可持续发展的路径。

（二）乡村教师专业知识

当前国内外学者对乡村教师专业知识的梳理仍旧侧重在城乡对比下的知识特征分析。与城市教师相对比，乡村教师的专业知识处于弱势地位。有学者指出在教师教育过程中人们似乎更关注基本内容，而对他们可能任教的弱势社区或地域认知不足。② 澳大利亚乡村和区域教师教育课程更新项目的研究结果支持这一观点，强调许多教育工作者对于毕业生可能任教的乡村社区的需求了解甚少。③ Reid 等则发现澳大利亚许多乡村儿童及其家庭都认为教师对他们缺乏兴趣，进而变得灰心丧气。④ 但是也有研究发现乡村教师专业知识优势，如 Jamil 等发现马来西亚的乡村教师拥有丰富的本土专业知识，了解学生的能力，能够提出合适的问题激发学生的思考。⑤ Glover 等发现美国乡村教师的专业发展经验和实践与城市教师相比没有明显的差距，但是他们也发现教师有关专业发展机会的实践可以显著

---

① 张师平：《农村小学教师专业知识结构存在的问题及对策探析》，《教师发展》2019 年第 23 期。

② Zeichner K., "The Struggle for the Soul of Teaching and Teacher Education in the USA", *Journal of Education for Teaching* 40 (2014): 551–568.

③ White S., Kline J., "Developing A Rural Teacher Education Curriculum Package", *Rural Educator* 33 (2012): 36–43.

④ Reid J. A., Green B., Cooper M., Hastings W., Lock G., White S., "Regenerating Rural Social Space? Teacher Education for Rural-regional Sustainability", *Australian Journal of Education* 54 (2010): 262–276.

⑤ Jamil H., Arbaa R., Ahmad M. Z., "Exploring the Malaysian Rural School Teachers' Professional Local Knowledge in Enhancing Students' Thinking Skills", *Journal of Education and Learning* 6 (2017): 25–40.

影响其对知识的掌握。[1] White 提倡从源头上，为所有乡村教师建立一个专业知识基础结构。[2] 随着信息技术的发展，信息技术相关知识也成为乡村教师专业知识的一个重要组成部分，Taimalu 和 Luik 进行的一项研究强调了乡村教师知识和技能的重要作用，特别关注了将技术工具与教学法及特定学科内容相结合的知识。[3] Wang 等人的研究证实了这一点，提出当教师在数字资源方面的知识和技能水平较高时，其使用教育数字资源的可能性也随之增加。[4] 国内学者曹秀平等也在信息化时代背景下提出教师可以通过信息技术工具提升专业水平。[5]

相比国外对教师专业知识特征的梳理，国内学者更多从外部标准对乡村教师进行效能评价，分析乡村教师发展困境，如乡村教师数量短缺、教师流动率高、专业发展机会受限等。教师数量短缺导致乡村教师"所教非所学"现象严重，乡村教师存在学科知识不对口，课程知识和学生管理知识不足等问题，严重影响学科教学品质。孔祥渊认为乡村教师缺乏教学的理念性知识。[6] 张师平指出乡村教师存在知识观念跟不上的问题，表现在对本学科新的教学理论、新的教学方法等掌握不牢固，学科基础知识不扎实、知识视野狭窄，教师的教育理论知识薄弱、科研知识匮乏。[7] 庞丽娟等同样指出，乡村教师思想观念和教育教学理念落后，知识结构陈旧，网

---

① Glover T. A., Nugent G. C., Chumney F. L., Ihlo T., Shapiro, E. S., Guard K., Koziol N., Bovaird, J., "Investigating Rural Teachers' Professional Development, Instructional Knowledge, and Classroom Practice", *Journal of Research in Rural Education* 31 (2016): 1–16.

② White S., "Extending the Knowledge Base for (Rural) Teacher Educators", *Australian and International Journal of Rural Education* 25 (2015): 50–61.

③ Taimalu M., Luik P., "The Impact of Beliefs and Knowledge on the Integration of Technology among Teacher Educators: A Path Analysis", *Teaching and Teacher Education* 79 (2019): 101–110.

④ Jingxian Wang, Dineke E. H., Tigelaara, Wilfried Admiraal., "Connecting Rural Schools to Quality Education: Rural Teachers' Use of Digital Educational Resources", *Computers in Human Behavior* 101 (2019): 68–76.

⑤ 曹秀平：《互联网+背景下教师的专业发展分析及措施研究》，《卫星电视与宽带多媒体》2019 年第 24 期。

⑥ 孔祥渊：《"混日子"：生活在别处 ——一项关于部分农村教师工作状态的质性研究》，《上海教育科研》2014 年第 9 期。

⑦ 张师平：《农村小学教师专业知识结构存在的问题及对策探析》，《教师发展》2019 年第 23 期。

络信息技术教学和应用存在盲区。① 另外，乡村教师面临着城市人和乡村人的社会角色冲突，导致其乡土文化知识接受和传承能力较弱。② 乡村教师的专业发展"缺少乡村本色，专业知识忽视乡土文化本色"。③ 汪娜通过综述国内外教师专业知识研究提出，学者们调查的主体虽不一样，但结果具有相似性，即这些样本都存在专业知识发展不均衡并且自主发展意识较差，普遍缺乏教育知识和通识类知识等问题，乡村教师在相关法律法规、学生学习特点、特殊学生特点、青春期和性教育的学生发展类专业知识，德育理论、认知规律、教育研究、班级管理、课程标准等教育教学专业知识，以及通识性乡土专业知识方面都存在不足。④ 也有学者关注乡村教师的信息化技能知识，乡村教师多媒体电子产品利用率低，教师的信息化技能培训机会少是乡村教师面临的一个挑战。⑤

当前研究中，虽然国内外学者对乡村教师群体关注较多，但是他们更多地将乡村教师专业知识作为教师专业发展的一个构成维度，没有专门的研究。而且，多数研究尤其是国内研究提出乡村教师专业知识困境与挑战，从外部标准和城市标准对乡村教师进行效能评价，忽视乡村背景和乡村教师的工作生态，缺少对乡村教师自有生态体系的关照，缺少对乡村教师专业知识结构化特征的梳理和分析。因此，本研究在前人对专业知识进行概念界定和分类及其对乡村教师专业知识的研究的基础上，首先构建我国乡村背景下教师专业知识的分类，呈现乡村教师自有生态的结构化特征，并分析其结构特征的影响因素。

---

① 庞丽娟、金志峰、杨小敏：《新时期乡村教师队伍建设政策研究》，《中国行政管理》2017 年第 5 期。
② 朱胜晖、朱金凤：《当前乡村教师的四大角色冲突：表现、根源与应对》，《当代教育论坛》2020 年第 2 期。
③ 朱胜晖：《乡土文化转型与乡村教师专业发展》，《当代教育科学》2018 年第 8 期。
④ 汪娜：《全科型乡村教师专业知识的现状研究》，硕士学位论文，上海师范大学教育学院，2021，第 58 页。
⑤ 丁翠萍、丁艳萍：《农村小学教师专业发展的困境及策略——以甘肃省漳县为例》，《湖南第一师范学院学报》2011 年第 6 期。

三　研究方法

为构建乡村教师专业知识的结构化特征及其影响因素，本研究采用定性研究的方式在甘肃省某地方县开展实地调研。该县是甘肃省新近脱贫的地方县，经济发展相对落后。在该县选择的样本为县区内的高中，学校高等教育入学率排名在本县第二三名。通过方便抽样的方式在该县中选择教师进行半结构性访谈，这种访谈方式能够在保证问题的深度的基础上给予受访者回答的自由。教师的选择同时考虑教师的年龄阶段、学科专业、性别。本研究最终访谈 18 位该校乡村教师，访谈教师的基本信息如表 1 所示。

表 1　受访乡村教师基本情况

类别	性别	学科	教龄	职称	职务
A 老师	女	语文	15 年	中一	无
B 老师	女	数学	7 年	中一	教导处干事
C 老师	女	数学	6 年	中二	团委干事
D 老师	女	英语	22 年	中一	无
E 老师	男	数学	3 年	暂无	班主任
F 老师	男	历史	14 年	中一	办公室主任
G 老师	女	数学	9 年	中二	教研室干事
H 老师	男	语文	10 年	中一	办公室干事
I 老师	男	数学	17 年	中一	班主任
J 老师	男	语文	10 年	中一	办公室干事
K 老师	男	数学	13 年	中一	教导处干事
L 老师	女	英语	11 年	中二	无
M 老师	男	化学	9 年	中一	班主任
N 老师	男	物理	14 年	中二	物理实验室负责人
O 老师	男	数学	16 年	中一	班主任
P 老师	女	英语	14 年	中二	无
Q 老师	男	语文	22 年	高级	学校领导层
R 老师	男	化学	20 年	高级	学校领导层

教师访谈提纲从教师个体经历出发，围绕教师的教学工作展开，详细了解教师过去和现在对教学知识的理解和感受。教师访谈数据分析通过主题分析的方法进行，在文献综述的基础上了解不同教学知识类型，并分析乡村教师对不同教学知识的掌握情况，了解乡村教师的专业知识结构特征。

四　研究发现

本研究围绕县中教师对专业知识的理解进行全面深入的探讨，根据学者对专业知识的分类及县中教师自身的理解和反馈，笔者发现乡村教师专业知识结构可以分为学科和课程知识、一般教学和学科教学知识、学生和环境知识、教育目的和价值知识以及信息技术知识五个维度，本部分对乡村教师五个维度知识的分类及其特征进行深度分析。

（一）以年限为基础不断累积的学科和课程知识，知识系统更新面临挑战

访谈发现，乡村教师对学科和课程知识认知概念清晰，尤其是对自己的学科知识有清楚的认知。多数教师认可学科和课程知识的把握需要时间积累，教师通过每年带学生的教学实践，尤其从高一到高三完成两到三轮教学之后，其学科和课程知识体系就比较健全，对该知识体系的掌握就相对自信。

> 至少带两轮、三轮高三，这样的话你这个知识就会形成一个体系。专业知识上会形成一个完整的体系，有一个完整的框架，这样的话接下来的工作肯定要得心应手一些。（B老师，数学）

相对年轻的教师对自己学科和课程知识掌握不自信，期待带完一轮高中后能够健全自己的学科和课程知识结构。但是也有教师提到，自己的教学态度会随着教学年限的增加变得更加严谨，会更认真地研读教参，准备

教学材料。教参逐渐变成教师获取学科和课程知识的一个重要渠道，通过多次研读教参，他们收获颇丰。

> 这个是自己对自己的要求，比如说，你知道这个知识点，你可以不备课，凭你自己经验去给学生讲，但是如果你把课本、教材拿出来去仔细研究的时候，你就会发现有好多东西你不知道。我现在的感觉是每年教课的时候研究教材，每年都有新的发现。（I 老师，数学）

虽然多数教师表示自己的学科和课程知识积累随着时间推移变得更加深厚，但是也有部分教师指出随着教学年限的增加，高考政策更新导致自身的学科和课程知识跟不上变化，尤其是在近年来高考改革较多的情况下。

> 我觉得在专业知识方面，随着高考的变化，我发现真的难了，跟不上形势了。高考的题太灵活了，原来我上学时老师教的那种方式已经不适应了，所以觉得要学习的东西还有很多。（F 老师，历史）

乡村教师学科和课程知识跟不上政策变化与县城相对落后有关，多数教师表示本省是接触新高考政策最晚的省份之一，通常东部发达省份都完成了高考改革，甘肃省才开始，接触新的政策比较迟。因此，教师也表示这导致其教学压力较大，适应新高考知识挑战较大。

（二）一般教学知识使用随教龄增加逐渐熟练，学科教学知识高水平运用存在困难

一般教学和学科教学知识方面，乡村教师一般经历了系统的教师教育并通过了相关考试，掌握了基本的教育学和一般教学知识。但是职业初期乡村教师不熟悉教学环境，学科教学知识应用能力欠缺，同时面临课堂教学组织及管理的挑战，通常需要几个月到几年的教学过程才能逐渐掌握学科教学知识。

我觉得两种都有吧——专业知识，还有刚上讲台的紧张情绪。你看这个内容（知识）比较少，我讲得很快，一下就讲完了，结果还有大半节课……课堂上纪律也不是特别好，我刚开始工作没有经验，我也不知道怎么办嘛，反正两者我觉得都有，一个是我自己课程的排布，我觉得安排得可能有问题，你想十几分钟我就给他讲完了，我后面不知道干什么了，再加上这些学生在下面，有各种小动作，我也不知道怎么处理。（L老师，英语）

教师提到的这种一般教学知识困境更多出现在职业发展早期阶段，尤其是刚开始从教时期，后续随着教学经验的增加，教师的课堂组织和管理能力都相应提升。但是教师普遍表示他们在一般教学知识与学科教学知识融合方面面临持续挑战，如何用综合的方式去呈现特定教学内容，适应学生的兴趣和能力。这个挑战是各年龄阶段的教师都会面临的问题，但是相对年长的教师对这个问题的感受更强烈，有教师直接提到自己想要有知识融合方面的培训，打通知识脉络，可以全面详细地给学生进行讲解。

知识倒不是，主要是所有的知识在二轮或者三轮复习之后要怎么去融合的问题，怎么把所有的精华都展现出来。这个技巧，就是他把所有的知识点在一道题里这样一下子讲出来，像数学，我们觉得像理科可能就简单一些，语文怎么搞，所有的那么多知识，你怎么给拉到一块，然后又铺展开来。（A老师，语文）

有教师提到，学校请来的外部专家等提供的有些培训对教师的学科教学知识提升有帮助作用。教师在对一般教学知识和学科知识把握比较熟练的情况下，借助培训教师的启发，可以加深对学科知识的理解，其教学方法也更为灵活和自由，学科教学知识也获得一定程度的提升。

这两年数学高考的时候有新概念题，很多人一开始接触就觉得比较不好处理。（培训）老师来给我们讲一下这些题应该从哪些方面怎么处理，应该给学生怎么讲，我们听一下觉得其实挺有用的。因为教育政策执行到这边，基本上其他地方已经发展到快成熟或者已经发展成熟了，我们就是要借鉴一下人家的方法，是吧？尤其是学识渊博的那种，我就特别喜欢听。（B 老师，数学）

教师的一般教学知识会随着教师教学经验不断累积而增长，教师能够轻松组织教学活动，但是学科教学知识的挑战愈发明显，这也体现出教师对提升自己教学水平的意识逐渐增强，而这个问题的解决通常需要借助外部力量，仅靠教师自身的经验较难实现学科教学知识的全面提升。

（三）经验导向的学生和社会环境知识，承认教师干预的有限性

首先，乡村教师对学生和环境知识的掌握基于教师个体的成长经历，教师多为本地人，对地方文化相对了解。其次，教师对学生的了解更多基于教学经历，从教时间较长的教师在与学生长时间交往和纵向比较的过程中逐渐建立起对学生特点的把握。学生学习水平方面，该校教师普遍认为该学校学生基础水平相对较差，对教师的教学带来一定的影响，但教师认为学生基础水平的差异是由县区内学校配比和招生情况决定的。

我们学校刚建校的时候，还有过一个北大学生，但是 A 附中进来之后，好学生就抓走了，好学生一抓走，那么剩下的其他的好学生那就报 Y 中，我们的学生就变成第三类的。（K 老师，数学）

教学年限长的教师对不同批次学生之间的差别更加敏感，他们普遍认为以前的学生学习态度和能力都相对较好，现在的学生基础差，而且对学习的态度不认真。教师对学生的个体特征认知也逐渐清晰，多数教师表示现在的学生需要教师付出较多的时间和精力来关注其学习，这也在一定程度上影响了教师工作满意度和成就感的提升。

其他学校我不知道，我觉得我们学校教师的职业满意度或者荣誉

感确实不怎么高，因为，现在打交道的一些学生，怎么说，反正不像那两年，你一教就会，很灵动，有自己的思想，这种学生越来越少，然后现在剩下的就是一天天盯着给他教，你说了他又不动，一天就跟那些不交作业上课睡觉、玩手机的学生打交道。（K老师，数学）

学生越来越差，反正就是要咱们有耐心，不要把学生估计得太高。可能是咱们一直没把学生底子摸清，一直以为是原来的好学生，好多东西不用讲，他都会，现在学生叫他看课本他不会看，他几乎是没有自学能力。像咱们学校招的学生基本上是中等水平学生。如果这节课叫他看课本，他最多就是把上面的公式用笔勾一下，他再看不到什么……（I老师，数学）

与对学生的个体特征的认识紧密相关，乡村教师对学生的家庭环境和当地社会文化环境也有自己的认识。教师认为，当地家长不重视学习，对短期经济收益更感兴趣的家庭和社会环境也直接影响了学生对学习的态度。

我发现我们这里学生学习没有动力的原因还是在家长，家长认识不上去，因为这几年家长出去到外地打工，可能都在大城市买到房了，他觉得学生念不念书也无所谓。（I老师，数学）

现在社会上，只要出事（安全问题），学生家长就来闹学校，闹的结果是要钱……现在社会就成这样子了，有些人出事就来学校里要钱，是你学校的学生，你没管到位，所以要钱。（F老师，历史）

还有教师提到当前学生的心理健康问题比较严重，越来越多的学生出现情绪和心理问题也主要是与家庭环境有关，多数教师表示针对这样的情况，作为教师需要付出更多的心力来关注这些学生，但不能真正解决学生的问题。

（四）以高考为导向的教育目的和价值知识

有关教育目的和价值知识，多数教师提到高中的教学要以高考为中心。在跟教师访谈的过程中，教师谈到学科和课程知识以及教学知识的时候，都在无意识中强调了高考的影响。有教师提到，高中教学要为高考服务，甚至与高考无关的知识不会在课堂中讲授。

> 语文专业知识方面，你跟学生讲训诂学吗？高考不考，你讲这些东西，学生也不爱听，因为学生现在本来对语文就不是很重视，大家都知道，语文这个东西要考好不容易，要考差也好像不容易。所以他觉得（要）把时间压缩到可控的范围里面去，尽量把时间用来学习其他的，所以（学习）语文的时间就比较少，作为老师就是考什么东西讲什么，什么不考尽量不要讲。（H 老师，语文）

也有教师讲到，新高考的不断变化对教师的教学提出了更大的挑战，教师要学习更多的知识和内容来应付高考的变化。

> 高中和初中不一样，高中的孩子思维比较活跃，语文课如果就这个教材的话，那就感觉不行。语文，特别是高中的话，现在面要广，光死记硬背课本知识是绝对不够用的，特别是阅读理解，经常有课本里面没学到的，但是你学的知识点都是课本上的，所以面要广，这就对老师提出了更高的要求，要多读书。（J 老师，语文）

尽管教育在学生和家长看来似乎只是为了考上大学，不少教师也还是秉持着自己的信念和教育理念，强调对学生基本素养的教育。

> 历史课也讲，培养学生家国情怀，这就是我们的责任，必须爱国爱党爱人民啊，不能反人类，也不能反社会，必须讲这些东西。比如说孝敬父母，真善美跟学生要教，一个人到社会再怎么，都不能对不

起自己的父母啊，所以这大的方向原则性问题没有退让的余地。（F 老师，历史）

总体来讲，该校教师对教育目的和价值知识的认识是与高中教学阶段任务紧密相关的。受国家高考政策的影响，教学活动为高考服务，但是也有部分教师关注学生的基本素质，尤其是班主任教师或学校领导层面的教师。

（五）基础设施限制的信息技术知识短缺

信息技术知识的掌握主要与该校的设施配备相关，该校配备了电子屏和投影仪，但是教师使用频率相对较低而且受学科差异影响。英语教师表示更倾向使用信息化设备，但因为设备经常处于损坏状态，所以信息化教学的辅助作用有限。

有设备，但大部分都坏了，有投影仪，我拿着讲题都不能投上去。东西都配备上，好像跟大城市就一样了，其实是人家不要了给咱们的……我上课主要是书和板书，再就是可以制作课件，但是每天制作课件拿课件的话，有好多东西都弄不到上面去，还是要借助像投影仪这些东西。（D 老师，英语）

也有相对年轻的数学教师表示自己很愿意学习和使用信息化设备，但是学校的这些设施设备不足，而且缺乏相应的培训。

专业上，我想提升我的信息技术技能。我们学校现在高一、高二用的都是黑板，高三用的是白板，一节课下来其实是挺累的。我就觉得应该用多媒体，就是那种电子化产品。我上课比如像画圆、椭圆这些，自己其实画得也没有那么好，也没有那种动态效果，我就可以选那种几何画板，直接呈现出一个动态的，而且在给学生推理这个东西到底是怎么来的时，他也能看清楚，就像椭圆的形成、双曲线的形成，对吧？我觉得这些是需要。我觉得这方面的培训和资源都是非常必要的。（C 老师，数学）

　　该校教师有使用信息技术的想法和期待，但是基于学校设施配备和相关培训的缺乏，教师较少使用信息技术，而且多数教师在访谈中没有提及信息技术知识，因为在他们的学科教学中较少使用信息技术。

五　讨论

　　经过上述分析与归纳，本研究从学科和课程知识、一般教学和学科教学知识、学生和环境知识、教育目的和价值知识以及信息技术知识五个维度构建起乡村教师专业知识结构，该结构是建立在学者对专业知识结构界定和分类的基础上，纳入乡村教师自身对专业知识的理解。此外，与前人研究外部效能评价视角下乡村教师专业知识整体欠缺的结论不同，笔者认为需要在乡村环境下检验教师对不同维度专业知识掌握程度，减少外部效能标准下对乡村教师专业知识要求一刀切的弊端。通过对本研究中乡村教师知识结构和特征的分析，笔者认为乡村教师专业知识发展呈现差异化不均衡的特征，不同维度的专业知识结构发展状况和面临的挑战存在差异（见图 1）。

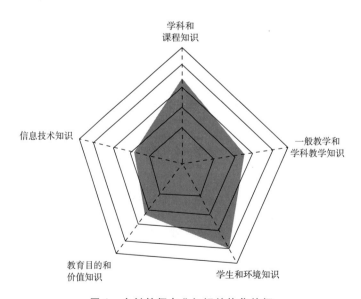

图 1　乡村教师专业知识结构化特征

第一，乡村教师对学科和课程知识认知和储备相对完整，且随着教学年限的增加而不断完善。该特征与 Glover 等研究发现相对一致，[①] 乡村教师在学科和课程知识方面与城市教师没有明显差距，且受教学实践影响较大。但是乡村教师在与新政策相关的知识更新方面面临挑战，教师普遍表示自己现有的学科和课程知识无法适应不断灵活创新的高考题目，且相关的专业实践机会有限，因此对该维度的培训需求强烈。

第二，与学科和课程知识类似，教师的一般教学知识随着教学年限的增加逐渐丰富和完善，但是学科教学知识挑战一直存在，而且教师个体对该挑战的认知随着阅历增加而愈发清晰。新手教师关注的重点在一般教学和学科课程知识方面，只有跨越了这个阶段其对学科教学知识关注和挑战的认知才会加深。

第三，本研究发现乡村教师对学生和环境知识认知清晰，教师对学生的学习水平和个体特征都比较了解，而且对学生家庭环境和地方社会环境都比较熟悉，这与国内外研究发现的乡村教师对乡村学生和环境不了解有所不同。[②③] 来自本地的乡村教师自身经历和教学经历都强化了其对学生和环境知识的掌握。但是更多教师表示针对社会和家庭问题导致的学生学习问题，教师能够干预的程度有限，不能有效改变学生的学习态度。

第四，教育目的和价值知识方面，高中教师普遍以高考为导向，确保教育为学生的高考服务，有教师表示耽误学生的高考就是耽误学生的一生。县中教师对高考和教育目的的认识相对强烈，这与我国高考政策紧密相关，而且因为该地发展相对落后，高考改革进程较慢，因此该县中教师表现出比东部发达省份教师更强烈的高考服务倾向。

---

① Glover, T. A., Nugent, G. C., Chumney, F. L., Ihlo, T., Shapiro, E. S., Guard, K., Koziol, N., "Bovaird, J. Investigating Rural Teachers' Professional Development, Instructional Knowledge, and Classroom Practice", *Journal of Research in Rural Education* 31 (2016): 1–16.

② Zeichner, K., "The Struggle for the Soul of Teaching and Teacher Education in the USA", *Journal of Education for Teaching* 40 (2014): 551–568.

③ White, S., Kline, J., "Developing a Rural Teacher Education Curriculum Package", Rural Educator 33 (2012): 36–43.

第五，与国内有关乡村教师信息技术知识研究发现一致，①② 本研究也发现该地教师信息技术知识是专业知识的一个短板。乡村教师的信息技术知识与地方经济发展水平和学校的设施配备相关，学校虽然配齐了基础的信息技术设备，但是对设备的维护欠缺，而且缺少相应的培训机制，多数教师现在习惯没有信息技术设备的授课状态，因此只有少数教师提出需要信息技术培训。

乡村教师专业知识结构受教师个体和环境因素的影响。首先，教龄影响乡村教师的专业知识结构，尤其是其对学科和课程知识的掌握以及对一般教学和学科教学知识的应用。通常教龄长的教师对学科和课程知识掌握更具优势，而且更熟练掌握一般教学知识，在学科教学知识方面也存在一定的优势。虽然这种优势在一定程度上也带来了知识系统更新的挑战和困难，但总体而言，教龄长的教师在教学知识和方法上更得心应手。其次，学段主导的教育目的和价值知识影响教师专业知识结构。本研究访谈对象是高中教师，高中教师对教育目的和价值的把握明显与其教学学段有直接关联，不管从学生学习还是自身考核的角度说，教育目的和内容为高考服务都是该阶段教师的普遍共识，虽然也有教师强调对学生基础素养和素质的教育，但是高中阶段该培养目的的重要性显著下降。最后，职务影响教师专业知识结构。这一结构特征主要体现在班主任教师或学校领导与科任教师的对比上，科任教师更关注学科和课程知识、信息技术知识等授课知识，而班主任教师在教育目的和价值知识、学生和环境知识方面掌握更全面的信息，与学生接触时间更久，更关注学生的全面发展。

六　结论

教师专业知识是教师专业发展的重要组成部分和根基，教师个体专业

---

① 曹秀平：《互联网+背景下教师的专业发展分析及措施研究》，《卫星电视与宽带多媒体》2019 年第 24 期。

② 汪娜：《全科型乡村教师专业知识的现状研究》，上海师范大学教育学院硕士学位论文，2021，第 58 页。

知识的丰富程度和掌握情况直接决定着教师专业水准。乡村教师专业知识状况是影响乡村教育质量发展的关键，深化对乡村教师专业知识结构的探讨有助于树立乡村教师专业发展的独立性和专业性。本研究从乡村自身生态体系下认识教师的专业知识结构特征，摒弃效能维度和城市标准下对乡村教师专业知识结构的梳理，只有这样才能建立对乡村教师专业知识结构的客观认知。

通过对乡村教师专业知识结构特征和影响因素的梳理，本研究发现，乡村教师专业知识结构呈现多维度不均衡发展的特征，他们对学科和课程知识、一般教学知识掌握相对较好，而且随着教龄增加不断巩固完善，但是学科教学知识的挑战愈发明显。乡村教师对学生和环境知识把握较好，熟悉地方社会文化环境和学生家庭环境，对学生个体特征把握清晰，能够针对性开展教学，但同时对学生家庭和社会原因导致的学习态度和能力问题表示无能为力。高中教师对教育目的和价值的把握明显受所教学段影响，高中教育为高考服务成为高中教师的共识，虽然也有部分班主任教师和学校领导强调学生基本素质教育。信息技术知识是该县中教师的短板，主要是因为该县信息技术设施配备和培训欠缺。

基于上述研究发现，乡村振兴背景下，乡村教育发展需要加强对教师专业知识结构的关注，深入了解乡村教师的专业知识差异，针对性补齐专业知识发展短板。具体来讲，发挥教师学科和课程知识优势，深化教师教学实践和反思，鼓励教师进行学科和课程知识深化和改进；利用教师对学生和环境知识的掌握，加强学校与地方社区的联系，增强教师认同感的同时建立与地方的良好社会网络；持续性进行一般教学和学科教学知识培训，建立教师专业发展跟踪辅助体系，为不同阶段的教师提供相应的帮助；优化教师的信息技术应用和学习环境，在完善信息化设备配置的前提下，为教师持续提供信息技术知识培训。总体而言，政府和学校层面可以建立全方位教师专业知识素养提升支持系统，为乡村教师专业知识发展提供制度、财政支持，关照乡村教师自有生态，摒弃外部标准下教师效能评价，从教师专业知识的微观角度切入，提高乡村教师培训的针对性。

Structural Characteristics Analysis of Teachers' Professional Knowledge from Rural Perspective —An Empirical Investigation of High School Teachers in A County of Gansu Province

Zeng Xiaodong, *Zhao Tongtong*, *Yan Tianyi*

Abstract: Teachers' professional knowledge, a key factor to their process of education and teaching, affects their professional abilities and beliefs. Understanding rural teachers' mastery of professional knowledge and the characteristics of their professional knowledge structure is an important dimension to explore the differences in teaching quality between urban and rural teachers, and it is also a breakthrough point in the development of rural education. In order to build a structural characteristic system of teachers' professional knowledge from the rural perspective, this study adopts qualitative research method to interview 18 high school teachers in a county in Gansu. The study finds that the professional knowledge structure of rural teachers is divided into five dimensions, subject and curriculum knowledge, general teaching and subject teaching knowledge, student and environmental knowledge, educational purpose and value knowledge, and information technology knowledge. The professional knowledge structure of rural teachers in different dimensions presents variances under the rural ecological system. The knowledge of subject and curriculum and that of students and the environment are relatively complete, but challenges in pedagogical content knowledge are becoming more and more obvious, and information technology knowledge is restricted by relatively backward infrastructure equipment. Teachers' professional knowledge mastery is affected by factors, such as the individual teaching experience, school stage and working position. Therefore, the current rural teacher training needs to start with a micro perspective, to provide rural teachers with the required professional knowledge, to fill in the shortcomings of the professional knowledge structure, and to establish a tracking assistance system to provide corresponding help for teachers at different stages.

Keywords：Professional Knowledge；Rural Teacher；Professional Development；Pedagogical Content Knowledge

乡村教师 ICT 教学应用水平及影响因素研究

——基于 TALIS 框架在欠发达地区的调查

马红亮　郑　妍　赵　梅　滕鑫鑫

【摘　　要】为探讨欠发达地区乡村教师信息技术（ICT）教学应用的实际水平以及相关影响因素，以全国范围内 400 位欠发达地区乡村教师"教与学国际调查"（TALIS）的数据为基础，结合上海地区 489 位乡村教师的 TALIS 调查数据进行分析。研究发现：①与上海地区相比，欠发达地区乡村教师 ICT 专业发展的最显著特征是培训的低参与度和高需求度，同时 ICT 教学应用水平也很低；②学历是欠发达地区乡村教师 ICT 教学应用水平在个体一般特征层面的显著影响因素；③ ICT 教学技能专业准备与发展是欠发达地区乡村教师 ICT 教学应用水平在专业发展特征层面的主要影响因素。为此，需要加强欠发达地区乡村教师的 ICT 教学技能和有效应用的培训，健全服务支持机制，保障 ICT 教学应用从"教"向"学"的转变。

【关 键 词】欠发达地区；乡村教师；TALIS；ICT 教学应用

【作者简介】马红亮，博士，陕西师范大学教育学部教授，博士生导师，研究方向为在线教育、教师教育、科创教育；郑妍，硕士，西安市五环中学信息技术教师，研究方向为科创教育；赵梅，陕西师范大学教育学部博士研究生，研究方向为科创教育、教师教育；滕鑫鑫，硕士，成都市郫简第二小学信息技术教师，研究方向为科创教育。

信息传播技术（Information and Communication Technology，也称信息技术）在教育中的实施已成为教育改革研究的重要内容。[①] 教师信息技术应用能力作为信息技术推动教育变革的关键要素，对于促进信息技术与课程的融合、实现真正意义上的教育信息化和个性化方面具有重要意义。[②] 乡村教师作为我国教育体系中重要的人力资源，提高其 ICT 教学应用水平是实现乡村学校教育信息化以及提升乡村学校教育质量的重要途径。近年来，我国政府格外关注欠发达地区的教育信息化建设和应用培训。教育部在《教育信息化 2.0 行动计划》中明确提出要大力支持以"三区三州"为重点的深度贫困地区教育信息化发展，促进教育公平和均衡发展，有效提升教育质量[③]。在这一进程中，欠发达地区乡村教师的 ICT 教学应用水平对于保障学校教育信息化的日常运行、缓解城乡教育数字鸿沟问题、实现欠发达地区公平而有质量的教育至关重要。为了深入探讨欠发达地区乡村教师 ICT 教学应用的实际水平以及相关影响因素，为更好地开展欠发达地区乡村教师信息技术能力培训及其支持服务提供相关数据证据，本研究以来自欠发达地区参与"教与学国际调查"（Teaching and Learning International Survey，TALIS）的乡村教师的测评数据为参考，聚焦 TALIS 中的教师 ICT 教学应用方面的相关题项，结合上海地区乡村教师的相关 TALIS 数据，探讨了以下三个具体问题：（1）与上海地区乡村教师相比，欠发达地区乡村教师的 ICT 专业发展特征及 ICT 教学应用水平具有何种表现以及有何差异？（2）在个体一般特征层面，影响欠发达地区乡村教师 ICT 教学应用水平的因素有哪些？（3）在 ICT 专业发展特征层面，影响欠发达地区乡村教师 ICT 教学应用水平的因素有哪些？

---

① Marjolein Drent, Martina Meelissen, "Which Factors Obstruct or Stimulate Teacher Educators to Use ICT Innovatively?" *Computers & Education* 51 (2008)：187-199.

② 梁茜：《教师信息技术应用能力国际比较及提升策略——基于 TALIS 2018 上海教师数据》，《开放教育研究》2020 年第 26 期。

③ 教育部：《教育信息化 2.0 行动计划》，http：//www.moe.gov.cn/srcsite/A16/s3342/201804/t20180425_334188.html，最后访问日期：2018 年 4 月 25 日。

一　文献综述

（一）乡村教师 ICT 教学应用

现有的研究结果表明，乡村教师信息化设备的使用情况不容乐观，具体体现为：乡村教师在教学中使用信息化设备的频率普遍较低，课堂教学与信息化设备脱离严重；在信息化设备的教学用途方面，大多数乡村教师将信息技术作为服务于教的信息搜集与演示工具，很少将其作为支持学生学的工具。例如，张屹等[①]以 X 省 16 个市区的 795 位教师作为研究对象，发现仅有 40.2% 的农村学校教师能够利用信息化教学设备进行教学备课，而城市学校教师中 55.2% 的教师都可以使用。杨福义[②]以我国 291 所各级各类中小学的 11190 名专任教师为研究对象，发现在制作并使用多媒体课件方面，乡村教师的使用频率低于城市和县城的教师。李华等[③]以甘肃临夏广河县民族欠发达地区的村小教学点为调研对象，通过访谈教学点校长、任课教师发现教学点基本上仍采用传统的"书本+黑板"的教学方式，教师在备课的时候仍然大多以手写教案的方式进行。Wang 等[④]以中国西部 3 个不同地区 25 所乡村学校的 462 名教师为调查对象，发现乡村教师使用电子教案和多媒体课件的频率较高，而使用特定学科的专题软件和工具、电子书/期刊的频率较低。

（二）教师 ICT 教学应用的影响因素

现有的研究表明，教师的个体特征以及专业背景特征对于教师促使学

---

① 张屹、范福兰、白清玉等：《城乡基础教育信息化均衡发展实证分析——基于 X 省 16 个市区的问卷调查》，《基础教育参考》2014 年第 20 期。

② 杨福义：《我国中小学教师教育信息技术的应用状况及其影响因素——基于全国数据库的实证分析》，《华东师范大学学报（教育科学版）》2017 年第 6 期。

③ 李华、刘宋强、宣芳等：《教育信息化助推民族地区教育精准扶贫问题研究》，《中国电化教育》2017 年第 12 期。

④ Jingxian Wang, Dineke E. H. Tigelaar, Wilfried Admiraal, "Connecting Rural Schools to Quality Education：Rural teachers' Use of Digital Educational Resources", *Computers in Human Behavior* 101（2019）：68-76.

生使用 ICT 完成项目或作业具有一定的影响。在教师个体特征方面，已有研究表明教师的学历、性别和教龄对教师使用 ICT 有影响，其中学历对于教师使用 ICT 具有积极影响，但教师的性别和教龄是否存在影响还未形成一致定论。①②③ 在专业背景特征方面，已有研究表明教师使用 ICT 开展教学的准备程度④、接受的 ICT 培训⑤⑥和对 ICT 的积极态度⑦会对教师 ICT 教学应用产生积极影响。对于教师的 ICT 教学自我效能感是否会对 ICT 教学应用产生积极影响，目前研究者还存在争议。例如，李文等⑧通过对辽宁省信息技术建设薄弱地区 X 市的 110 位名师、骨干教师进行调查发现，自我效能感是影响骨干教师信息技术应用能力提升的最重要因素。然而，也有研究发现教师 ICT 自我效能感与 ICT 教学应用之间没有表现出正相关关系，无论教师 ICT 教学应用能力如何，教师都表现出了较强的自我效能感。⑨

总体而言，当前有关乡村教师 ICT 教学应用的调查研究主要集中于教师在教学中应用信息化设备以及数字化资源的情况，对于乡村教师 ICT 教

① Julie Mueller, Eileen Wood, Teena Willoughby, et al., "Identifying Discriminating Variables between Teachers Who Fully Integrate Computers and Teachers with Limited Integration", *Computers & Education* 51 (2008): 1523-1537.

② Admiraal Wilfried, Lockhorst Ditte, Smit Ben, et al., "The Integrative Model of Behavior Prediction to Explain Technology Use in Post-Graduate Teacher Education Programs in the Netherlands", *International Journal of Higher Education* 2 (2013): 172-178.

③ 李毅、王钦、吴桐等：《中小学信息化教学关键影响因素的多维度比较研究》，《中国电化教育》2017 年第 10 期。

④ Aimee Howley, Lawrence Wood, Brian Hough, "Rural Elementary School Teachers' Technology Integration", *Journal of Research in Rural Education* 26 (2011): 1-13.

⑤ 刘楚、徐显龙、任友群：《中小学信息技术教学应用效果区域比较研究——以东、中、西部部分省会城市学校为例》，《中国电化教育》2018 年第 11 期。

⑥ 徐光涛、周子祎、叶晶双：《乡村教师技术应用影响因素的扎根理论研究》，《开放教育研究》2020 年第 3 期。

⑦ 张屹、刘晓莉、范福兰等：《中小学教师信息技术应用水平影响因素分析——基于 X 省 14 个市的实证分析》，《现代教育技术》2015 年第 6 期。

⑧ 李文、杜娟、王以宁：《信息化建设薄弱地区中小学骨干教师信息技术应用能力影响因素分析》，《中国电化教育》2018 年第 3 期。

⑨ Julie Mueller, Eileen Wood, Teena Willoughby, et al., "Identifying Discriminating Variables between Teachers Who Fully Integrate Computers and Teachers with Limited Integration", *Computers & Education* 51 (2008): 1523-1537.

学应用中有关 ICT 与课堂融合方面的调查研究较少。此外，目前还没有基于 TALIS 的调查数据研究欠发达地区乡村教师 ICT 教学应用的现状以及将其与发达地区乡村教师进行横向比较的研究，对于乡村教师 ICT 教学应用的影响因素研究也很少。

二 研究设计

（一）测量框架

TALIS 是经济合作与发展组织（Organization for Economic Cooperation and Development，OECD）有关教师专业发展和教学实践的全球性且权威性的调查项目，其中涵盖了反映教师 ICT 教学应用的水平、ICT 专业发展背景以及个体一般特征等相关内容，其调查结果可有效反映 ICT 与课堂的融合情况并有助于探析 ICT 变革传统课堂教学模式的程度。本研究主要依据 TALIS 2018 教师量表中关于 ICT 的相关题项，并对徐瑾劼等①的框架进行了调整，如图 1 所示。调整后的框架主要从教师层面展开，其中教师 ICT 教学应用水平主要指教师促使学生使用 ICT 完成项目或作业的情况，个体一般特征包含性别、教龄及学历，教师专业发展特征包含了职前教育或培训中有关 ICT 教学的内容、职前教育或培训使用 ICT 开展教学的准备程度、过去 12 个月中是否参加过 ICT 教学技能培训、对 ICT 教学技能培训的需求程度、支持学生利用 ICT 进行学习的自我效能感以及对投资 ICT 重要性的认识。在数据分析中，我们以个体一般特征和专业发展特征作为自变量，探究其对 ICT 教学应用水平（因变量）的影响。需要指出的是，TALIS 的教师 ICT 教学应用水平定位于信息技术与课堂教学的深度融合，TALIS 的调查强调教师的 ICT 应用重心在于支持学生问题解决的学习过程，而非支持教师自身的知识传授过程，即更强调利用 ICT 支持学生的"学"而非教师的"教"。

---

① 徐瑾劼、朱雁：《信息技术支持学生自主学习的实证研究——基于 TALIS 2018 上海数据结果的二次分析》，《开放教育研究》2019 年第 4 期。

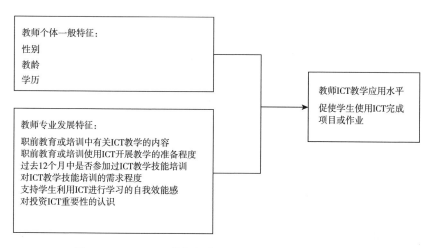

图 1　TALIS 2018 教师量表 ICT 教学应用水平测量框架

（二）数据来源

欠发达地区乡村教师的 TALIS 数据来自全国 26 个省（区、市）的 312 个国家级欠发达县及特困连片地区，其中云南占 11.8%，甘肃占 11.5%，贵州占 10.5%，四川占 10.5%，陕西占 9.5%，其余的 46.2% 分布在 21 个省（区、市）。本研究面向 496 名乡村教师线上发放 TALIS 问卷，最终回收问卷 403 份，回收率为 81%，有效问卷 400 份，有效问卷率为 99%。发达地区乡村教师的 TALIS 数据筛选自 2018 年我国上海地区 3976 名教师的调查。本研究以学校地理位置（处于村、小镇）维度对 3976 名上海教师进行筛选，从中筛选出 489 位上海地区的乡村教师样本。本研究中，欠发达地区乡村教师与发达地区乡村教师的人口学特征如表 1 所示。欠发达地区乡村教师的男女比例较均衡，教龄也更长；在学历方面，欠发达地区乡村教师学历水平普遍低于上海地区乡村教师。

表 1　欠发达地区与发达地区乡村教师人口学特征

自变量	因变量	欠发达地区 （N＝400） 百分比或均值	上海地区 （N＝489） 百分比或均值
性别	男	49.5%	34.1%
	女	50.5%	65.9%
教龄		20 年	16.5 年
学历	大专以下	2.8%	—
	大专	34.2%	1.4%
	本科	60%	90.2%
	硕士	3%	8.4%

（三）数据分析

对于研究问题 2 和研究问题 3，由于因变量为教师促使学生使用 ICT 完成项目或作业的频率（选项为从未或几乎从未、偶尔、经常、总是），自变量为教师个体一般特征及专业发展特征中的 9 个解释变量（见图 1），因变量为有序分类数据，自变量涵盖定比、定序、定类三种类型的数据，所以拟采用有序多分类 Logistic 回归模型进行影响因素分析。[①] 在进行有序多分类 Logistic 回归分析前，需要验证模型的适用性及其拟合度。[②] 拟合度检验的结果显示，欠发达地区乡村教师 ICT 教学应用水平的影响因素模型 $\chi^2 = 51.531$，$p = 0.000 < 0.001$，表明模型拟合结果较好；平行性假设检验结果 $p = 1 > 0.05$，说明模型适合使用有序多分类 Logistic 回归模型进行分析。

[①] 黄润龙：《数据统计分析——SPSS 原理及应用》，高等教育出版社，2016，第 174～181 页。

[②] C. Robertson, M. A. Wulder, T. A. Nelson, et al., " Risk Rating for Mountain Pine Beetle Infestation of Lodgepole Pine Forests over Large Areas with Ordinal Regression Modelling", *Forest Ecology and Management* 256 （2008）：900-912.

三 研究结果

(一) 欠发达地区乡村教师的 ICT 专业发展特征及 ICT 教学应用水平

欠发达地区与上海地区乡村教师的 ICT 专业发展及教学应用水平的总体情况如图 2 所示。其中，欠发达地区乡村教师职前教育中接受的 ICT 教育略低于上海地区乡村教师，但职前教育或培训使用 ICT 开展教学的准备程度 (比较好的准备+非常好的准备) 高于上海地区乡村教师。在过去 12 个月中，有接近一半的欠发达地区乡村教师没有参加过 ICT 教学技能培训，且参加培训的欠发达地区乡村教师占比远低于上海地区乡村教师。与低培训参与度对应的是欠发达地区乡村教师的高培训需求，欠发达地区乡村教师对 ICT 教学技能培训感到"高度需求"的比例超出上海地区乡村教师 28.2 个百分点。此外，欠发达地区与上海地区乡村教师在"比较能"及"非常能"支持学生利用 ICT 进行学习方面均表现出了较高的自信，欠发达地区乡村教师自我效能感更高。欠发达地区乡村教师认为投资 ICT"非常重要"的比例高出上海地区乡村教师 18.3 个百分点。在"经常"或"总是"促使学生使用 ICT 完成项目或作业方面，欠发达地区和上海地区的乡村教师都未有较高的占比，欠发达地区乡村教师的比例较低。

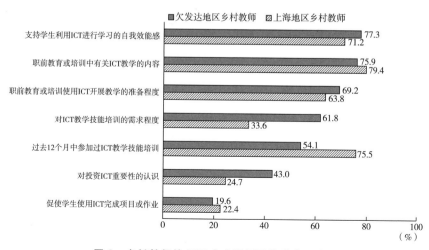

图 2　乡村教师的 ICT 专业发展及教学应用特征

（二）欠发达地区乡村教师 ICT 教学应用水平的影响因素在个体一般特征层面的分析

欠发达地区乡村教师 ICT 教学应用水平的影响因素模型如表 2 所示。对欠发达地区乡村教师而言，学历对其 ICT 教学应用水平产生显著影响，大专及以下、本科学历偏回归系数分别为 -1.474、-1.326，相应的 OR 值分别为 0.229、0.2655，这表明学历越低越可能会抑制教师的 ICT 教学应用，而随着学历的增加，其对 ICT 教学应用的抑制作用逐渐减弱。而教龄和性别对欠发达地区乡村教师 ICT 教学应用水平的影响并不显著。

表 2　欠发达地区乡村教师 ICT 教学应用水平影响因素的模型估计结果

变量		β	标准误	Wald 值	P 值	OR 值
促使学生使用 ICT 完成项目或作业	$Y=1$（从未或几乎从未）	-2.424	0.819	8.758	0.003 **	0.0886
	$Y=2$（偶尔）	-0.093	0.803	0.013	0.908	0.9112
	$Y=3$（经常）	2.077	0.856	5.889	0.015 *	7.9805
X_1（教龄）		0.005	0.004	0.017	0.07	0.792
性别	$X_2=1$（男）	0.103	0.252	0.165	0.684	1.1085
	$X_2=2$（女）	0a				
学历	$X_3=3$（大专及以下）	-1.474	0.676	4.756	0.029 *	0.229
	$X_3=4$（本科）	-1.326	0.648	4.19	0.041 *	0.2655
	$X_3=5$（硕士）	0a				
职前教育或培训是否包含有关 ICT 教学的内容	$X_4=1$（是，包含）	-0.562	0.321	3.075	0.08	0.5701
	$X_4=2$（否，不包含）	0a				
职前教育或培训使用 ICT 开展教学的准备程度	$X_5=1$（根本没有准备）	-1.371	0.705	3.776	0.052	0.2539
	$X_5=2$（有一点准备）	-1.017	0.412	6.096	0.014 *	0.3617
	$X_5=3$（比较好的准备）	-0.27	0.323	0.699	0.403	0.7634
	$X_5=4$（非常好的准备）	0a				
过去 12 个月中是否参加过 ICT 教学技能培训	$X_6=1$（是）	0.733	0.263	7.742	0.005 **	2.0813
	$X_6=2$（否）	0a				

变量		β	标准误	Wald 值	P 值	OR 值
对 ICT 教学技能培训的需求程度	$X_7 = 1$（目前没有需求）	3.384	0.91	13.84	0.000 ***	29.4885
	$X_7 = 2$（低度需求）	−0.814	0.569	2.048	0.152	0.4431
	$X_7 = 3$（中度需求）	0.055	0.263	0.044	0.834	1.0565
	$X_7 = 4$（高度需求）	0a				
支持学生利用 ICT 进行学习的自我效能感	$X_8 = 1$（完全不能）	−1.581	0.836	3.573	0.059	0.2058
	$X_8 = 2$（一定程度上能）	−0.52	0.406	1.639	0.2	0.5945
	$X_8 = 3$（比较能）	−0.203	0.293	0.480	0.488	0.8163
	$X_8 = 4$（非常能）	0a				
对投资 ICT 重要性的认识	$X_9 = 1$（不太重要）	0.244	0.557	0.191	0.662	1.2763
	$X_9 = 2$（较为重要）	0.327	0.256	1.628	0.202	1.3868
	$X_9 = 3$（非常重要）	0a				

注：* $p<0.05$，** $p<0.01$，*** $p<0.001$。

（三）欠发达地区乡村教师 ICT 教学应用水平的影响因素在专业发展特征层面的分析

对欠发达地区乡村教师而言，职前教育或培训使用 ICT 开展教学的准备程度在部分取值范围内对教师 ICT 教学应用水平产生显著负向影响，当准备程度 X_5 分别取值为 1~3 时，相应的 OR 值分别为 0.2539、0.3617、0.7634，这表明随着教师准备程度的增加，它对教师 ICT 教学应用水平的抑制作用逐渐减弱。过去 12 个月中是否参加过 ICT 教学技能培训对教师 ICT 教学应用水平产生显著正向影响，OR 值为 2.0813，这表明参加 ICT 教学技能培训的教师使用 ICT 教学的可能性是未参加 ICT 教学技能培训教师的 2.0813 倍。对 ICT 教学技能培训的需求程度在部分取值上对教师 ICT 教学应用水平有显著影响，偏回归系数有正有负，对 ICT 教学技能培训目前没有需求的教师更倾向于使用 ICT 教学，其可能性是高度需求教师的 29.4885 倍，间接反映了教师 ICT 教学技能对 ICT 教学应用的重要性。

四 讨论与结论

（一）ICT 教学技能培训的低参与和高需求是欠发达地区乡村教师专业发展的最显著特征，同时 ICT 教学应用水平也很低

总体而言，在 ICT 专业发展特征方面，与上海地区乡村教师相比，欠发达地区乡村教师 ICT 专业发展的最显著特征是 ICT 教学技能培训的低参与度与高需求度。已有研究发现，目前专门针对乡村教师如何使用技术提高教学效率和效果的培训很少[1]，本研究则进一步揭示了欠发达地区乡村教师实际参与 ICT 教学技能培训的情况非常不乐观，这一点在与上海地区乡村教师的比较中尤为明显。在对 ICT 教学技能培训的需求程度方面，高需求可以理解为教师对进一步提升的渴望。[2] 因为其对技术的准备不足以支持学生参与复杂的技术应用活动，所以乡村教师渴求更多的 ICT 教学技能培训来提高他们的 ICT 教学能力。[3]

在 ICT 教学应用水平方面，欠发达地区乡村教师促使学生使用 ICT 完成项目或作业的比例很低，且与上海地区乡村教师相差不大。已有研究发现，乡村教师信息化教学设备及数字教学资源的应用水平比较低，本研究则进一步证明欠发达地区乡村教师促使学生使用 ICT 学习的应用水平也同样比较低。导致欠发达地区乡村教师这种低水平 ICT 教学应用的可能原因有：（1）来自学校方面的潜在阻碍因素不言而喻，主要表现在由于学校教育信息化基础设施落后，没有为教师的后续 ICT 教学应用提供支持，学校

---

① 徐光涛、周子祎、叶晶双：《乡村教师技术应用影响因素的扎根理论研究》，《开放教育研究》2020 年第 3 期。

② OECD, TALIS 2018 Results (Volume I): Teachers and School Leaders as Lifelong Learners (Paris: TALIS, OECD Publishing, 2019), p. 23.

③ Aimee Howley, Lawrence Wood, Brian Hough, "Rural Elementary School Teachers' Technology Integration", *Journal of Research in Rural Education* 26 (2011): 1-13.

领导的教育信息化意识淡薄等。[1][2]（2）来自 ICT 教学应用培训方面的内容设计至关重要，以往的培训主要集中在现有设备的使用和网页制作知识方面的培训[3]，可能缺乏 ICT 与课程教学深度融合的专题培训。此外，培训所学 ICT 知识与技能无法迁移到教师真实教学情境中所引起的学用脱节这一潜在问题也需要引起重视[4]，即培训需要突破 ICT 培训中理论讲解与乡村教师后续课堂教学实践相脱节的突出困境。[5]（3）来自家庭的可能限制因素也不容忽视，比如欠发达地区农村家庭缺乏相关计算机设备以及互联网接入也会造成乡村教师无法促使学生使用 ICT 开展课后的项目学习或完成课后作业。

（二）学历是欠发达地区乡村教师 ICT 教学应用水平在个体一般特征层面的显著影响因素

总体而言，学历对欠发达地区乡村教师 ICT 教学应用水平产生了显著影响。已有研究表明，年轻且获得本科及以上学历的教师更容易接纳和使用信息化教学[6]，因为教师对 ICT 的应用态度与能力会受教师自身受教育水平等因素的影响。[7][8] 本研究中，欠发达地区乡村教师中有 37% 的教师学历水平未达本科，这或许抑制了欠发达地区乡村教师 ICT 教学应用水平。

---

① 张屹、刘晓莉、范福兰等：《中小学教师信息技术应用水平影响因素分析——基于 X 省 14 个市的实证分析》，《现代教育技术》2015 年第 6 期。

② 吴军其、罗攀、沈红云：《中小学教师信息技术能力培训策略研究综述》，《电化教育研究》2016 年第 1 期。

③ 张屹、刘晓莉、范福兰等：《中小学教师信息技术应用水平影响因素分析——基于 X 省 14 个市的实证分析》，《现代教育技术》2015 年第 6 期。

④ 徐鹏、王以宁、刘艳华等：《教师信息技术应用能力迁移影响因子模型构建研究》，《开放教育研究》2015 年第 4 期。

⑤ 孔晶、赵建华：《教师信息技术应用能力发展模型及实现路径》，《开放教育研究》2017 年第 3 期。

⑥ 李毅、王钦、吴桐等：《中小学信息化教学关键影响因素的多维度比较研究》，《中国电化教育》2017 年第 10 期。

⑦ Rea Aisha Champa, Dewi Rochsantiningsih, Diah Kristiana, "Teacher Readiness on ICT Integration in Teaching-learning: A Malaysian Case Study", *International Journal of Asian Social Science* 4 (2014): 874-885.

⑧ 杨福义：《我国中小学教师教育信息技术的应用状况及其影响因素——基于全国数据库的实证分析》，《华东师范大学学报》（教育科学版）2017 年第 6 期。

另外，教龄与性别均未对欠发达地区乡村教师 ICT 教学应用水平产生显著影响。在教龄方面，由于年长的乡村教师对自身常规教学经验比较自信，认为技术无法大幅度提高教学效果①，而年轻的教师虽然在技术使用方面更有优势，但其处于职业生涯的早期"生存"阶段，因而更专注于课堂管理和课程开发等问题，可能缺乏时间及资源克服 ICT 教学整合方面的障碍②，从而有可能导致教龄未对欠发达地区乡村教师 ICT 教学应用水平产生显著影响。

（三）ICT 教学技能专业准备及发展是欠发达地区乡村教师 ICT 教学应用水平在专业发展特征层面的主要影响因素

总体而言，影响欠发达地区乡村教师 ICT 教学应用水平的因素有：职前教育或培训使用 ICT 开展教学的准备程度、过去 12 个月中是否参加过 ICT 教学技能培训以及对 ICT 教学技能培训的需求程度。在使用 ICT 开展教学的准备程度方面，欠发达地区乡村教师的表现与 Howley 等③的研究结果一致，即教师对使用 ICT 开展教学的准备程度越充分，就越可能在教学中使用 ICT。过去 12 个月中是否参加过 ICT 教学技能培训对欠发达地区乡村教师 ICT 教学应用水平产生了显著影响，这进一步佐证了已有的研究结果，即培训对提升教师 ICT 教学应用水平具有重要意义。④⑤ 至于 ICT 教学技能培训需求对 ICT 教学应用水平产生了影响，可能的解释是需求的影响仅仅是一种间接影响的反映，在需求和应用水平之间存在潜在的中介或调节变量（如 ICT 教学技能），这还需要进一步

① 徐光涛、周子祎、叶晶双：《乡村教师技术应用影响因素的扎根理论研究》，《开放教育研究》2020 年第 3 期。
② Julie Mueller, Eileen Wood, Teena Willoughby, et al., "Identifying Discriminating Variables between Teachers Who Fully Integrate Computers and Teachers with Limited Integration", *Computers & Education* 51 (2008): 1523–1537.
③ Aimee Howley, Lawrence Wood, Brian Hough, "Rural Elementary School Teachers' Technology Integration", *Journal of Research in Rural Education* 26 (2011): 1–13.
④ 刘楚、徐显龙、任友群：《中小学信息技术教学应用效果区域比较研究——以东、中、西部分省会城市学校为例》，《中国电化教育》2018 年第 11 期。
⑤ 徐光涛、周子祎、叶晶双：《乡村教师技术应用影响因素的扎根理论研究》，《开放教育研究》2020 年第 3 期。

的实证验证。

在 ICT 自我效能感方面，笔者发现欠发达地区乡村教师的 ICT 自我效能感未对 ICT 教学应用水平产生显著影响，其可能的原因在于：一方面欠发达地区乡村教师对自己能否利用 ICT 完成教学任务的主观判断出现了偏差，对自身 ICT 教学能力认知不清，产生了一种盲目的自信；另一方面来自学校方面的潜在阻碍以及 ICT 教学应用培训机会欠缺等因素直接制约了欠发达地区乡村教师的 ICT 教学日常应用。至于这些潜在的原因，我们还需要进一步的实证验证。

五　启示与建议

由于针对欠发达地区乡村教师的 ICT 教学技能培训不足，教师 ICT 培训的需求度也比较高，同时 ICT 教学技能培训对 ICT 教学应用水平有显著影响，所以首先需要加强欠发达地区乡村教师的 ICT 教学技能培训。在对欠发达地区乡村教师开展 ICT 教学技能培训时，按需培训是提升培训质量和实效的一个重要举措。按需培训除考虑教师的需求外，还应该明确教师现有能力与应该达到的能力之间的差距，培训前明确教师 ICT 技能发展水平，确定衡量教师 ICT 应用专项能力的标准，这些对培训内容的确定及受训教师的自评自查均有重要的指导性。[1]

此外，由于欠发达地区乡村教师 ICT 教学应用水平偏低，在利用 ICT 与课堂教学的深度融合、促进学生学习方面还有待进一步加强，因此还需要在开展 ICT 教学技能培训的基础上进一步提升欠发达地区乡村教师 ICT 有效教学的应用能力。在培训的具体实施策略上，可以采用与欠发达地区乡村中小学校"牵手"合作的模式，根据当地教育信息化发展现状及"牵手"合作学校实际情况，首先帮助学校完成教育信息化发展规划与实施方案，针对不同类型的学校创新培训模式，将集中培训、网络研修与实践应

---

① 祝智庭、闫寒冰：《〈中小学教师信息技术应用能力标准（试行）〉解读》，《电化教育研究》2015 年第 9 期。

用有效融合，结合不同学科（领域）、不同能力起点的乡村教师 ICT 应用能力提升需求制订培训规划，分类开展帮扶，支持学校信息化教育教学发展，打造欠发达地区乡村中小学教师 ICT 应用能力培训示范校，进而辐射和推动欠发达地区乡村教师 ICT 有效应用能力的不断提升。①

除此之外，还需要加强欠发达地区乡村校长信息化领导力的专业发展，注重提升乡村校长信息化的态度、知识与能力，包括提高校长的信息化组织、管理与协调能力，引领教师共同推进学校的信息化发展，为教师应用信息技术开展教学提供必要的支持服务，为学校营造一种积极向上的教育信息化氛围，从而推动学校信息化整体发展战略目标的实现。② 最后，从职前职后教师专业发展一体化的视角来看，欠发达地区乡村教师 ICT 教学应用水平提升是一体化的连续发展过程，职前培养与在职培训都是不可或缺的重要环节，两个阶段有各自不同的侧重点，职前教师以技术知识的习得及技能训练为主，在职教师以基于技术知识和技能的应用实践为主。③

在后续研究方面，由于 TALIS 的教师调查主题比较宽泛，并非专门聚焦 ICT 专业发展与教学应用，因此我们还需要在此基础上进一步拓展欠发达地区乡村教师 ICT 的专项调查研究。例如，依据 TAM（技术接受模型）、UTAUT（整合型技术接受与使用模型）制定和开展欠发达地区乡村教师 ICT 专项调查研究，并结合相关深度访谈数据，深入探索欠发达地区乡村教师 ICT 教学应用的影响因素。

① 教育部：《关于实施全国中小学教师信息技术应用能力提升工程 2.0 的意见》，http：//www. moe. gov. cn/srcsite/A10/s7034/20 1904/t20190402 _ 376493. html，最后访问日期：2019 年 4 月 2 日。
② 滕鑫鑫、杨冬、白浩等：《教育信息化 2.0 背景下 ECIO 的持续发展研究》，《现代教育技术》2020 年第 4 期。
③ 刘喆、尹睿：《教师信息化教学能力的内涵与提升路径》，《中国教育学刊》2014 年第 10 期。

ICT Application Level and Influencing Factors of Rural Teachers in Poor Areas: Based on TALIS Survey

Ma Hongliang , Zheng Yan , Zhao Mei , Teng Xinxin

Abstract: In order to explore the actual level of ICT teaching application of rural teachers in poor areas and related influencing factors, this study, based on the TALIS survey data of 400 rural teachers in poor areas who participated in a teachers development program, this paper combined with the TALIS survey data of 489 rural teachers in Shanghai for analysis. It is found that: ①Compared with Shanghai, the most significant characteristics of ICT professional development are low participation and high demand for training, and the application level of ICT teaching is also very low; ② Educational background is a significant factor influencing ICT teaching application level on individual general characteristics; ③Professional preparation and development of ICT teaching skills are the main factors influencing the level of ICT teaching application in professional development. These findings imply that we need to strengthen the training of ICT teaching skills and effective application of rural teachers in poor areas, and improve the service support mechanism to ensure the transformation of ICT teaching application from "teaching" to "learning".

Keywords: Poor Areas; Rural Teachers; TALIS; ICT Teaching Application

"三区三州"深度贫困地区教师专业发展的困境与对策

——基于场域理论的 L 县个案研究

张　军　董秋瑾

【摘　　要】"三区三州"深度贫困地区教师专业发展状况制约着教育发展水平。促进教师专业发展水平提升，是促进贫困地区教育发展乃至整个社会发展的关键。当前，深度贫困地区教师专业发展受多重因素制约。为探明"三区三州"深度贫困地区教师专业发展困境，提出有效的解决途径，在场域理论视角下，本文选取 L 县为对象进行个案研究。研究发现，教师所处的场域对教师专业发展惯习具有重要影响，社会认同、同事关系、学校氛围、制度规则在一定程度上制约了教师专业发展，教师专业发展的惯习也影响着场域的形成。因此，在促进教师专业发展的过程中，应该从社会结构和教师个体同时出发，构建有利于教师发展的场域，重塑教师专业发展惯习，建构区县教师教育发展新体系，促进教师改变，形成教师专业发展的良好生态。

【关 键 词】场域理论；惯习；民族地区；教师专业发展；"三区三州"

【作者简介】张军，教育学博士，西南大学教师教育学院高级教师，研究方向为科学教育、教师教育；董秋瑾，北京师范大学教育学部博士研究生，新疆师范大学继续教育学院讲师，研究方向为师德教育、教师教育。

【项目基金】北京师范大学"三区三州"区县教师教育新体系建设项目。

一 引言

扶贫先扶智，提高贫困地区教师专业水平是提升贫困地区教育质量、促进贫困地区社会经济发展的重要途径。2017年中共中央办公厅、国务院办公厅印发了《关于支持深度贫困地区脱贫攻坚的实施意见》，对深度贫困地区脱贫攻坚做出全面部署，一系列针对"三区三州"深度贫困地区教师队伍建设的文件也相继出台，加大对深度贫困地区教师培养培训的重视和投入，以期有效促进深度贫困地区教师队伍建设。例如，在"国培计划"中重点向深度贫困地区倾斜，设置专门项目。但是，在多次深入深度贫困地区实地调研后，笔者也发现，单纯的教师发展项目倾斜，效果并不理想，贫困地区教师专业发展依然任重而道远。已有的一些研究表明，单一的教师专业发展活动并不能有效促进教师专业发展。[①] 同样，针对民族地区专门的研究，也表明复杂的教育生态环境制约着民族地区的教师专业发展，包括整个地区的教师专业化水平偏低、知识更新速度缓慢、语言障碍、培训机会较少、培训内容无针对性等。[②] 因此，有必要探究"三区三州"等深度贫困地区教师专业发展的深层原因，并在此基础上提出适切方式促进民族地区教师专业发展。因此，我们选取了"三区三州"的西南地区 L 县为研究对象，借用场域理论，通过质性研究，试图探明我国深度贫困地区教师专业发展中的困境，并探讨导致该地区教师专业发展困

---

① Darling-Hammond L., Hyler M. E., Gardner M. (2017). Effective Teacher Professional Development [EB/OL]. [2019-07]. https://learningpolicyinstitute.org/sites/default/files/productfiles/Effective_Teacher_Professional_Development_REPORT.pdf.

② 唐开福、黄得昊:《边疆民族地区教师队伍建设的主要问题与对策思考——以云南省 G 县为例》,《基础教育》2014年第1期,第90~96页。

境的原因，以期为教师专业发展探寻道路。

二 理论视角及分析框架

场域理论由法国著名社会学家布迪厄首先提出，该理论认为人的行为由特定情境中的机会、制约和行为者自身的历史经验之间的互动形成。[①] 在场域理论中，场域是指在各种位置之间存在的客观关系的网络或构型。[②] 依据场域理论观点，人类社会并不是单一整体，而是由多个小环境构成，这些小环境构成了小的社会、小的世界，这些小社会和小世界构成了场域。这些场域有独特的制度、逻辑和结构。根据布迪厄的主张，场域中充满了人工或抽象的认知、明确和具体的规则、严格且相互信赖的契约、表征意义等，这些都是长期生成的，身处其中的人们将其内化为场域中的规则并依其行事，成为一种惯习。[③] 惯习也是场域理论中的重要概念，布迪厄的惯习概念中，不仅包括习惯重复性和自发性的特点，还具有更多的建构意义。影响惯习形成的因素既包括外在的社会制度结构，也包括内在的主观思想心态。[④] 个体的惯习行为总是包含着与社会位置相关的属性，如身份、薪资、文凭、性别等，同时还包含附属特征，如可运作的设备、选拔标准、社会价值、声望、伦理等。[⑤]

在场域理论中，场域与惯习是相互影响、相互建构的关系，具体体现在两方面：一方面是场域影响着惯习的形成，惯习是某个场域固有的特征在人身上的体现，不同的场域会导致不同惯习的形成；另一方面，惯习对

---

① 斯沃茨：《文化与权力：布尔迪厄的社会学》，陶东风译，上海译文出版社，2006。

② 皮埃尔·布迪厄、华康德等：《实践与反思：反思社会学导引》，李猛、李康译，中央编译出版社，1998。

③ Bourdieu P. *The Logic of Practice* [M]. Oxford, UK: Polity Press, 1990: 67.

④ 高宣扬：《布迪厄的社会理论》，同济大学出版社，2004。

⑤ Bourdieu, P. *Distinction: A Social Critique of the Judgement of Taste* [M]. London, UK: Routledge. 1984: 102.

场域有建构作用。① 也就是说，场域与惯习实际上是双向适应的过程。在实践过程中，场域和惯习都会发生变化，不断地相互塑造和建构。② 不同的变化情况则导致场域和惯习之间可能会一致或发生偏离。当惯习与场域一致时，表现出"如鱼得水"的关系；而如果场域和惯习出现偏离，则会导致"惯习滞后"现象。由于惯习和场域的建构性，惯习滞后不会一直产生，也可以不断改变，新的惯习会不断形成。然而新生成的惯习可能会适应新的场域，也可能不会适应新的场域，甚至由于不适的强化，行动者在权力的作用下形成一种弱者的无力感。③ 因此，在场域变化时，应该促进场域与惯习向相互一致性的方向发展，避免出现偏离的情况。

教师的专业发展，同样受到教师所处的场域及惯习的影响，已有学者利用场域理论研究了乡村地区教师专业发展，研究认为乡村教师是教师队伍中相对弱势群体，其发展受社会场域中各种因素的制约，导致物理成长空间的落后、心理交往空间的失衡以及行为选择的规避。同时，由于乡村教师的自身原因，其在学校场域中表现出场域位置定位不明确、资本竞争意识淡薄、行动策略导向错位的发展瓶颈。④ 本研究同样借助场域理论，以 L 县为研究对象，旨在进一步探析贫穷地区的教师专业发展影响因素。在具体分析中，将教师所处的工作环境作为一个场域，借鉴桑国元等人研究（未发表），从"社会认同"、"同事关系"、"学校氛围"和"制度规则"四个维度具体考量，由此建立场域—惯习互动模式下的教师专业发展分析框架，如图 1 所示。

---

① 皮埃尔·布迪厄、华康德：《实践与反思：反思社会学导引》，李猛、李康译，中央编译出版社，1998，第 171~172 页。
② 皮埃尔·布迪厄、华康德：《实践与反思：反思社会学导引》，李猛、李康译，中央编译出版社，1998，第 165 页。
③ 杨可：《适应与不适——论布迪厄实践理论中的"惯习"概念与社会条件的关系》，《华中科技大学学报》（社会科学版）2011 年第 5 期，第 81 页。
④ 吴支奎、胡小雯：《场域视野下乡村教师生涯发展的困境与出路》，《中国教育学刊》2017 年第 5 期，第 26~29 页。

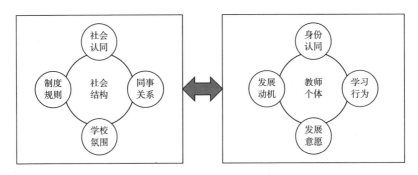

图 1   场域—惯习互动模式下的教师专业发展分析框架

三   研究对象

（一）研究对象情况

本研究选取的研究对象西南 L 县，为我国"三区三州"深度贫困地区，属于少数民族聚居区。截至 2017 年末，L 县人口为 27.5983 万，其中占比最大的为少数民族 Y 族，人口 15.8853 万，占 L 县总人口的 57.5%；其次为汉族，人口 11.491 万，占 L 县总人口的 41.6%。

近年来，受国家教育帮扶政策推动，多个教师发展项目在 L 县推进。笔者所在的项目组也对其进行了为期 2~3 年的教师专业发展公益项目支持。笔者跟随项目组，多次深入 L 县调研，跟踪访谈当地一线教师，获得了大量的调研资料。因此，本研究希望通过相关分析，理清该地区教师专业发展的困境及成因，从而采取合适措施，有效促进教师专业能力提升。

（二）资料收集情况

1. 项目培训实施期间的访谈资料

笔者所参与的教师专业发展公益项目从 2018 年 8 月正式开始，针对骨干教师、校长和地方教育管理人员，分别于 2018 年 9 月至 2019 年 8 月间，开展了短期培训。在培训过程中，笔者分别与参训的教师、校长和教育管理人员进行了访谈,初步了解了当地教师专业发展状况。

2. 实地调研期间的访谈资料、实物资料等

2020年1月,项目组到L县进行实地调研,根据访谈内容的需要,并结合前期的了解,依照L县学校和教师的分布情况,确定关键人物、典型人物。同时笔者到L县的一些学校进行观察和随机的非正式访谈,并发现和发展正式访谈对象。在访谈过程中,笔者以多次访谈为主,每次正式的面对面访谈(正式访谈)时间在1~3小时之间。同时笔者会根据受访者日常生活的安排,采用集体访谈等方式。通过田野调查,笔者收集了丰富的田野资料,包括访谈资料、田野日志和学校及学生等情况。本研究中涉及的访谈对象信息如表1所示。

表1 访谈对象基本信息

访谈对象	工作单位	职务	年龄	性别	资料编号
LJG	县教体局	业务副局长	48	男	LJG20190111SW
ZX	教师进修学校	校长	51	女	ZX20190110WS
XFD	HL中学	数学教师/副校长	50	男	XFD20190113XW
HYT	QW中心校	历史教师	25	女	HYT20190110WS
LS	QW中心校	英语教师	29	男	LS20190110WS
QY	MZ中学	化学教师	33	男	QY20190112SW
WPH	MZ中学	英语教师	29	女	WPH20190112XW
WQ	MZ中学	物理教师/教研组长	48	男	WQ20190112XW
CL	YBS中心校	中心校校长	32	男	CL20190111SW
GYY	YBS中心校	数学教师	26	女	GYY20190111SW
DL	CG小学	语文教师	41	男	DL20190113SW

四 L县教师专业发展的困境表现

从资料分析中我们发现,虽然L县有一些教师有强烈的专业发展意愿,但教师专业发展的整体氛围不佳,教师专业发展的学习氛围和个体动机不强,教师专业发展困境明显,具体表现在以下四个方面。

（一）教师专业发展的主要目的："争取调离"

通过分析资料发现，该地区教师专业发展的目的，主要是改变自己的工作场所，实现工作调动。特别是在乡村教学点的教师，由于本地区实行了教师流动招考办法，教师在达到规定教学年限和教学业绩的情况下，可以参加考试，选择进入县城的学校，于是很多年轻教师学习的目的，就是参加调动考试。由于调动考试必须看学生学科成绩，因此教音乐、体育等课的教师，为了能够获得参加考试所需要的学生学科成绩，也会担任具有分数的学科课程教学。当地教师的教学目的已经成为大家共同的追求，校长和管理人员也将教师的考调作为提高教师工作积极性的手段（LJG20190111SW，为了节约篇幅，在非必要的时候省略访谈原文，下同）。

（二）教师专业发展的目标导向："增分提分"

在教师专业发展中，教师主要以提高分数为目标导向，组织或参与教师专业发展活动，特别是在高中阶段。虽然课改的理念已经得到广泛的宣传，教师们都明白教学要提高学生的素养，教学要针对学科的关键知识，但在实际教学中，教师主要是设法提高分数，不愿意去进行真正的学科研究、教学研究。也就是说，教师专业发展的目的，并不是教好学生，而是促进学生考一个比较好的分数。于是教师们并不是真正体会教学标准，或者培养学生的核心素养，而是去追求分数的话语权（XFD20190113XW，CL20190111SW）。

（三）教师专业发展的合作氛围缺失："单打独斗"

影响教师专业发展的一个重要问题，就是基于本地的教师学习共同体无法形成。首先是由于当地优秀教师资源缺乏，名师工作室建设困难。教研力量薄弱，进修学校和教研室的学科教研员人数不够，专业素养也不足以支撑其发挥带领作用。学校教研组是教师专业发展的重要依托，但是该地区的教研组主要是传达功能，教研活动基本没有开展。教师教学，都是单打独斗的状态。就连指定的指导教师，在指导年轻教师方面，也并没有起到多大的作用。年轻教师进入学校之后，虽然对其分配了指导教师，但是很多年轻教师连自己的指导教师在哪里都找不到（CL20190111SW，LS20190110WS）。

（四）教师专业发展的学校支持缺少："管理至上"

从访谈的教师表现来看，教师对专业发展的热情不高，原因就是觉得学校整体氛围不够。认为学校对教师的发展不重视，学校的考评等并不是按照教师的能力进行，整体上没有形成良好的教师专业发展氛围。教师专业发展意愿不高。一位教师说他们学校的年轻同事不愿意学习，不愿意承担更多的工作。在学校的负面消息比较多，没有形成积极的学习状态。在访谈WQ老师时，他说到，学校的年轻老师都不愿干活，甚至参与学校管理都不怎么愿意，"学校还要我去当政教处主任，我都这么大了，年轻人没有（人）愿意干"（WQ20190112XW）。

通过了解我们也发现，教师专业发展的个体和群体困境使得当地多个教师专业发展项目的成效在执行实践中被大量消解掉，国家向贫困地区供给的促进民族地区教师专业发展的资源无法有效与教师专业发展的真正需求对接，促进教师专业发展的目标也难以实现。

五 场域理论视角下教师专业发展困境成因分析

我们尝试借助场域—惯习互动模式下的教师专业发展分析框架，对L县教师专业发展的困境成因进行深入分析。

（一）社会认同与教师专业发展惯习的良性互动受阻

社会认同是场域的重要维度，泰费尔（H. Tajfel）在最简群体范式研究的基础上，对社会认同进行了研究。他将社会认同作为自我概念的一部分，认为社会认同是个体对自己所属群体以及这种所属关系给自身带来情感和价值的认识①，并进一步指出，社会认同的心理过程通常包含着三个部分，分别是社会分类、社会比较和积极区分。② 自我是个人对社会认知的中心，决定着个体如何处理与"我"有关的所有信息，如动机、情绪、能力等诸多方面。③ 个体会从保护自我不受威胁信息的干扰出发，尽力维持自我一致性，建立起对自我的态度，形成社会认同。④ 个体为了维护或提高自尊，会对群体进行积极区分，通过内外群体的有利比较带来相对积极的自我评价与对自己所在群体的社会认同，进而提高自尊。⑤ 通过访谈，我们发现，L 县教师专业发展的一些惯习形成受到社会认同的影响。

首先从社会比较来看，教师经常将自己和当地的公务员及其他事业单位工作人员进行比较，从工资待遇、社会地位、人力资源等进行考量，发现自己不如公务员和一些优势的事业单位工作人员，于是对教师职业的认同不高。用当地的话说，就是当不了公务员，去不了其他事业单位，才考虑担任教师（ZX20190110WS）。因此，很少有优秀的大学生担任教师，这里的新教师以专科和高等职业院校学生为主，主要来自地方师范院校，比如乐山师范、昭通学院、西昌学院等；教师专业不对口的现象非常严重，比如 YBS 中心校有两位体育专业的教师，现在学校分别教数学和语文。教语文的教师在访谈中明确表示，进行字词等知识的教学还行，教写作时感到很困难，因为自己不知道怎么写，教学生写作时有一定困难（CL20190111SW）。社会认同不高还表现在教师自尊程度不高。当地学生家长对教师不够尊重，比如很

① Tajfel H. *Differentiation between Social Groups: Studies in the Social Psychology of Intergroup Relations* [M]. London: Academic Press, 1978.
② Tajfel H. "*Social Psychology of Intergroup Relations*" [J]. *Annual Review of Psychology*, 1982, 33 (1): 1-39.
③ Klein, Stanley B, Loftus, et al. "Two Self-reference Effects: The Importance of Distinguishing between Self-descriptiveness Judgments and Autobiographical Retrieval in Self-referent Encoding" [J]. *Journal of Personality and Social Psychology*, 1989, 56 (6): 853-865.
④ Brian T, Rhodewalt F. "*Autobiography, Reputation, and the Self*: on the Role of Evaluative Valence and Self-consistency of the Self-relevant Information" [J]. *Journal of Experimental Social Psychology*, 2001, 37 (1): 32-48.
⑤ 张莹瑞、佐斌：《社会认同理论及其发展》，《心理科学进展》2006 年第 3 期，第 475~480 页。

多家长对学生的学习不够重视，也不尊重教师的意见，随意为自己的孩子向学校或教师请假，甚至直接到学校将孩子带回家（GYY20190111SW）。

教师社会认同不高，导致教师流动性大。教师留守意愿不强。乡村学校的教师很少愿意在乡村坚守，基本上是找各种途径调离乡村学校或者进入其他行业。在集体交流中，一位刚工作一年的女教师在被问及是否愿意留在学校教书时，明确表示在这里工作的目的是积累经验，等待机会，以便能够考到更好的学校（HYT20190110WS）。而她所在学校的校长不但不对这样的行为感到吃惊和反感，而是赞成教师这样的行为，并且将考到更好的学校作为激励教师认真工作、认真学习的方式。在乡村学校，大部分是教龄5年以下的年轻教师；有些教师，编制分到乡村学校，人却没有来学校报到，而是直接通过各种关系到县城学校工作。学校因此非常缺教师，以致实习教师"顶岗"，在一个中心校，有7名乐山师范学院的大四学生，在学校独立担任一个学期的数学或者语文教学工作。

社会认同不高，导致教师对当前的境况不满意，希望寻求改变。这在一定程度上促使教师进行专业学习和谋求发展。但是这些努力，主要是为了达到考试和调动标准，离开乡村学校，而不是扎根乡村学校，提高乡村学校的教育教学水平。

（二）同事关系对教师专业发展外在动机的刺激缺失

同事关系在教师专业发展中，具有非常重要的作用。定量研究也表明，同事关系可以提高教师对学校的满意度，促进教师专业发展。[1] 在对乡村教师的研究中也发现，同事关系对乡村教师专业学习影响显著。[2] 在我国目前的教育体制下，同事关系是影响教师专业发展的重要因素。教研活动的有效开展，教师之间相互讨论与借鉴，师徒结对的教师学习形式，学校或者教研组形成学习型组织，有效促进教师学习的发生和教师专业能

---

[1] 赵必华：《影响教师工作满意度的因素：基于 HLM 的分析》，《教育科学》2011 年第 4 期，第 30~34 页。

[2] 赵新亮、刘胜男：《工作环境对乡村教师专业学习的影响机制研究——心理资本的中介作用》，《教师教育研究》2018 年第 4 期，第 37~43 页。

力成长，很大程度上依赖于良好的同事关系。

从研究的情况看，L 县的学校中，教师的同事关系不能有效地促进教师专业发展。原因主要有两个方面：一是政府和学校对教师的考评主要是根据其所教班级的学生考试成绩。教育行政部门将考试成绩作为教师年终评比的依据（LJG20190111SW）。这种针对教师个人的评价，导致教师之间形成了事实上的竞争关系，很难就教学问题进行有效的探讨和交流。二是本地优秀教师缺乏，好的教师不断调出，留下的教师缺乏专业权威。对于一些教学问题，教师们往往固守自己的看法，不愿意听取其他同事的意见，也不愿意将自己好的经验分享给其他人（WQ20190112XW）。学校虽然成立了教研组，但是很难开展有效的教研活动。首先是学校安排的教研活动时间比较短，有的学校只有一节课时间，有的学校为两节课的时间。其次是教研活动组织很困难，很多教师借口有事情不参加教研活动，即使进行教研活动，也只是传达学校行政事务，并没有进行教学研讨（XFD20190113XW）。还有学校试图组织集体备课，却发现效果并不理想，在集体备课之前，教师自己写教案，而实行集体备课之后，整个教研组却只上交一份教案，从学校管理者的角度来看，反倒不如教师自己单独备课（CL20190111SW）。

（三）学校氛围对教师内在发展意愿缺少支持

学校氛围对教师的整个工作和生活具有重要的影响，因为学校氛围对于校长领导、教师效能感和班级管理有重要影响作用。[①] 访谈中发现，教师很关注学校的氛围，并且认为学校的氛围是解决目前教学水平低下的关键。我们在访谈中表明希望了解教师们专业发展中的困难，希望一起来思考解决途径时，教师们很直接地说道："不用来培训我们，我们这些教师素质还不错，并且也愿意工作和学习，你们应该想办法针对学校领导进行培训。让他们学会管理学校。"（WPH20190112XW，WQ20190112XW）教师认

---

① Schaefer J. "Impact of Teacher Efficacy on Teacher Attitudes toward Classroom Inclusion." Dissertations &Theses-Gradworks，2010.

为，学校管理过程中，对学生比较放任，没有形成良好的学习风气。在遇到教师和学生的管理问题时，学校不能成为教师的后盾，导致教师不能有效行使教育教学职能。学校对教师的评价机制不明确（LS20190110WS）。教师认为学校对教师的评价很随意，不公开不透明。因此教师的工作积极性不高，年轻老师的上进心不足，不愿意承担更多的工作任务。从以上内容可以看出，目前在 L 县的学校中，学校氛围不能很好地促进教师发展（WQ20190112XW）。

（四）制度规则对教师专业发展的评价导向缺位

事实上，多数教师在教学检查、论文发表、课题研究、学校行政等规则执行的过程中会选择最低限度的行动以完成基本要求，而不合理的职称评定与评价标准更是会对教师的工作积极性造成负面影响。① 但也在一定程度上反映出教师可能会因为外部的考核（inspections）和负向的社会评价而产生沮丧、去专业化和能力被质疑的感受。② 制度导向对教师专业发展具有引导性作用。

在访谈中发现，教师们普遍认为目前的考评制度不合理，在 L 县，教育行政部门为了加强对教师管理，提高教学质量，将学生成绩作为考评教师的关键指标，如前文叙述的情况。在访谈中，教师认为这样的制度影响了教师专业发展。以下主要从两个层面进行分析。

一是影响了教师之间的交流。之所以不能形成良好的教研文化，重要的原因是考评机制导致教师之间形成了事实上的竞争关系。只要是教同样学科的教师，就会通过学生成绩的好坏来判定教学业绩好坏，从而影响奖金和晋升等。这样的情况下，教师不愿意将好的教学方法拿出来分享，因为其他教师学到了好方法，取得了好的成绩，自己的利益就会受到影响。在访谈中发现，即使学校给年轻教师安排了指导教师，其也主要是形式上

---

① 马香：《中小学教师职称制度的问题及其对策》，《教学与管理》2017 年第 7 期，第 8～10 页。

② Jeffrey B., Woods P. "Feeling Deprofessionalised: The Social Construction of Emotions during An OFSTED Inspection." *Cambridge Journal of Education*, 1996, 26（3）: 325-343.

的存在，有意义的指导并不多（WQ20190112XW）。

二是影响了教师专业能力的全面发展。以学生分数为主要依据的考评方式，使得教师的专业发展走向畸形，仅仅追求学生分数的提高。一位分管教学的副校长谈到，一位优秀的教师应该对学科知识有全面的理解，目的是使学生形成学科素养。他提出，因为对教师的评价仅仅是依靠分数，所以教师并不是从学科理解出发组织自己的教学，而是将教学目标放在提升学生考试分数上。比如一些老师专门研究考试，得到一些应考技巧，在教学中就围绕应试技巧，让学生记忆考点，练习考题。这样的教学能够使学生取得比较好的成绩，教学方式得到推崇，但课程改革理念很难推广和落实（XFD20190113XW）。

六　促进民族贫困地区教师专业发展的对策

上文分析了 L 县教师专业发展的困境，并从社会认同、同事关系、学校氛围和制度规则四个方面分析了教师专业发展困境的成因。可以看出，深度贫困地区的教师专业发展存在较多困境，这些困境受到教师所处场域的重要影响。根据惯习和场域的相互关系，场域也受到了惯习的影响，从 L 县可以看出，教师专业发展场域受到惯习的影响，比如学校的同事关系，实际上就是教师自身社会行为的集合；同样，当地的教师考调制度，其初衷是鼓励教师选择乡村教育，并在乡村学校工作中积极投入，努力发展，于是形成了教师招考管理制度以及从学生成绩出发的教师评价制度（LJG20190111SW）。

因此，为了促进教师专业发展，应该优化教师所处的社会结构，改变教师的专业发展惯习，形成场域和惯习的良性互动，实现教师专业发展的良好生态。结合上述分析，笔者认为可以从以下措施入手。

（一）优化社会结构，形成教师专业发展场域

从教师专业发展困境的成因可以看出，在教师专业发展行动中，进行场域的改变尤显重要。首先，可以从本地出发，进行教师社会结构的改

变,比如优化教师评价制度,通过制度的导向作用,促进教师专业素养的提升。其次,提高教师的经济待遇和社会地位,增强教师的社会认同。改进学校的管理方式,促进学校氛围等。再次,可以引入外部资本,改变已有的场域。比如在 L 县,有一个由北京某教师引领的英语名师工作室,由于这个工作室主持人来自北京,不受当地同事关系惯习的影响,可以与工作室教师较好地交流,使得教师得到专业指导和情感支持。最后,可以引入在线的教师学习机制,并形成跨区域的在线教师学习共同体,突破已有社会结构。

(二) 重塑教师发展惯习,促进教师改变

由于场域和惯习是相互影响和建构的关系,单方面地依靠场域改变很难达到促进教师专业发展的目的,因此,应该从教师改变出发,重塑教师专业发展惯习。在具体的行为中,可以逐渐从教师的教育理念、教师的发展动力、教师对待同事的关系入手,改变教师的专业发展行为。同时,教师自身的专业发展惯习也受到自身资本的影响,因此在具体行动中,可以对个体教师提供专业机会和平台的支持,让教师能够在逐渐发展中实现良性循环,持续上升;更要从场域和惯习的相互作用和相互建构的关系出发,抓住部分关键教师,以关键教师为支撑点推动教师发展。

(三) 构建教师教育发展体系,营造教师专业发展健康生态

朱旭东在《论"国培计划"的价值重估——以构建区县教师教育新体系为目标》[①] 一文中,指出要进一步发挥"国培计划"的效果,就应该形成"用最优秀的教师教育者培养最优秀的教师"的优异价值链;确保底层教师教育体系为教师质量奠基;确立优质学校在教师教育中不可或缺的重要地位;培育"充分发挥校本教师专业发展中心的基础作用"的有生力量;发挥"名师工作室(坊)"的教师教育优势;促进发挥区县教师专业

---

① 朱旭东:《论"国培计划"的价值重估——以构建区县教师教育新体系为目标》,《云南师范大学学报》(哲学社会科学版) 2019 年第 3 期,第 93~99 页。

发展中心的龙头作用。朱旭东的思考，实际上正是基于教师专业发展中场域与惯习的互动关系，希望通过校本教师专业发展中心、名师工作室等形成区域性的教师发展场域。

项目组以场域理论为视角，结合项目负责人朱旭东等研究成果，针对L县的情况，建构了"三区三州"区县教师教育新体系。该体系由地方政府、地方高校、区县教师发展中心、教师专业发展学校、校本教师专业发展中心、名师工作室共同构成。其中，地方政府通过行政力量和经济手段等创造教师发展条件；地方高校提供教师专业学习的专业支持；区县教师发展中心由区县原有的教师进修学校、教研室等整合而成，实现教师研究、培养、实践的"研训行"一体化指导；学校建立校本教师专业发展中心，指导本校教师的专业发展；并将校本教师专业发展工作突出的学校作为教师专业发展学校，带动片区的教师专业发展；同时，在地方优秀教师的带动下，由具有发展意愿的教师形成名师工作室，发挥名师资源优势，形成教师学习共同体，促进教师发展。

区县教师教育新体系既构成教师专业发展的场域，同时也实现对教师专业发展的具体指导，以消除教师专业发展的结构性障碍，提供教师专业发展过程性支持，实现教师个体性发展和整体性发展协同与互动，实现地区教师教育内生性发展，促进民族地区教师队伍水平的提升。

七　结语

本研究利用了个案研究的方式，以"三区三州"的 L 县为研究对象，探讨了深度贫困地区教师专业发展的困境，在此基础上探讨了促进教师专业发展途径，并建构了区县教师教育体系模型。而本研究只是从教师所处的社会结构出发进行分析，对教师个人的主观能动性分析比较少，这是本研究的不足之处，有待今后的研究进一步探讨。

The Predicament and Countermeasures of Teachers' Professional Development in the Deep Poverty Area of "Three Regions and Three States" —A Case Study of L County Based on Field Theory

Zhang Jun, *Dong Qiujin*

Abstract: The professional development of teachers in the deep poverty areas of "Three Regions and Three States" restricts the development level of education. Promoting the professional development of teachers is the key to promoting the development of education and even the overall social development in poor areas. At present, the professional development of teachers in poverty-stricken areas is subject to multiple constraints. In order to find out the plight of teachers' professional development in the "three Regions and Three States" poverty-stricken areas, and put forward effective solutions, L County was selected as the object of case study from the perspective of field theory. It is found that teachers' field has an important impact on Teachers' professional development habits. To some extent, social identity, peer relationship, school atmosphere, rules and regulations restrict teachers' professional development, and teachers' professional development habits also affect the formation of field. Therefore, in the process of promoting teachers' professional development, we should set out from the social structure and individual teachers at the same time, build a field conducive to teachers' development, reshape teachers' professional development habits, build a new system of teachers' education development in districts and counties, promote teachers' change, and form a good ecology of teachers' professional development.

Keywords: Field Theory; Habits; Ethnic Areas; Teacher Professional Development; "Three Regions and Three States"

城乡义务教育一体化教师网络研修：
现状、问题与机制建构

谢佳睿　　张立国

【摘　　要】义务教育是提升国民素质的关键，但我国长期存在的城乡二元社会结构，致使城乡义务教育发展严重失衡。在"互联网+"时代，利用网络研修促进城乡教师交流合作、提升农村教师专业水平，是推动我国城乡义务教育一体化发展的关键举措，是国家繁荣的必由之路。通过对 S 省 X 市城乡义务教育一体化教师网络研修现状调查发现，研修中存在合作关系未落实、对核心概念认识不足、研修过程不规范、优质研修资源短缺、研修工具易用性欠佳等问题。为确保城乡义务教育一体化教师网络研修能够长期有效地开展，本研究基于现存问题建构了城乡义务教育一体化教师网络研修机制，主要包含约束条件、决策部门、参与人员、研修资源和研修过程五大要素及其之间的相互关系。

【关 键 词】城乡义务教育一体化；教师网络研修；机制

【作者简介】谢佳睿，俄亥俄州立大学在读博士研究生，研究方向为在线教育；张立国，教授，博士生导师，研究方向为网络与远程教育和教育技术学基本理论。

一 引言

2016 年，国务院印发了《关于统筹推进县域内城乡义务教育一体化改革发展的若干意见》，强调城乡义务教育一体化是我国脱贫攻坚、全面步入小康社会的关键改革措施，① 是打破我国城乡二元结构壁垒、促进教育公平、实现教育现代化的一项重要战略部署。当前，我国城乡教育发展严重失衡，主要体现在教育资源的不均衡，其中以师资配置不均衡问题尤为突出。② 教师个人的知识水平、教学能力对于实际教学效果而言至关重要，故提升农村师资水平是推动城乡义务教育一体化发展的必由之路。在"互联网+"时代，网络研修愈发成为在职教师学习进修、提升自我的常用方式之一，它打破了时空界限，为不同学校、不同地区的教师提供了便利的学习平台和丰富的教学资源，是当代建设农村教师队伍的不二选择。

二 国内外研究现状

目前，国内分别关于城乡义务教育一体化和教师网络研修的研究文献都不在少数，但将二者相结合的研究却极其匮乏。部分城乡义务教育一体化相关文献着重于制约因素研究，指出师资配置不均衡是制约城乡义务教育一体化发展的主要因素之一，③④⑤ 但教师网络研修作为信息化时代解决该问题的主要途径之一，在相关研究中往往被一笔带过，未展开详细讨

---

① 《国务院关于统筹推进县域内城乡义务教育一体化改革发展的若干意见》，国务院数据库，http://www.gov.cn/zhengce/content/2016-07/11/content_5090298.htm，2016。
② 范先佐、战湛：《我国县域城乡义务教育发展存在的问题、原因及对策》，《贵州师范大学学报》（社会科学版）2016 年第 6 期。
③ 范先佐、战湛：《我国县域城乡义务教育发展存在的问题、原因及对策》，《贵州师范大学学报》（社会科学版）2016 年第 6 期。
④ 李均：《我国教师资源配置结构性失衡现象考察——兼论当前农村教师队伍建设的制度选择》，《深圳大学学报》（人文社会科学版）2008 年第 109 期。
⑤ 吴德刚：《中国教育发展地区差距研究——教育发展不平衡性问题研究》，《教育研究》1999 年第 7 期。

论。在教师网络研修相关研究中，城乡义务教育一体化背景更是鲜少被纳入考虑，多数文献集中于教师网络研修模式研究。根据不同模式的研修特点，可大致归为以下几类，如表 1 所示，为后期调查研究中研修模式相关问题的设置提供了依据。

表 1　教师网络研修模式分类

模式		描述	代表学者
主题式		有明确的研修主题，且所有研修内容围绕该主题展开	刘清堂等（2015）；杜玉霞（2010）
视频式		以微课视频或课堂实录作为主要的研修资源，教师通过观看视频进行自主学习，也可自行创作和分享视频资源	王文君等（2016）；杨永亮（2015）；杨婷（2011）；等等
备课式	同课异构式	不同地区、不同学校的教师选择同一内容进行设计和教学，并通过网络平台进行直播，供专家、教研员点评和指导，也供教师之间相互观摩学习	魏晓彤（2011）；李岩（2012）；李艳（2014）；等等
	四构三研式	在"同课异构"的基础上又加入"异课同构"、"同题异构"和"自主建构"，以及"基于课例改进研讨"、"基于课例差异分析研讨"、"基于理论引领研讨"等环节	唐良平等（2017）
	五次备课式	包括"分工备课""集体备课""个性主备""课中备课""教后再备"五个环节	崔佃金（2016）
研讨式	教师工作坊式	少数教师聚集在一起共同开展研修活动，实现坊内交流和知识共享	张思等（2015）；李立君等（2015）；刘清堂等（2016）；等等
	学习共同体式	由教师、专家、辅导者等不同类型的学习者和助学者共同构成的相互交流、协作的学习团体，依靠网络平台一起研修	商明杰（2017）；华晓宇（2015）；李五洲（2017）
任务驱动式		以围绕培训内容、有明目的、切实可行的任务情境作为引导	解书等（2014）；贺桂英（2016）；田爱丽（2017）；等等
五位一体式		从"教师观念与意识""教师信息素养""教师激励与评价制度""组织运作""网络教研平台建设"五个角度进行较为全面的设计	喻湘波等（2017）；项莉等（2016）

由于"城乡义务教育一体化"是我国的本土概念，国外的相关研究主要从教育公平和农村教育方面进行分析。以法国和日本为代表的师资流动制度作为促进城乡师资配置均衡的一种方式已有较长的历史，①② 但这种方式在国内却收效甚微，究其原因，该方式看似均衡了城乡的师资配置，实则并未从根本上抓住矛盾解决问题，反而变相加剧了城乡教育的不公，降低了城市教育质量。随着信息技术的发展，多数发达国家已有较为成熟的教师网络培训体系，③④⑤⑥ 但鲜有利用教师网络研修缩小城乡教育差距的研究。

因此，本研究旨在通过调查城乡义务教育一体化教师网络研修开展现状，明确现存问题，并基于问题构建城乡义务教育一体化教师网络研修机制，为推动我国城乡义务教育一体化发展、促进教育公平奠定理论基础。

三　研究设计

（一）问卷编制

城乡义务教育一体化教师网络研修现状调查问卷共分为三大部分：个人基本信息、研修现状、态度意向，其编制参考了 UTAUT（Unified Theory of Acceptance and Use of Technology）模型，该模型包含绩效期望、努力期望、社会影响和便利条件四个关键要素，用于预测用户对于技术的使用意愿和行为。⑦ 在本研究中，绩效期望是指教师认为网络研修能够帮助其进

---

① 张婧：《日本和法国义务教育师资流动政策及启示》，《教师发展研究》2017 年第 1 期。

② 王晶：《国外解决教育公平问题的经验及启示》，《新媒体与社会》2013 年第 1 期。

③ 梁文鑫、毕超：《国外教师远程培训的实践及启示》，《北京教育学院学报》2012 年第 26 期。

④ 陈剑琦：《美国实施教师网络培训新计划》，《比较教育研究》2003 年第 6 期。

⑤ 刘双喜：《日本教师远程培训模式发展及启示》，《中国成人教育》2015 年第 9 期。

⑥ Midoro V., *How Teachers and Teacher Training are Changing* (Boston: Springer, 2001), pp. 83-94.

⑦ Oye N. D., Iahad N. A., Rahim N. Ab., "The History of UTAUT Model and Its Impact on ICT Acceptance and Usage by Academicians," *Educational Information Technology* 19 (2014): 251-270.

行教学的程度，具体表现为教师对于城乡义务教育一体化教师网络研修的态度，对研修模式、活动等内容的期望；努力期望是指教师认为参与网络研修所需付出的努力，包含研修机会的均等性、研修频率的适切性和研修平台的易用性等；社会影响是指周围环境对教师参与网络研修的影响；便利条件是指教师具备参与网络研修的相关条件，包括教师的信息技术水平和对相关概念的了解程度。这四大要素反映了教师参与网络研修的意愿和行为。

基于前期小规模预调查问卷结果的分析和收获的建议，本研究对调查问题及选项进行了一定调整，形成最终问卷，通过"问卷星"平台进行正式发放。

（二）信效度分析

使用 SPSS 软件对城乡义务教育一体化教师网络研修现状调查问卷进行信度分析，其整体信度系数 α 值为 0.963，除个人基本信息维度之外，研修现状维度的信度系数 α 值为 0.993，态度意向维度的信度系数 α 值为 0.914，均大于 0.9，表明问卷具有非常高的内部一致性。

本研究所使用的调查问卷是在大量文献研究的基础上编制而成的，并根据预调查结果进行了适当的调整，以此确保其内容效度良好。此外，使用 SPSS 软件对问卷的构念效度进行了分析，其中 KMO 值为 0.972，Bartlett's 球形检验近似方差达 64032.095（显著性概率值 $p = 0.000 < 0.05$），表明该问卷具有良好的构念效度。

（三）研究样本

由于从事城乡义务教育工作的教师数量庞大且分布广泛，故本研究采用简单随机抽样的方式选择一部分样本进行调查。以往研究表明，在大型城市中，省市一级的地区性研究，比较合适的样本量一般为 500~1000。[1][2]

---

① 陈杰、徐红：《抽样调查中样本量的设计和计算》，《武汉职业技术学院学报》2006 年第 1 期。
② 风笑天：《社会学研究方法》，中国人民大学出版社，2001，第 145~146 页。

本研究以 S 省 X 市为例，共发布并回收有效问卷 618 份，样本量满足上述要求。此外，为进一步保证样本的代表性与结果的可信度，问卷在发放时覆盖了 X 市所有区县，且涵盖了城市初中、城市小学、农村初中、农村小学和农村教学点各个学科的教师，具体情况如表 2 所示。

表 2　个人基本信息统计

单位：人，%

基本情况	类别	人数	百分比
性别	男	145	23.46
	女	473	76.54
教龄	5 年及以内	85	13.75
	6~10 年	57	9.22
	11~15 年	79	12.78
	16~20 年	173	27.99
	21 年及以上	224	36.25
学校	城市初中	159	25.73
	城市小学	124	20.06
	农村初中	198	32.04
	农村小学	102	16.5
	农村教学点	35	5.66
学历	硕士及以上	39	6.31
	本科	499	80.74
	大专及以下	80	12.94

四　城乡义务教育一体化教师网络研修现状

（一）便利条件分析

便利条件是开展城乡义务教育一体化教师网络研修的基础，包含教师的信息技术水平及其对核心概念的认识程度。如表 3 所示，绝大多数教师表示自己掌握基本的信息技术，能够熟练地使用计算机和网络辅助教学，为参与网络研修奠定了良好的基础。

表 3　教师信息技术水平统计

单位：人

题目	非常同意	同意	不确定	不同意	非常 不同意	平均分
我在备课时经常使用计算机	241 （39%）	268 （43.37%）	93 （15.05%）	11 （1.78%）	5 （0.81%）	4.18
我能够熟练地通过网络找到自己需要的教学资料	229 （37.06%）	289 （46.76%）	83 （13.43%）	15 （2.43%）	2 （0.32%）	4.18
我能够熟练地在网络平台中上传或下载教学资源	196 （31.72%）	283 （45.79%）	107 （17.31%）	27 （4.37%）	5 （0.81%）	4.03
我能够熟练地在网络平台中发布或回复帖子	189 （30.58%）	291 （47.09%）	95 （15.37%）	38 （6.15%）	5 （0.81%）	4
我熟悉 Word、PPT、Excel 等常用教学软件的使用	166 （26.86%）	281 （45.47%）	124 （20.06%）	40 （6.47%）	7 （1.13%）	3.9

　　然而，教师对于核心概念的认识则有所欠缺。32 名教师（5%）表示非常了解城乡义务教育一体化，270 名教师（44%）表示了解，304 名教师（49%）表示不太了解，另有 12 名教师（2%）表示没听说过。由此可见，约一半的教师不了解城乡义务教育一体化，说明国家对于该政策的普及程度不足，教师需充分了解该背景才能更好地共同促进城乡义务教育的发展。相比之下，教师对于网络研修更加熟知，117 名教师（19%）表示非常了解，394 名教师（64%）表示了解，虽没有教师表示没听说过，但仍有 107 名教师（17%）表示不太了解，且有 75 名教师（12%）表示从未参加过网络研修，说明教师网络研修的开展还未达普及程度。针对 543 名（88%）曾参加网络研修的教师，本研究进一步调查了其研修的具体情况。

（二）努力期望分析

努力期望是指教师所感知的参加网络研修的便易程度，体现在研修平台的易用性、研修频率的适切性以及研修机会的均等性。目前，X 市教师网络研修的开展主要基于 S 省人人通平台、X 市大学区优质资源共建共享平台和国家级平台等资源共享型平台，而非专门的教师网络研修平台。开展频率多为一学期至少一次或一年至少一次，频率较低。部分教师表示，研修主要由学校安排，时间不确定，且名额往往被需要评职称的人优先占有，研修机会不均等。如图 1 所示，具有 5 年及以内教学经验的新手教师参加网络研修的比例明显低于其他教师。新手教师教学经验不足，理应更需要通过网络研修提升自己的专业能力，但实际却机会有限。

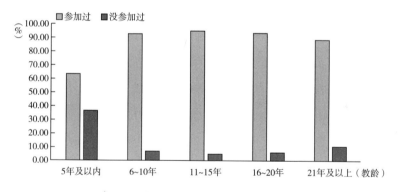

图 1　不同教龄的教师参加网络研修的情况

（三）社会影响分析

教师参加网络研修的意愿和行为在一定程度上受他人、学校和社会等因素影响。从图 2 可以看出，大多数教师参加网络研修是从个人和教学角度出发，旨在提升专业能力与教学质量，获得专家的指导与帮助和与同行沟通交流的机会。但同时，迫于学校或政府强制要求，为获得相关证书、提高晋升机会，仅为跟随潮流而参加网络研修的教师也不在少数。社会影响是潜移默化的，若适当引导，可对研修起到正向作用。

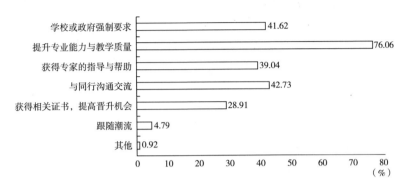

图 2　教师参加网络研修的目的

（四）绩效期望分析

绩效期望是指教师对于城乡义务教育一体化教师网络研修的感知有用性，表现为教师参加网络研修的态度，以及对具体研修模式和研修活动的期望。如表 4 所示，大多数教师对于参加网络研修持积极态度，认为其在促进城乡义务教育一体化、解决城乡师资流动制度带来的不便、提升教师专业能力和提升教师信息素养等方面有用，但仍有少数教师持中立或质疑态度，这或许与便利条件、努力期望和社会影响中所提及的因素相关。

表 4　教师参加网络研修的态度

单位：人

题目/选项	非常同意	同意	不确定	不同意	非常不同意	平均分
我愿意参加网络研修	182（29.45%）	322（52.1%）	72（11.65%）	30（4.85%）	12（1.94%）	4.02
我认为网络研修是促进城乡义务教育一体化的有效方式	143（23.14%）	310（50.16%）	101（16.34%）	52（8.41%）	12（1.94%）	3.84
我认为网络研修能够解决城乡师资流动制度带来的不便	113（18.28%）	302（48.87%）	120（19.42%）	63（10.19%）	20（3.24%）	3.69

续表

题目/选项	非常同意	同意	不确定	不同意	非常 不同意	平均分
我认为网络研修能够提升教师专业能力	137 （22.17%）	354 （57.28%）	85 （13.75%）	33 （5.34%）	9 （1.46%）	3.93
我认为网络研修能够提升教师信息素养	135 （21.84%）	367 （59.39%）	75 （12.14%）	32 （5.18%）	9 （1.46%）	3.95

当前，视频式研修是最主要的教师网络研修模式，其次为主题式和工作坊式，备课式和任务驱动式相对较少。与之相对应，教师在研修中进行的最主要的活动为观看教学视频和聆听专家讲座、报告，其次为上传和浏览并下载教学资源，互动交流较为欠缺，具体如图3、图4所示。

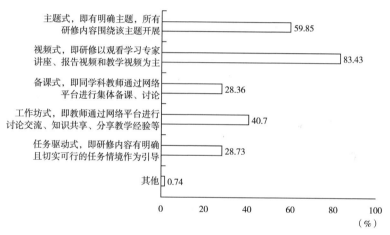

图 3　教师网络研修模式

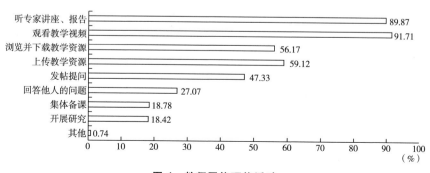

图 4　教师网络研修活动

调查发现，教师期望的网络研修模式和活动与当前实际情况基本一致，略有出入。如图 5、图 6 所示，视频式和主题式研修依然最受欢迎，备课式研修紧随其后，名师课堂观摩，优质教学资源共享，与专家、同行的互动与交流和专家报告、讲座则是教师期望的主要网络研修活动。

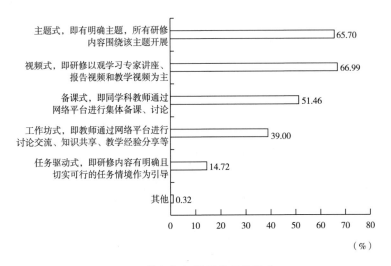

图 5 教师期望的网络研修模式

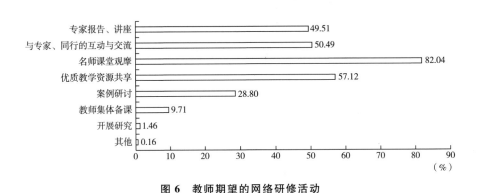

图 6 教师期望的网络研修活动

五 城乡义务教育一体化教师网络研修现存问题

通过分析城乡义务教育一体化教师网络研修现状，结合调查中教师关于现存问题的看法，如图 7 所示，笔者将当前研修中存在的问题归类为以下几点。

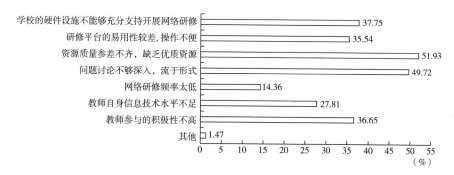

图7　教师网络研修现存问题

（一）合作关系未落实

当前城乡义务教育一体化教师网络研修从表面上看是由政府、高校、中小学三者相互合作而开展运行的，但是由于这三者分别隶属于不同的管理系统，在实际开展过程中缺乏有效的沟通交流，三者各自处于一种"独立"状态，合作关系并未落实。通常是政府负责组织研修，安排研修内容、时间与平台等，鲜少与中小学进行协商，缺乏对一线教师尤其是农村教师实际需求的调研；高校负责执行，虽为中小学派遣了众多优秀学科专家，但并未考虑这些专家是否具备从事城乡教师网络培训工作的必要品质，学术造诣不等同于网络培训能力；城乡中小学则仅仅是服从安排，以完成任务的态度对待教师网络研修，无形中为教师营造了一种消极的文化氛围，不利于研修的开展。因此，城乡义务教育一体化教师网络研修机制必须基于政府、高校、中小学三者的紧密合作。

（二）核心概念认识不足

城乡教师对城乡义务教育一体化概念及政策尚不够了解，甚至有小部分教师表示从未听说过。即便是在大多数教师参加过网络研修的情况下，仍有部分教师表示不太了解网络研修。教师是研修主体，理解核心概念的内涵及意义，不仅能够让教师明白城乡义务教育的差距所在，而且能够在一定程度上激励教师通过网络研修提高自身的专业能力，促进城乡教师交流合作，从而提高整体研修效果。

（三）研修过程不规范

当前研修开展的时间、频率、平台等均不固定，且未达到常态化。在遴选进行指导的专家团队和参与研修的城乡教师时缺乏清晰的标准规范，致使研修机会不均等，研修频率、研修内容与指导意见不能满足教师实际需求。同时，针对教师在研修中的言行缺乏统一的评判准则，部分教师只为完成任务，态度消极敷衍，导致研修活动停留于表层而鲜有深入的交流。此外，研修资源筛选标准的不完善，尤其是对于教师个人上传的资源审核体系不完整，是导致整体资源质量参差不齐的主要原因。

（四）优质研修资源短缺

研修资源是网络研修的精髓所在，是决定研修效果的关键因素，缺乏优质资源是当前研修中存在的最大问题。现有的研修平台多注重资源的共享，但由于筛选标准不完善，资源数量虽十分丰富，质量却参差不齐，尤其体现在支持教师自主上传资源的平台中。此外，多数资源缺乏代表性，且存在一定的重复性，甚至部分平台上的资源还停留于几年前，导致教师在研修过程中还需一一鉴别资源的质量，从中寻找合适的优质资源，加大了教师个人的研修任务量，容易引起教师的抵触情绪，从而降低教师参与研修的积极性。

（五）研修工具易用性欠佳

开展城乡义务教育一体化教师网络研修需要借助一定的工具，工具的好坏直接影响着研修效果。研修平台作为网络研修开展的基石，其功能与性能也会对研修产生一定的影响。当前 X 市教师网络研修所依托的多为资源共享平台，重点在于各类资源的汇总与分享，并非专业的研修平台，其功能和性能对于教师网络研修而言具有一定的局限性。此外，少数学校仍存在计算机数量不足、网络建设不完善等基础设施问题，但随着各项提升农村教育质量、促进教育公平相关政策的落实，这些问题将会得到改善。

六　城乡义务教育一体化教师网络研修机制建构

调查研究表明，目前主题式与视频式的网络研修开展较为普遍，且为大多数教师所推崇。课堂观摩、优质资源共享、专家报告讲座、与同行交流互动则是大多数教师所期望的网络研修活动。此外，因我国当前城乡教育在多方面均存在一定差距，农村鲜有与城市学校水平相当的学校，若是在同水平学校间开展教师网络研修，于高水平城市学校而言无疑是锦上添花，但于低水平农村学校而言或许是雪上加霜，有可能进一步加大城乡教育差距。城乡义务教育一体化旨在提高农村教学质量、消除城乡教育差距，因而在不同水平学校间开展网络研修更符合我国城乡义务教育现状。综上所述，针对当前研修中存在的问题，本研究建构了城乡义务教育一体化教师网络研修机制，如图8所示。

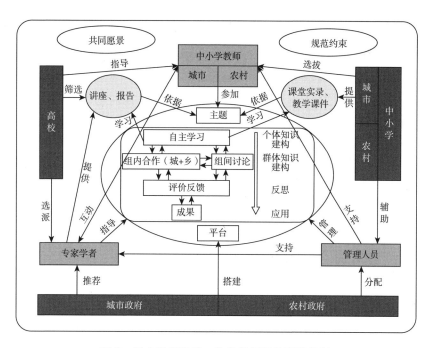

图8　城乡义务教育一体化教师网络研修机制

城乡义务教育一体化教师网络研修机制共分为五大部分，分别是：约束条件、决策部门、参与人员、研修资源和研修过程。这五大部分均由多个元素组成，各元素之间、各部分之间以及各元素与各部分之间相互联系、相互影响，共同构成城乡义务教育一体化教师网络研修机制，以下简称机制。

（一）约束条件

机制最外层的圆角矩形框代表约束条件，表示整个研修都在该约束下发生，具体由共同愿景和规范约束两个元素组成。

共同愿景是所有决策部门和参与人员的一致信念，是希望通过研修努力达成的最终目标，即提高农村教师专业能力，提升农村教学质量，缩小城乡教育差距，促进城乡一元化发展。所有研修决策的提出、研修规范的制定、研修人员的选拔、研修主题的确定、研修资源的创建、研修活动的组织等必须坚定不移地以实现共同愿景为方向。

"无规矩不成方圆"，完整清晰的规范约束是确保研修顺利有序开展的必要条件。在研修开始之前，决策部门应在共同协商后出台相应的正式文件，明确人员职责、开展流程、管理规范、操作细则、平台使用守则等详细内容，并将文件分发给所有参与研修的人员，以确保在研修过程中人人都遵守规范，每个环节均有条不紊地展开，且在出现问题时能够及时有效地解决。

（二）决策部门

机制中深灰色的方框里显示的为决策部门，分别是城乡政府、高校和城乡中小学。决策部门是研修的引路人，主要负责前期准备工作，从宏观和中观层面推动研修的开展。

由于我国长期存在城乡二元社会结构，城乡教师所面临的教学问题和所需获取的教学能力各不相同，开展城乡义务教育一体化教师网络研修的目的在于缩小城乡教育差距，故必须从城市和农村两个角度出发，全面掌握情况。基于此，政府决策部门由城市政府和农村政府共同构成，二者依据不同的实际情况，通过交流协商、相互合作，制定出适合城乡教师共同发展的方案计划，共同致力于引导城乡义务教育一体化教师网络研修的有效开展。城乡政府需为研修提供场所，即搭建相应的研修平台，并为平台安排专门的管理人员。另外，城乡政府可结合实际情况和研修主题，推荐和邀请合适的专家学者参加网络研修，对城乡教师进行专业指导。

高校人才汇集，对不同学科的专业发展具有较为全面且深入的研究，同时掌握各学科领域的前沿信息，不仅能为不同学科教师提供专业知识上的帮助，还能为全体教师提供教学理论、教学方法、教学策略上的指导。因此，高校在政府制定相关决策时能够提供建设性意见，比如从教育领域中热议的问题、实证研究的结果、不同的教学理论等多角度，为研修主题的选择、研修资源的设计、研修活动的安排等提供宝贵建议。此外，高校负责选派专家学者参与研修，对实际研修活动进行指导，与中小学教师进行互动。最后，高校应重点负责研修资源方面的决策，为不同主题的研修筛选合适且优质的资源。

首先，城乡中小学可通过日常观察或直接询问一线教师等方式，获取实际教学中存在的问题和教师们的确切需求，为政府部门提供具体的城乡实际教学情况，以便其更好地制定各项决策。其次，城乡中小学还需承担起选拔参与研修的教师的责任。实际调查发现，有些教师只是为了获取相关证书或参与职称评选而报名参加研修，抢占了其他真正需要通过研修提升自身能力的教师的名额。所以，当报名同一研修的教师人数过多时，学校应根据报名教师的真实情况，选拔出最需要参加研修的教师，在维持研修意义的同时使研修受益最大化。再次，研修所使用的课件、微课视频、课堂录像等资源需由城乡中小学提供，学校必须严格按照预先制定的筛选标准选出符合研修主题且优质的资源。由于城乡教育本身存在差异，不能以统一的标准来衡量城乡资源，且城市学校的一些优质教学资源在农村学校并不一定有用，故应当根据城乡实际情况分别制定标准并以此筛选，确保城乡学校都能享有合适的优质资源，同时也保证研修资源的多样性。最后，城乡中小学需与政府管理人员保持联络，协助开展研修工作。

（三）参与人员

机制中的中灰色方框里显示的是参与研修的人员，分别是城乡中小学教师、专家学者和管理人员。参与人员是研修的主体，在研修中承担不同的角色，共同组成专业学习共同体，通过相互协作共同完成研修任务，达成研修目标，实现共同愿景。

城乡中小学一线教师是研修最主要的主体，是研修的服务对象。因城乡义务教育一体化教师网络研修的目的在于通过以城带乡、城乡互助的方式发展城乡教师，尤其是农村教师的专业能力，以提高农村教学质量，缩小城乡教育差距，故每次参与研修的教师必须同时包含城市教师和农村教师。由于农村教师的整体数量远少于城市教师，可依照城乡教师或城乡学校之间的比例进行选拔，在此基础上，考虑到农村教师更需要网络研修的机会，应适当给予农村教师多一些名额，确保在开展小组研修活动时，每个组都至少包含 2 名城市教师和 2 名农村教师，既保证了研修小组的异质性，又保证了其同质性，能够促进城乡教师之间的交流与合作，促使双方相互学习、取长补短、共同提高。

参与网络研修的专家学者并不拘泥于高校教授，也可以是中小学的杰出教师，或是其他相关行业中的技术型人才，可以是研修资源中专家讲座报告的报告人，也可以是对研修资源有深入见解的其他人员。在研修中，专家学者主要担任引导者与组织者的角色，负责解读研修资源，组织开展研修活动，引领研修方向，同时在研修平台上通过互动、答疑等方式为城乡教师提供专业的指导与帮助。此外，专家学者还肩负着评价者的职责，需依据预先制定的评价标准，从专业角度对研修教师进行过程性评价和总结性评价。

管理人员在研修中通常承担支持性与辅助性的幕后工作，一方面负责研修平台的运行、研修人员账户及权限的分配、研修信息的发布、研修资源的上传和分类、研修数据的收集与处理等一系列日常管理工作；另一方面还要积极协助专家学者组织开展各项研修活动，在教师和专家遇到操作困难时，第一时间为其提供支持。

（四）研修资源

依据调查研究中教师最期望的网络研修活动统计结果，城乡义务教育一体化教师网络研修机制中研修资源主要分为两大类：一是专家学者的讲座和报告，二是城乡中小学教师上课的课堂实录和教学课件，如图 8 中用浅灰色椭圆框所示。

专家学者的讲座和报告主要由高校根据研修主题按照遴选标准提前筛选提供，其形式多为视频，此外，参与研修的专家学者也可通过研修平台以直播形式直接进行讲授。视频形式的讲座报告可供教师在任意时间内反复观看，但缺乏实时性，教师不能与报告者本人进行实时沟通交流。直播形式的讲座报告虽具有良好的互动性，但时间却不够灵活。这两种形式的优缺点恰好互补，因此，在城乡义务教育一体化教师网络研修中，应以视频形式的讲座报告为主，定期组织直播讲授，直播的内容可根据教师视频学习的情况进行调整，可以是全新的内容，也可以是对先前视频的补充，抑或是对教师问题的回答。如此一来，教师可根据自己的时间先进行自学，将自己的疑问或感想发表在讨论区中与专家和同行交流讨论，或者将其记录下来在直播时进行提问。

课堂实录和教学课件是另一类主要研修资源，由城乡中小学遵循研修主题、依据预先制定的标准筛选提供。其中课堂实录是城乡中小学教师日常上课的录像，完整记录了整节课堂内容，供参与研修的教师进行课堂观摩。相比于现场观摩，通过课堂实录的方式进行观摩，当被观摩教师及其学生适应摄像机的存在后，便不会产生过重的心理负担，整个教学过程也会更加真实自然。并且，观摩的人数也不受教室大小的限制，优质的课堂教学可被更多人学习借鉴。观摩教师们也不必协调统一时间，同时也免受舟车劳顿之苦。教学课件是指教师在日常教学中所创建和使用的一些教学资源，包括 PPT、微课视频、动画等。教学课件在一定程度上展现了教师的教学设计，可供其他教师学习借鉴并迁移运用到自己的课堂中，优质的课件既能够帮助教师更好地传授知识，也能促使学生更好地理解知识。

（五）研修过程

研修过程在整个网络研修机制中处于中心位置，是研修的灵魂所在，包括研修主题、研修平台和研修活动三大部分。其中研修主题是研修的起点，明确了研修方向，所有研修活动必须围绕该主题展开。研修平台是研修的基石，为研修资源的存放、研修活动的展开提供了一个可靠的虚拟场所。研修活动是研修过程中的重中之重，是研修人员得以互动、研修资源得以利用、研修成果得以形成、研修目标得以实现的核心要素，它又细分为个体知识建构、群体知识建构、反思、应用四个环节。

在研修开始之前，首先需要确定具体的研修主题，为研修人员的选拔、研修资源的建立、研修活动的设计指明方向。通过调查城乡中小学一线教师的实际需求，可获得教师期望的主题选项，再通过与专家学者沟通交流，参考专家意见，追随国家政策方针，最终确定一个合适的主题开展研修。研修范围应根据具体的研修主题有所调整，若主题涉及具体学科知识较多，则研修比较适合于仅在同学科教师间开展，这类研修主题比较聚焦，研修人员之间更容易展开深度交流。若主题不涉及过多学科知识，仅是关于全体教师通用的一些理论或技能的培训，则研修可在多学科范围内开展，这类研修为不同学科的教师提供了交流机会，更为多元化。

研修平台是开展网络研修的必要场所，主要由政府负责搭建。当前 X 市的教师网络研修主要基于 S 省人人通平台和 X 市大学区优质资源共享平台开展，这两个平台的主要功能为分享教育资源，虽数量丰富，但质量却参差不齐，且 S 省人人通平台的讨论区建设不够完善，X 市大学区优质资源共享平台的服务器不稳定，存在网页无法打开等情况。城乡义务教育一体化教师网络研修需要一个运行稳定的平台，同时拥有丰富的高质量研修资源、功能齐全的讨论专区、专家和教师的个人空间以及成果展示区等模块，以支持研修的有效开展。

个体知识建构是网络研修的第一步，是教师进行自主学习的过程，在此过程中，教师需要根据研修计划自行学习研修资源，目的在于丰富或建构关于研修主题的个人知识，为后期研修活动的开展奠定基础，具体流程如图9所示。由于两类研修资源的侧重点有所不同，若教师选择观看专家讲座报告视频，则需对视频中所讲授的要点进行总结提炼，再将自己的观点发表在讨论区；若教师选择观摩课堂教学实录或学习教学课件，则需对其内容进行自我反思总结，并根据实际情况对自己的教学设计做出改进。

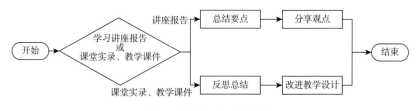

图9 个体知识建构流程

个体知识建构与群体知识建构不是两个独立的环节，应在研修中交替进行，每当教师学习完一场讲座报告、一节课堂实录或一组教学课件，应立即开展有关该内容的小组研讨活动，一方面构建群体知识，另一方面巩固并丰富教师的个体知识。城乡义务教育一体化教师网络研修活动中群体知识构建主要包括组内合作和组间讨论两部分。如图10所示，在组内合作过程中，首先由管理人员依照事先制定好的研修计划发布小组任务，并创建合作小组，小组人数根据研修整体人数而定，每个小组必须至少包含城市教师和农村教师各2名，以促进城乡教师相互交流，保证城乡义务教育中的差异情况均能被充分表达。在小组活动开始之前需从组内推选出一个主持人，负责领导整个小组并组织开展活动。组内成员依据自主学习的内容各自提出一个研究问题，大家共同探讨，根据城乡中小学具体情况，从不同角度提出解决方案，汇总形成小组报告，再进一步反思并修改使其更加完善。组内合作活动分多轮进行，第一轮结束后，组内成员重新推选主持人，提出新的研究问题，展开新一轮合作交流。每一轮小组活动结束后，如图11所示，各小组分别汇报本组的成果，各组之间展开组间互评，对其他小组的成果进行评论并提出建议，随后由专家学者对每个小组的成果进行点评，各组在整合多方观点后再次反思并修改现有成果，最终将其迁移运用到实际教学中，再依据教学中出现的具体问题做进一步调整。在组内合作与组间讨论中，城乡教师之间的个体知识网络相互交叉传递，共同构建出了一个融合城乡教育的更大的教师群体知识网络。

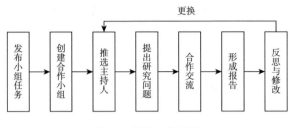

图 10　组内合作过程

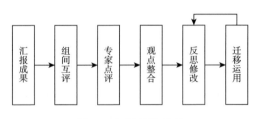

图 11　组间讨论过程

评价反馈贯穿于整个研修活动，以预先制定的评价标准为规范，其主体和角度均呈多元化。在个体知识建构中，评价多表现为自我评价，即从自身角度对自主学习过程进行的自我反思。在群体知识建构中，评价主要表现为组间互评和专家点评，组间互评是从不同教师的视角对小组成果进行的评价，而专家点评则是从更专业的角度对成果中的理论内容进行的点评。多元化的评价主体和评价视角能帮助城乡教师获得不同角度的反馈，从而更好地进行研修，提升研修效果。

城乡义务教育一体化教师网络研修是否达到预期目标由实际教学效果判断，即城乡教学质量和城乡教育差距的变化。不论是教师通过研修丰富了自身的理论知识，还是掌握了实用的教学技能，抑或是从研修中获取了优质的教学资源，均是研修成果的表现形式，最终都要应用于实际教学中，且在应用研修成果的过程中，依然要持续地进行反思与评价，以求不断地提升教学质量，缩小城乡教育差距。

七　结语

在"互联网+"时代，利用信息技术提升教育质量、缩小城乡教育差距、推动教育公平是历史发展的必然趋势，具有广阔的发展前景，将会逐步走向常态化，这也是当前乃至未来很长一段时间教育领域的重要研究方向。城乡义务教育一体化教师网络研修的开展与完善需要政府、社会、高校、中小学多方齐心协力、共筑共建。未来的研究应侧重于实践，通过实证研究进一步丰富和完善现有的理论体系。

Online Teacher-Training under the Background of Integration of Urban and Rural Compulsory Education：Current Situation，Problems，and Mechanism Construction

Xie Jiarui，*Zhang Liguo*

Abstract：Compulsory education plays a significant role in improving national quality，but due to the long-term existence of the differences between urban and rural social structures，the development of urban and rural compulsory education is seriously unbalanced. In the era of "Internet +"，not only promoting communication and cooperation between urban and rural teachers but also improving the professional abilities of rural teachers through online training，are key measures to promote the development of integration of urban and rural compulsory education in China，and the critical way to national prosperity. The survey on the current situation of online teacher-training under the background of integration of urban and rural compulsory education in X city，S province found some problems，such as unimplemented cooperative relationships，insufficient understanding of the core concepts，irregular training processes，shortage of high-quality training resources, and poor usability of training tools. In order to ensure the long-term and effective development of the online teacher-training under the background of integration of urban and rural compulsory education, based on the existing problems, this study constructed an online teacher-training mechanism including constraints, decision-making departments, participants, training resources, and training processes as well as the interrelationships among these five elements.

Keywords: Integration of Urban and Rural Compulsory Education; Online Teacher-Training; Mechanism

高原民族地区教师 AI 助教应用
意愿、行为及影响因素研究

桑国元　黄如艳

【摘　　要】对于智慧课堂教学而言，人工智能助教（AI 助教）更能发挥变革性作用。问题是，在配备 AI 助教的环境中，教师是否愿意使用 AI 助进行与教学？为此，本研究基于田野工作，以高原民族地区 Q 学校为田野点，结合半结构化访谈法、参与式观察法收集数据，旨在探讨高原民族地区教师对应用 AI 助教进行教学的意愿与行为。研究发现：教师对 AI 助教进课堂普遍持积极态度，认为 AI 助教有助于提高课堂教学质量，弥补民族地区教师在国家通用语言能力、英语学科知识等方面的不足。然而，由于学校支持条件不充足、专业的引领示范缺乏、教师自我效能感低、AI 助教功能不完善等因素，高原民族地区教师在真正的课堂教学中对 AI 助教应用率偏低。据此，从学校、教师、AI 助教设计三方面提出高原民族地区教师应用 AI 助教进行教学的建议。

【关 键 词】高原民族地区；教师；AI 助教；UTAUT 模型

【作者简介】桑国元，北京师范大学教育学部教授，博士研究生导师，联合国教科文组织国际农村教育研究与培训中心首席专家，研究方向为教师教育、民族教育学、教育人类学；黄如艳，北京师范大学教育学部博士研究生，研究方向为教师教育、课程与教学论。

【项目基金】北京市教育科学"十三五"规划重点课题"集团化背

景下北京市中小学教师资源共建共享机制研究"（编号：BFAA19047）、北京师范大学教育学部国际联合研究项目"教师核心素养的框架建构与实证研究"（编号：ICER202001）的研究成果。

一　引言

以人类社会工业发展的关键技术为参照，工业革命之后的社会形态经历了三个阶段：蒸汽化为核心特征的工业 1.0 时代，电气化为核心特征的工业 2.0 时代，信息化为核心特征的工业 3.0 时代。[①] 目前人类正在进入智能化为核心特征的工业 4.0 时代。工业 4.0 时代的智能化为实现教育公平、促进高原教育均衡发展提供了更多可能。我国政府与教育部门高度重视 AI 技术对教育的发展变革作用，相继颁布《新一代人工智能发展规划》《教育信息化 2.0 行动计划》等重要文件，强调教育应充分利用 AI 技术促进教育发展与改革，实现以教育信息化引领教育现代化的战略选择，为构建教育强国和人力资源强国提供强大支撑。[②] 技术的本质作用在于解蔽存在者，其发展的高级形态是智能化，由智能化衍生的 AI 助教，逐渐参与到探索与构建真实教育情境的过程之中，成为当前人类教师课堂教学的左膀右臂，形成教育发展新图景。[③] 在"一带一路"与教育信息化的双重倡议下，AI 技术尤其是 AI 助教在高原民族地区的普及与应用成为我国教育现代化的重要支点。AI 时代，高原民族地区教师被赋予重大时代使命。

教师是教育生态系统中促成 AI 技术与课堂教学的实践性桥梁[④]，其对

① 杨彦军、罗吴淑婷、童慧：《基于"人性结构"理论的 AI 助教系统模型研究》，《电化教育研究》2019 年第 11 期，第 12~20 页。

② 《教育部关于印发〈教育信息化 2.0 行动计划〉的通知》，http：//laws.ict.edu.cn/laws/new/n20180416_49471.shtml，2018 年 9 月 27 日。

③ 汪时冲、方海光、张鸽、马涛：《人工智能教育机器人支持下的新型"双师课堂"研究——兼论"人机协同"教学设计与未来展望》，《远程教育杂志》2019 年第 2 期，第 25~32 页。

④ 刘梅：《高校教师混合式学习接受度的影响因素研究——基于创新扩散的视角》，《现代教育技术》2018 年第 2 期，第 54~60 页。

AI 助教进行教学的接受程度决定着 AI 助教融入教育生态系统的深度，制约着中国教育信息化进程。由于地理位置偏远、高寒缺氧、多民族聚居、农牧区较多、交通不便、经济滞后等多重条件限制，高原民族地区教育信息化发展相对落后，教师应用 AI 助教开展教学的频率较低，效果较不理想。高原民族地区教师应用 AI 助教开展教学的前提是教师接纳 AI 助教并在此基础上产生应用 AI 助教进行教学的具体行为。基于此，本研究以技术接受与使用整合理论（Unified Theory of Acceptance and Use of Technology，UTAUT）为理论支撑，研究高原民族地区教师应用 AI 助教的态度与行为，确定影响高原民族地区教师应用 AI 助教的内外部因素，为提高高原民族地区教师数字素养、AI 助教应用能力提供经验借鉴，实现高原民族地区教育信息化与现代化"弯道超车"。因此，本研究目的在于确定高原民族地区教师应用 AI 助教的态度、行为与影响因素。核心问题是高原民族地区教师在教学中使用 AI 助教的态度是什么？使用 AI 助教进行教学时表现出怎样的行为？影响其使用 AI 助教开展教学的因素有哪些？

二　文献综述

智能时代，单从教师个人精力与能力而言，已很难凭借一己之力支撑起当下的教育实践，AI 技术的加持为教育发展带来新的契机与更多可能。海德格尔的技术观指出技术对人类发展而言是一种解蔽方式。[1] AI 助教作为一种新型教育工具，即使尚处于实践探索阶段，为人类社会教育事业带来的价值也是无法估量的。[2] 作为 AI 助教在课堂教学中的主要使用者，教师对 AI 助教的应用成为研究重点。

（一）AI 助教的研究综述

国内外研究主要集中于 AI 助教的概念界定、功能、特征、作用等方

---

① 孙周兴：《海德格尔与技术命运论》，《世界哲学》2020 年第 5 期，第 77~88、161 页。
② 于英姿、胡凡刚：《人类教师与 AI 教师联袂之道：从双存走向共生》，《远程教育杂志》2021 年第 3 期，第 94~103 页。

面。AI 助教是 AI 技术、语音识别与仿真等技术在教育教学领域的典型应用与智慧体现，其核心在于将 AI 技术以人性化、智能化、具体化的形式应用于教育领域[1]，是一种以实现教育目标为目的，兼具教学管理、智能测评、学习辅导、班级管理等功能的基于人机互动的新型教学工具。[2] 黄荣怀等人[3]提出 AI 助教的四大核心特征：一是教学的适用性，实现特定教学目标，满足教学的部分需求；二是性价比良好，面向特定的用户群体，性能与价格易于接受；三是具备开放性，用户可根据自身需要增、减辅助功能；四是友好的人机互动，适用于各个年龄阶段教学，且能通过不同形式、多种角度发挥其教育功能。Toh 等人[4]概括了 AI 助教的作用：AI 助教可以承担教师、学习陪伴者、教师助手等角色，完成教学过程中必要且简单的规则性、重复性、机械性工作；AI 助教能够加速教学信息传播，扩充教师知识储备，降低学生学习负担；AI 助教能够激发学生学习兴趣，刺激学生学习行为，巩固知识记忆。

（二）教师应用 AI 助教开展教学的研究综述

国内外研究主要集中于教师对 AI 助教的态度、应用行为与影响因素等。任何一项新兴技术进入已然达到相对平衡的教育生态系统都不是一帆风顺的。李晓婷等人[5]从 AI 助教参与教学的必要性、发展前景、应用意愿、推广意愿方面对教师展开调查，结果表明：多数教师对 AI 助教进行教学持乐观态度，超过 60% 的教师赞同使用并认为 AI 助教具有良好的发展

---

① 王海芳、李锋、任友群：《关于中小学机器人教育的思考与分析》，《全球教育展望》2009 年第 4 期，第 81~84 页。

② 吴永和、刘博文、马晓玲：《构筑"人工智能+教育"的生态系统》，《远程教育杂志》2017 年第 5 期，第 27~39 页。

③ 黄荣怀、刘德建、徐晶晶、陈年兴、樊磊、曾海军：《教育机器人的发展现状与趋势》，《现代教育技术》2017 年第 1 期，第 13~20 页。

④ Toh L., Causo A., Tzuo P. W., et al. "A Review on the Use of Robots in Education and Young Children" [J]. *Journal of Educational Technology & Society*, 2016, 19 (2).

⑤ 李晓婷、方旭：《高校教师人工智能教学应用现状调查研究》，《中国教育信息化》2019 年第 20 期，第 78~81 页。

前景。Ogegbo，A 等人①通过质性研究对学前教师在幼儿教育中使用技术的认知调查发现，虽然多数教师对幼儿教学中使用 AI 技术持乐观态度，但在真正的课堂教学、游戏中使用信息技术的行为倾向与具体行为偏低。张立新等人②基于社会心理学理论、行为科学理论支持下的"任务—技术适配模型"，构建出教师技术接受度的影响因素体系模型，即技术使用者自身因素，包括教师对新技术的感知有用性与易用性、相关知识经验、绩效期望与自我效能感；技术因素，包括技术与教师个体需求的一致性、与教师已有技术经验的有意义联系、与具体任务的匹配度等；外部环境因素，包括学校领导的推广态度、周围同事的认知程度、相关的技术培训等。

三 理论模型

（一）UTAUT 理论

2003 年，Venkatesh 等人③基于对技术接受模型的系统描述与分析，综合动机模型、TPB、技术任务适配模型等 8 个用户技术接受模型，提出了技术接受与使用统一理论模型（简称 UTAUT 模型，见图 1）。该模型理论指出，影响主体用户技术使用意愿与行为的因素包括绩效期望（Performance Expectancy）、努力期望（Effort Expectancy）、社群影响（Social Influence）与促进条件（Facilitating Conditions），其中绩效期望是指主体用户认为使用某项技术能够帮助其获得更高的工作绩效的程度，包括感知有用性、成果期望与工作适用性等；努力期望是指主体用户感知某项技术容易操作的程度，包括感知易用性、复杂性等；社群影响是指主体用户感知到周围人认为其使用或是拒绝某项技术的影响，包括主观规范与

① Ogegbo，A. A. & Aina，A. Early Ahildhood Development Teachers' Perceptions on the Use of Technology in Teaching Young Children [J]. *South African Journal of Childhood Education*，2020，10 (1).
② 张立新、秦丹：《整合视角下教师采纳新技术的影响因素体系研究》，《远程教育杂志》2019 年第 4 期，第 106~112 页。
③ Davis F D，Davis G B，Morris M G，et al. User Acceptance of Information Technology [J]. *MIS Quarterly*，2003，27（3）：425-478.

社会因素、形象等；促进条件是指主体用户感知到已有条件支持其技术使用的程度，包括技术支持与兼容性等，同时还包括主体用户的性别、年龄、技术使用经验与自愿性。[①] UTAUT 模型较为完整地阐释了影响主体用户技术使用的多重因素，与以往的理论模型相较而言能更加准确有效地解释主体用户对技术的使用意向与具体行为。

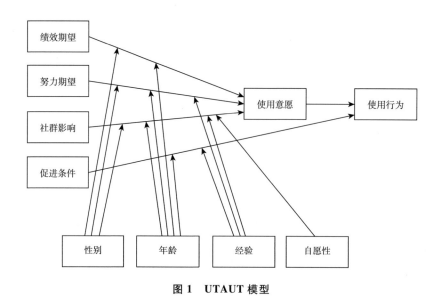

图 1　UTAUT 模型

（二）模型建构

本研究引入 UTAUT 模型，结合高原民族地区教师使用 AI 助教教学的真实情况，选取绩效期望（包括感知有用性、成果期望）、努力期望（包括感知易用性、技术复杂性）、社群影响（包括主观规范、社会形象）、促进条件（包括技术支持、人机兼容）作为高原民族地区教师使用 AI 助教教学的意愿与行为的影响因素进行研究，同时由于本研究面向高原民族地区，最终将研究对象的年龄、民族、任教年级、任教学科四个因素纳入研究范畴，由此建构高原民族地区教师使用 AI 助教教学的影响因素模型

---

① 李勇、田晶晶：《基于 UTAUT 模型的政务微博接受度影响因素研究》，《电子政务》2015年第 6 期，第 39~48 页。

（见图 2），进而为高原民族地区教师应用 AI 助教开展教学建言献策。

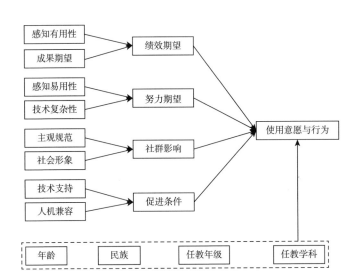

图 2　高原民族地区教师使用 AI 助教教学的影响因素模型

四　研究方法

（一）研究方法

本研究以青海省海东市 Q 学校使用 AI 助教教学的教师为研究对象，采用质性研究方法（包括半结构化访谈法、参与式观察法），共计访谈校长、教师 6 名（见表 1），每位教师访谈时间在 30 分钟左右。访谈提纲的编制在参考相关研究成果的基础之上，根据高原民族地区教师 AI 助教使用的真实情况进行了针对性调整，访谈提纲分为基本问题（如年龄、民族、任教年级、任教学科）与主体两部分，其中主体部分依据高原民族地区教师使用 AI 助教进行教学的影响因素模型分为绩效期望、努力期望、社群影响、促进条件四个维度，细分为感知有用性、成果期望、感知易用性、技术复杂性、主观规范、社会形象、技术支持、人机兼容八个子维度，共计 10 个问题。通过与研究对象进行面对面半结构化访谈，研究人员鼓励研究对象表达自己的真实想法与 AI 助教使用感受，在征得研究对象的同意之后同步录音，按照研究对象的要求对教师姓名进行编码处理，在较为安静的教研室对研究对象进行一对一访谈。

（二）对象选取

青海省海东市 Q 学校始建于 1973 年，是一所完全小学。学校总面积为 6132 平方米，开设一到六年级共计 36 个教学班，现有学生 1914 名，教师 88 名，其中男教师 26 名，女教师 62 名，教师平均年龄为 47 岁。关于教师职称结构，高级职称教师有 19 名，中级职称教师有 56 名，二级职称教师有 13 名。学校以师生全面发展为根本，以"信息技术教育与学科融合"为抓手，努力构建和谐可持续发展特色学校。该校一度被评为海东地区先进学校、教学质量先进单位、优秀教研集团等。2020 年 6 月，该校在四到六年级累计安装 21 台 AI 助教，主要用于语文、数学、英语三科课堂教学及国学朗诵，在教学过程中协助教师完成教学目标与教学任务，涉及晨读、领读、背诵测评、口语测评、听力测评、口算练习等学习功能，目前已卓有成效。

表 1   访谈对象基本信息

访谈对象	年龄（岁）	性别	民族	职务	学历	专业	教龄（年）	任教年级	任教学科
H 老师	46	男	汉	副校长	本科	教育管理	20	无	无
C 老师	37	女	汉	教师	本科	英语专业	15	六年级	英语
X 老师	47	女	藏	教师	本科	数学专业	22	五年级	数学
Z 老师	43	女	汉	教师	本科	小学教育	14	六年级	语文
D 老师	29	女	汉	教师	本科	数学专业	5	五年级	英语
L 老师	26	女	汉	教师	本科	小学全科	2	三年级	语文

五　结果与讨论

当前，高原民族地区由于高寒缺氧、经济滞后、交通不便等现实困难教育发展相对落后，如教育资源分布不均衡、师资队伍发展不充分等，为了解决高原民族地区教育发展不平衡、不充分的问题，教育部结合"互联网+"、大数据、人工智能等重大战略，积极推进人工智能进高原、AI 助教进课堂等工程。高原民族地区教师是人工智能、AI 助教的主要使用者，其使用态度、应用行为决定着人工智能技术与高原民族地区教育融合的深度、广度与高度，基于此，本研究将围绕高原民族地区教师应用 AI 助教的态度、行为与影响因素展开讨论。

（一）高原民族地区教师应用 AI 助教的态度

态度是主体对特定的人、物或事件所持有的稳定的心理倾向，决定主体行为的潜在动机与具体行为的发生概率。[①] 关于应用 AI 助教的态度方面，教师表示愿意使用 AI 助教并对 AI 助教参与课堂教学持积极态度。多数教师认为应用 AI 助教教学能够提高其绩效期望，即应用 AI 助教有助于提升其工作效果。

C 老师从解放教师、节约教师时间、提高学生学习兴趣等角度进行说明，"使用 AI 助教能够省时省力地完成教学任务，比如上英语课的时候有些句子需要学生跟读，现在有了 AI 助教，学生就可以自己跟着助教反复去读，直到学生感觉自己读会了，不用老师一遍一遍地领读了。而且 AI 助教还有评测功能，它能根据学生的发音、语速、语调给出一个准确的判断，使学生更加清楚地知道自己的阅读水平，我们在自习课上经常使用这个功能。"

Z 老师则从提高高原民族地区教师与学生普通话水平、促进普通话推广等角度说明，"AI 助教对提高学生的普通话水平也有很大好处。因为我们这里少数民族学生比较多，农村学生也比较多，他们的语言环境比较复杂，大部分学生的普通话都不太标准，有些老师的普通话也不标准。AI 助教普通话比我们标准得多，学生会有意识地模仿，这样学生的普通话水平提升也很快，普通话不标准的老师也在用 AI 助教纠正。"

L 老师从教师自身专业发展与调节师生关系两个方面说明了对 AI 助教

---

① 王钰彪、万昆、任友群：《中小学教师机器人教育接受度影响因素研究》，《电化教育研究》2019 年第 6 期，第 105~111 页。

的认知与评价，"我们学习使用 AI 助教时，其实自己也收获了，比如我们知道了更多的教育资源，还学会了一些技术操作。而且机器人也解放了我们，一些简单的、机械的、重复性的朗读工作等都可以交给它做。""有了机器人以后我们和学生的关系更融洽了，学生用 AI 助教，我们也用 AI 助教，有了都感兴趣的东西，有时候还会问学生怎么操作，这时候学生的自豪感也提升了，不再是以前那样老师负责讲、学生负责听，老师跟学生玩不到一起去。"

H 校长从最终教学效果方面表示对 AI 助教进课堂的支持，"很多高原地区存在教师队伍整体素养不高、教学资源少等问题，影响了正常教学工作开展和学生的全面发展。引入 AI 助教之后，在 2021 年元月的全市统考中，我校六年级的英语班级排名提高了十几个名次，上升为全区第五名，这和 AI 助教在教学中的应用是分不开的。"

最后，X 老师则从学生角度，说明学生对 AI 助教的喜爱程度与由此产生的自主学习行为，"学生特别喜欢 AI 助教，他们自己也会用，如果我们去开会了，他们就会自己点开学习，早自习学生也会打开然后自己跟着 AI 助教学习。"

通过深入访谈与参与式观察发现，高原民族地区教师对 AI 助教参与教学普遍持积极态度。教师普遍认为使用 AI 助教可以代替教师重复性、机械性教学工作，提高英语教学质量，提升师生普通话水平，促进教师自身专业发展，缓解传统师生关系等，基于 AI 助教有用性感知教师对 AI 助教参与教学高度认同。

（二）高原民族地区教师应用 AI 助教的行为

行为，即在一定物质条件基础之上，主体在其主观需求与外在环境的双重刺激与作用下所表现出的能动反映与具体特征。[①] 在访谈过程中发现，高原民族地区多数教师虽然对 AI 助教进行教学持乐观态度并大力支持，但

---

① 张海、崔宇路、季孟雪、余露瑶、史册：《教师 ICT 应用影响因素模型与动力机制研究——基于扎根理论的探索》，《现代远距离教育》2019 年第 4 期，第 48~55 页。

在真正的课堂教学中对 AI 助教的使用率整体偏低。就不同学科的教师应用 AI 助教的时长与次数而言，英语教师>语文教师>数学教师；就不同年级的教师应用 AI 助教的时长与次数而言，低年级教师>高年级教师。

C 老师从正式课堂教学 AI 助教的使用频率与时长角度表示："正式课堂上使用 AI 助教比较浪费时间，一般正式上课的时候我一周会用 2~3 次，每次大概用 10 分钟，主要就是用来对学生进行口语测评。"

D 老师从使用时段与主要用途方面进一步补充："正式的课堂教学中我们其实很少使用 AI 助教，我一般是在早自习和晚自习的时候使用，比如新课上完了，让学生用 AI 助教进行跟读练习，或是正式进入新课之前的复习检测环节会使用。"

X 老师和 L 老师从具体的学科属性、年级层次方面说明 AI 助教在课堂教学中教师应用行为："不同学科的老师使用 AI 助教的次数和时长，数学老师的话使用频率就比较低。""而且不同年级的老师使用 AI 助教情况也不一样，语文这方面低年级就会多一些，高年级就会少一些。"关于年级层次上，Z 老师指出："目前六年级语文方面，AI 助教更多的是教材呈现和课文朗读功能，比较单一。六年级的课文很长，AI 助教的语速很慢，一篇课文读完十几分钟就过去了，这样的话后面的教学内容就讲不完，会影响教学进度。所以我就希望它语速再快一点。"

Z 老师从 AI 助教系统资源的完整性与教师自身教学需要的契合度方面说明自己使用 AI 助教少的原因："正式的课堂教学中我们对 AI 助教的使用率还是比较低的，因为我如果上课的时候把 AI 助教打开了，又不能用它完整地上完一节课的内容，所以我打开使用之后还要把它关掉，再切换到自己的 PPT 或者希沃白板上，这样就比较浪费时间。"X 老师则进一步补充说明："我们在课堂教学中，不知道怎么合理地利用 AI 助教，因为我们一直在摸索，虽然技术上基本上可以操作，但是不知道怎么更好地结合自己的教学内容使用。"

由以上访谈与课堂观察可知，在 AI 助教参与教学问题上，多数高原地区教师态度和行为不一致，积极乐观的 AI 助教认知态度并没有产生同等的应用行为。教师普遍将 AI 助教用于早自习、晚自习等非正式教学；正式课堂教学中 AI 助教使用频率低、时间短；英语、语文老师使用率高，数学老师更倾向于使用希沃白板完成教学。导致高原民族地区教师 AI 助教应用态度与行为不一致的因素成为研究的重点。

（三）高原民族地区教师应用 AI 助教的影响因素

影响因素是指决定事物发展、成败的具体原因或相关条件，包括倾向性因素，又称前置因素，即促进或阻止主体行为改变的动机，如知识、经验、态度、信念与价值观；促成性因素，又称实现因素，即促成或阻止主体行为动机实现的因素，如技术支持、资源设备、物质基础；强化性因素，即主体在实现相应行为之后所得到的正向或是负向反馈，如社会认同、主观规范、同伴肯定。在访谈与观察中发现，高原民族地区教师使用 AI 助教教学的影响因素比较复杂。

L 老师从促成条件方面表示："学校很支持老师学习人工智能方面的东西，会经常组织应用 AI 助教讲课、说课比赛，通过这种方式鼓励我们使用 AI 助教开展教学。"

Z 老师从 AI 助教技术支持的完整性方面指出："如果 AI 助教能把希沃白板的功能，比如 PPT 课件也加进去的话就更方便了。现在就没办法，我们不能把自己的课件导入 AI 助教系统，AI 助教上展示的东西也不能根据自己的教学需要改。"L 老师则更加具体地补充道："如果 AI 助教系统能导入一至六年级的所有课件，每个教学内容的课件都有，我们不用来回切换的话，使用率就会提高。"C 老师从 AI 助教系统内容设计的合理性方面指出："内容设计上，要区分不同年级，低年级的学生更喜欢动画形式的、直观的，到了高年级，接触到鲁迅、老舍等，再用动画形式就不太合适了，可以用短纪录片的形式真实地呈现。"

X 老师则表示由于没有专业的 AI 助教引领示范，教师无法在教学过程中合理地使用 AI 助教："我们不知道怎么更好地结合自己的教学内容使用，也没有专家使用 AI 助教进行一节完整的教学示范，我们就想不到什么时候使用效果会更好。如果有专家示范的话，我就知道什么地方可以用 AI 助教代替老师，AI 助教怎么跟我的教学内容联系起来。"

D 老师从技术培训与支持方面提出："学校会请专门的技术人员过来给我们培训，一学期会培训 2~3 次，每次大约 40 分钟。培训的主要内容就是教我们怎么操作 AI 助教，比如点开哪个会朗读，点开哪个会测评。如果使用过程中出现技术问题，技术人员也会及时帮忙解决，老师们也会相互请教。"但也有教师反映："AI 助教技术操作上，是有专门的技术人员过来培训的，但是他们那种培训就是一直讲怎么做，没有边讲边让我们操作，当时看的时候我会了，但是回来之后我又忘了，只是讲解不实操有些老师还是不会。"单就技术本身而言，其存在于教育环境中的方式是杂乱无章的，技术量越大，技术熵越多，增大教育环境中技术有效获取与合理应用的不确定性，教师主体囿于自身精力与时间，应对指数级持续增长的技术且能准确判断、有效获取满足自身教学需要的技术内容愈发困难。[①] Z 老师就 AI 助教技术培训方面提出建议："我觉得技术培训方面应该更加贴近我们的课堂，AI 助教的研发人员应该走进真实的课堂，看看老师们的真正需求是什么再进行设计，然后教给老师这些功能，使 AI 助教帮助教师提高课堂教学效率。"

通过深度访谈与观察发现，高原民族地区教师应用 AI 助教教学的因素较为复杂，大致可以概括为：教师感知易用程度低，认为 AI 助教操作复杂耗费教学时间；教师与 AI 助教兼容性差，与教师已有技术使用经验不一致；技术条件不支持，有关技术指导培训不够合理；领导、同事对教师应用 AI 助教开展教学的支持不足。以上因素都在不同程度上影响着教师使用 AI 助教的频率、时长与效果，在一定程度上制约着高原民族地区教育信息化进程与教师数字素养提升。

六　结论与建议

随着教育信息化、现代化的不断推进，国家对高原民族地区人工智能

---

① 余胜泉、王琦：《"AI+教师"的协作路径发展分析》，《电化教育研究》2019 年第 4 期，第 14~22、29 页。

技术进课堂高度重视。通过本研究发现，AI 助教在高原民族地区参与课堂教学具有四大优势。第一，AI 助教进课堂促进高原民族地区国家通用语言文字推广工程。AI 助教进课堂使高原民族地区教师与学生的普通话学习成为教学常态，教师和学生可以随时随地接受标准的普通话指导与学习，对提升普通话水平帮助极大。第二，AI 助教进课堂能够提高英语教学质量。自新高考改革方案实施以来，各省（区、市）陆续发布高考加入英语口语测试的通知。高原民族地区教育资源匮乏的突出表现之一在于专业的英语教师缺乏，能够达到专业英语教学水平的教师少之又少。[①] AI 助教具备标准的英语教学功能，有口语测评、听力测评、跟读、发音检测与纠正等功能，极大地改善了高原民族地区英语教学水平，提高了英语教学效果。第三，AI 助教进课堂能够激发高原民族地区学生学习兴趣。AI 助教内容设计能够很好地迎合学生的发展水平、学习风格、心理特征与认知偏好[②]，从而激发学生的学习兴趣，提高学生学习质量与效率。第四，AI 助教进课堂能够促进高原民族地区教师专业成长。AI 助教拥有较多的教育资源，拓宽了教师的学习通道，使教师在完善自身知识结构、教学技能的同时，学会教育技能技能，增强数字素养与教育信息化能力。

同时，研究也基于 UTAUT 理论模型，总结出影响高原民族地区教师应用 AI 助教教学的四大因素：一是绩效期望，教师普遍对 AI 助教教学持积极态度并认为 AI 助教能够在教育教学中起到促进作用，使得教师愿意接受 AI 助教进入课堂；二是努力期望，高原民族地区教师认为 AI 助教操作比较复杂，在使用过程中难以领会并合理使用，导致教师应用 AI 助教教学的频率低；三是社群影响，研究结果表明学校领导的政策支持与激励、同事之间的相互认可与帮助促进了高原民族地区教师对使用 AI 助教教学的接受态度和积极认知；四是促进条件不充足，如教学设备、资源、资金、技术示范与培训，技术功能与自身教学需求、已有技术经

---

① 顾瑾、荆洁兰：《促进少数民族英语教育发展的策略》，《贵州民族研究》2019 年第 8 期，第 180~184 页。

② 黄涛、王一岩、张浩、杨华利：《智能教育场域中的学习者建模研究趋向》，《远程教育杂志》2020 年第 1 期，第 50~60 页。

验的契合度不理想等。研究发现，多数教师指出由于 AI 助教功能尚不完善、技术培训不够合理、使用效能感低等原因，教师们对 AI 助教使用意愿高、应用行为低。AI 技术时代，教师更多的是以"人+技术"的显性技术结构方式存在，人机协同的工作方式理应成为教师课堂教学新常态。

据此，本文提出提高高原民族地区教师 AI 助教使用率的针对性建议。首先，教师层面。在教育生态系统中，教师应基于 AI 技术鞭策与"倒逼"教师，结合自身生存状态，调整对 AI 助教参与教学的价值取向，转变传统因循守旧的教育思想和教学方式，积极探索人工智能技术在教育教学中的应用，能动地学习人工智能理论知识与实践技能，与 AI 助教多维联袂，最大程度上解决人机协同中的异质障碍，促成与 AI 助教的双向适应，从双存走向"人机合智、协力、共情"[1]。在真实的教学情境中实践人工智能教学技术，设计自身职业发展未来图景并向其努力，持续不断地提高自身专业素养。[2] 其次，学校层面。应尽力为教师创造应用 AI 助教教学的环境。从理论层面深化教师应用 AI 助教教学的积极认知，提高其行为倾向与具体应用行为，从实践层面提高教师 AI 助教应用培训质量与力度，邀请应用 AI 助教教学的优秀教师进入校园进行引领示范，降低教师关于应用 AI 助教教学的认知与实践统一难度。同时加强产、教、研、学理念，加大校企合作广度与力度，积极与 AI 相关教育企业建立联系，为学校教师应用人工智能教学的数字能力提升提供更多渠道与可能。最后，AI 助教层面。当前 AI 助教设计更多地将教师、学生视为系统数据和技术节点，使得技术游离于教学之外，成为课堂教学的表面存在，尚未充分考虑到教师与学生作为活生生的人在具体的教育环境中的真实需求，教师难以与 AI 助教共情[3]，因此系统设计人员应进行充分的课堂教学调研，了解真正的课堂教学中教师

---

① 祝智庭、彭红超：《技术赋能智慧教育之实践路径》，《中国教育学刊》2020 年第 10 期，第 1~8 页。
② 柏宏权、王姣阳：《中小学人工智能课程教师胜任力现状与对策研究》，《课程·教材·教法》2020 年第 12 期，第 123~130 页。
③ 崔中良、王慧莉：《人工智能研究中实现人机交互的哲学基础——从梅洛·庞蒂融合社交式的他心直接感知探讨》，《西安交通大学学报》（社会科学版）2019 年第 1 期，第 130~137 页。

的教学需求是什么、学生的学习需求是什么、学校的发展需求是什么，在此基础上，结合高原民族地区教育发展的真实情况，从便于高原民族地区教师操作、应用、掌握的方向进行改进、完善，在技术指导与培训上摒弃过去就技术谈技术操作的思想，基于课堂教学完成技术讲解，使教师能够更加深入地理解 AI 助教，实现课堂教学中人机协同"1+1>2"的教学效果。综上所述，由于人工智能等技术的强势加盟，教育原有平衡状态逐渐被解构，构建基于人工智能环境的教育生态，达成新的教育、技术生态平衡已然成为教育发展的未来走向与基本态势[①]，在此过程中，教师应立足于人和 AI 技术的本质，在教学实践中既能坚守教育本质，又能结合 AI 助教拓展"人机协同"的多维时空教育价值，勾画"人工智能+教育"未来蓝图。

A Study on Teachers' Willingness, Behavior and Influencing Factors of Applying AI Assistant in Plateau Minority Areas

Sang Guoyuan, Huang Ruyan

Abstract: For smart classroom teaching, artificial intelligence teaching assistant (AI teaching assistant) can play a more transformative role. The question is, in an environment equipped with AI teaching assistants, are teachers willing to use AI teaching assistant? Therefore, based on field work, this study takes Q school in plateau ethnic areas as the field point, and collects data by combining semi-structured interview method and participatory observation method, aiming to explore the willingness and behavior of teachers in plateau ethnic areas to apply AI teaching assistant. The study found that teachers generally hold a positive

---

① 李毅、吴思睿、廖琴：《教师信息技术使用的影响因素和调节效应的研究——基于 UTAUT 模型》，《中国电化教育》2016 年第 10 期，第 31~38 页。

attitude towards AI teaching assistant in the classroom, believing that AI teaching assistant can help improve the quality of classroom teaching and make up for teachers' deficiencies in national common language ability and English subject knowledge in ethnic areas. However, due to insufficient school support, lack of professional guidance and demonstration, low self-efficacy of teachers, and imperfect AI teaching assistant function, the application rate of AI teaching assistant in real classroom in plateau ethnic areas is low. Accordingly, this paper puts forward suggestions for teachers in plateau ethnic areas to apply AI teaching assistant from three aspects of schools, teachers and AI assistant design.

Keywords: Plateau Ethnic Areas; Teachers; Artificial Intelligence Teaching Assistant; UTAUT Model

提升教师信息技术应用能力的
专业发展支持框架及实施效果分析

崔京菁　　余胜泉

【摘　　要】信息技术在教学中的日益普及和与教学的深度融合对教师信息技术能力培养提出了更高的要求。尽管当前教育信息化的发展为教师提供了更加完善的条件和基础，但是仍然暴露出教师在提高信息技术能力方面准备不足、无法有效应对教育现代化发展要求的问题。为有效解决这个问题，本研究提出了一个提升教师信息技术应用能力的专业发展支持框架。通过应用基于智能平台的资源和工具所产生的教育数据，以基于数据的教学理论和教学实践为培训主题，提供教师信息化能力提升的专业发展支持服务。该支持框架在北京市T区连续实施三年，实施效果显示，教师不仅关注新技术，更关注如何将新技术与教学和研究相结合。基于教育数据可视化分析的资源、工具及其应用实践的相应支持，可以快速有效地提高教师的信息技术应用能力，提升教师将信息技术与教学深度融合的水平，促进教师的专业发展。

【关 键 词】教师信息技术能力；教师专业发展；支持框架；智慧学伴

【作者简介】崔京菁，博士，北京师范大学未来教育高精尖创新中心研究员研究方向为混合式学习方式、信息技术与课程整合、基于核心素养的能力测评等；余胜泉，北京师范大学未来教育高精尖创新中心执行主任，教授，研究方向为移动学习、泛在学习、区域性教育信息化、教育信息生态、网络学习平台、信息技术与课程整合、一对一数字化学习等。

【项目基金】2016 年教育部哲学社会科学研究重大课题攻关项目"'互联网+'教育体系研究"（编号：16JZD043）。

一　背景

随着技术的发展，数字能力已被欧盟认为是未来公民终身学习的 8 项关键能力之一。[①] 数字能力是对公民所掌握信息技术（Information Communication Technology，ICT）的基本知识、技能和态度的解释，包含使用 ICT 的自信力和批判性能力。[②] 在教育领域，技术在教学中的日益普及提高了教师对 ICT 能力发展的需求。今天的教师不仅需要持续和更频繁地使用技术，还需要从弥合数字鸿沟转向提高自身能力。[③] 对处于教育现代化快速发展进程中的教师来说，提高自身的 ICT 应用能力显得尤为重要，教师需要在教学中使用新的学习工具和优质资源，从而开展有效和创新的教学。

新冠肺炎疫情期间教育信息化发展助力线上教学，师生虽然已经适应线上教学，但是对科技与教学深度融合的需求仍暴露出教师的创新教学准备不足、ICT 能力发展不足等问题，[④] 并且教龄越长的教师，掌握的新技术

---

① European Parliament and the Council. (2006). "Recommendation of the European Parliament and of the Council of 18 December 2006 on Key Competences for Lifelong Learning". *Official Journal of the European Union*, L394/310.

② Ferrari A. (2012). *Digital Competence in Practice：An Analysis of Frameworks*. Joint Research Centre of the European Commission.

③ Livingstone S., Helsper E. "Gradations in Digital Inclusion：Children, Young People, and the Digital Divide." *New Media & Society*, 2007, 9 (4)：671-696. Retrieved from https：// doi. org/ 10. 1177/1461444807080335.

④ Krumsvik, R. J. (2014). Teacher Educators' Digital Competence. *Scandinavian Journal of Educational Research*, 58：3, 269-280, Retrieved from https：//doi. org/10. 1080/00313831. 2012. 726273.

知识就越少。① 特别是在"停课不停学"期间，世界各地的教师都面临着将线下教学立即迁移到线上的相同挑战，尽管中国教育部（China's Ministry of Education，MOE）及时出台了相关政策以鼓励教师使用互联网和信息化教育资源，加快了教师 ICT 能力发展的进程，②③ 但是对于如何在线上教学中选择适当的数字工具、学习资源、在线活动、评价标准等，以及如何恰当地使用它们，仍然是当前教师专业发展的主要障碍之一。④

中共中央、国务院印发《中国教育现代化 2035》，强调在教师培训和教学研究方面培养出高素质、专业化、创新型教师。⑤ 有研究表明，基于 ICT 的培训、教学案例分享和经验交流活动是促进教师专业发展的重要途径，⑥⑦ 开展教学研究同样也是提高教师教学能力的有效途径之一。⑧⑨

---

① Robertshaw B., Leary H., Walker A. E., Bloxham K., & Recker M. M. (2009). Reciprocal Mentoring "In the Wild": A Retrospective, Comparative Case Study of ICT Teacher Professional Development, Hosted by Utah State University Libraries.

② Ministry of Education of the People's Republic of China (2020a). MOE Requests Educational Institutions to Take Prevention and Control Measures against 2019 Novel Coronavirus. Retrieved from http://www.moe.gov.cn/jyb_xwfb/gzdt_gzdt/s5987/202001/t20200122_416316.html.

③ Ministry of Education of the People's Republic of China (2020b). MOE Postpones Start of 2020 Spring Semester. Retrieved from http://www.moe.gov.cn/jyb_xwfb/gzdt_gzdt/s5987/202001/t20200127_416672.html.

④ Huang R. H., Wang, Y., Wang H. H., LU, H., & Gao B. (2020). The New Instructional Form of the Future Education: Flexible Instruction and Active Learning. *Modern Distance Education Research*, 32 (3), 3 - 14. Retrieved from https://doi.org/10.3969/j.issn.1009 - 5195. 2020.03.001.

⑤ The Central Committee of the Communist Party of China and the State Council (2019). China Issues Plans to Modernize Education. Retrieved from http://english.www.gov.cn/policies/latest_releases/2019/02/23/content_281476535024192.htm.

⑥ Davis N., Preston C., and Sahin I. (2009), ICT Teacher Training: Evidence for Multilevel Evaluation from A National Initiative. *British Journal of Educational Technology*, 40: 135 - 148. Retrieved from https://doi.org/10.1111/j.1467-8535.2007.00808.x.

⑦ Kalogiannakis M. (2010). Training with ICT for ICT from the Trainee's Perspective—A Local ICT Teacher's Training Experience. *Education & Information Technologies*, 15 (1), 3 - 17. Retrieved from https://doi.org/10.1007/s10639-008-9079-3.

⑧ Seppälä P., Alamäki H. (2003). Mobile Learning in Teacher Training. *Journal of Computer Assisted Learning*, 19: 330-335. Retrieved from http://10.1046/j.0266-4909.2003.00034.x.

⑨ Harris D. N., Sass T. R. (2011). Teacher Training, Teacher Quality and Student Achievement. *Journal of Public Economics*, 95 (7-8): 798-812. Retrieved from https://doi.org/10.1016/j.jpubeco.2010.11.009.

虽然经过政府的支持、教研活动的开展、ICT 与教学整合实践的尝试，教师已经能够接受、理解并在课堂上使用 ICT，但是他们关于 ICT 与线上教学有效融合的知识和技能水平，可能仍然不足以有效支持在线上这一情境中设计与实施高效的教与学活动，尤其是对线上教与学过程中产生的教育数据意义和价值的理解。① 由于专门针对教师 ICT 应用能力提升的培训相对较少，教师无法有效选择合适的在线教学工具和资源开展适合学生的线上教学，并且教师缺乏高效的线上社交互动方式，以至于教师之间无法及时分享所产生的在线教学经验。② 考虑到教师 ICT 能力在当前教育现代化发展进程中所呈现出的必要性和重要性，本研究提出了一个旨在提高教师 ICT 应用能力的专业发展支持框架，该框架在北京市 T 区连续应用了三年，对于教师专业发展具有一定的支持和促进作用。

二　文献综述

随着科技与教学的深度融合，教育结构、形态、角色等都在发生迅速而深刻的变化，在教育现代化高速发展的时代，教师角色逐渐转变为学生学习的组织者、工程师、设计师、促进者和支持者③，这些角色在培养学生的 21 世纪技能、核心素养和竞争力方面发挥着重要作用，为此，能够为教师高效利用 ICT 设计相应教与学活动而提供适当的支持服务，就显得尤为重要和紧迫。经合组织（Organization for Economic Co-operation and Development，OECD）发布了《2020 应对 COVID-19 教育指南》（A

---

① Richmond G., Bartell T., Cho C., et al. (2020). Home/School: Research Imperatives, Learning Settings, and the COVID - 19 Pandemic. *Journal of Teacher Education*. 71（5）: 503 - 504. Retrieved from https://doi.org/10.1177/0022487120961574.

② Nuere S., de Miguel L. (2020). The Digital/Technological Connection with COVID-19: An Unprecedented Challenge in University Teaching. *Technology, Knowledge and Learning*, Retrieved from https://doi.org/10.1007/s10758-020-09454-6.

③ Wilson M. L., Ritzhaupt A. D., Cheng L. (2020). The Impact of Teacher Education Courses for Technology Integration on Pre-service Teacher Knowledge: A Meta-analysis Study. *Computers & Education*, 103941. Retrieved from https://doi.org/10.1016/j.compedu.2020.103941.

Framework to Guide an Education Response to the COVID – 19 Pandemic of 2020），该框架建议需要为教师持续性地提供在课堂上将前沿 ICT 与教学相融合的方法与策略，例如在线学习应用程序、学习系统、在线学习活动设计、在线教学策略及相应案例等①，并通过组织在线研讨会的形式，分享教师在教学实践和研究中的 ICT 应用经验和问题解决策略。

在过去的 30 年中，研究者越来越重视教师的专业发展。随着新技术的不断涌现，ICT 与教学的深度融合日益受到广泛关注，对这个领域的研究也越来越深入②，目前已有一些研究构建基于 ICT 支持的教师专业发展框架。TPACK（Technological Pedagogical Content Knowledge）框架③展示了教师需要掌握的几种不同形式知识，即学科内容知识（CK）、教学法知识（PK）、技术知识（TK）、学科教学知识（PCK）、整合技术的学科内容知识（TCK）、整合技术的教学法知识（TPK）、整合技术的学科教学知识（TPCK），并用于指导教师使用技术来设计教学与学习活动。为了发展教师的教学方法、协作能力和创新能力，联合国教科文组织（United Nations Educational，Scientific，and Cultural Organization，UNESCO）提出了教师 ICT 能力框架④，该框架定义了教师应具备的各种 ICT 能力技能，其中也包括 ICT 技能培训，通过培训，教师能够在教学中有效整合适合的技术以支持学生的学习，同时，这个框架也用于指导技术支持下的教师专业发展。SAMR 模型⑤表现了教师使用技术四个层次的发展过程，旨在从理论层面

---

① Huang R. H.，Liu D. J.，Guo J.，Yang J. F.，Zhao J. H.，Wei X. F.，Knyazeva S.，Li M.，Zhuang R. X.，Looi C. K.，Chang T. W.（2020）. *Guidance on Flexible Learning during Campus Closures：Ensuring Course Quality of Higher Education in COVID – 19 Outbreak.* Beijing：Smart Learning Institute of Beijing Normal University.

② Natividad Beltrán del Río. G.（2021）. A Useful Framework for Teacher Professional Development for Online and Blended Learning to Use as Guidance in Times of Crisis. *Educational Technology Research and Development.* Retrieved from https：//doi. org/10. 1007/s11423-021-09953-y.

③ Mishra P.，Koehler M. J.（2006）. Technological Pedagogical Content Knowledge：A Frame-work for Teacher Knowledge. *Teachers College Record*，108（6），1017-1054. Retrieved from https：//doi. org/10. 1111/j. 1467-9620. 2006. 00684. x.

④ Organization C.（2012）. UNESCO ICT Competency Framework for Teachers. UNESCO.

⑤ Puentedura R.（2006）. Transformation，Technology，and Education. Retrieved from http：//www. hippasus. com/rrpweblog/archives/2006_11. html.

引导教师将新兴技术与常态化教学有机整合起来，通过对每项技术应用于不同任务的等级划分，促进教师加深对技术的认识与反思，故而对于教师来说，它也被视为理解技术整合的概念模型。[①] 相比较关注使用技术或学生学习成就，4E（Efficiency，效率；Enhance，增强；Extend，扩展；Engage，适应）框架[②][③]帮助教师在教学中将技术进行整合，并帮助研究者了解技术在教学中的使用过程。除了支持教师开展教学活动，教师培训和教研活动也是教师专业发展非常有效的方式和渠道，在 NEI 模型中，重点关注"互联网+"环境下，影响教师专业发展的关键因素和存在的挑战[④]，在"互联网+教研"形态下，研究者需要重点关注教研主体、环境、内容、过程、评价五个方面[⑤]，当教师的业务转向在线和混合学习环境时，研究人员、教育工作者、设计师和实践者需要考虑这些要素及其相互作用。[⑥]

教师专业发展是影响其教学行为变化和技术与课程整合效果的重要因

[①] Hamilton E. R., Rosenberg J. M., Akcaoglu M. (2016). The Substitution Augmentation Modification Redefinition (SAMR) Model：A Critical Review and Suggestions for Its Use. *TechTrends*, 60 (5), 1-9. Retrieved from https：//doi. org/ 10. 1007/s11528-016-0091-y.

[②] Kolb L. (2017). *Learning First，Technology Second：The Educator's Guide to Designing Authentic Lessons*. Portland，OR：International Society for Technology in Education.

[③] Curry J. H., Curry D. M. Review of Kolb L. (2017). Learning First, Technology Second：The Educator's Guide to Designing Authentic Lessons. Portland，OR：International Society for Technology in Education. *TechTrends* 62, 667-668 (2018). Retrieved from https：//doi. org/ 10. 1007/s11528-018-0333-2.

[④] Feng X. Y., Song, Q., Zhang T. D., Gao, Q. L., Zhang X. (2019). Construction of NEI Model of "Internet+" Teacher Training：Based on Grounded Theory. *Open Education Research*, 25 (02)：87-96. Retrieved from https：//doi. org/10. 13966/j. cnki. kfjyyj. 2019. 02. 009.

[⑤] Hu X. Y., Xu H. Y. (2020). Research on The Pattern of "Internet + Teaching and Research"：Connotations, Characteristics and Trends. *E-education Research*, 41 (02)：10-16+31. Retrieved from https：//doi. org/10. 13811/j. cnki. eer. 2020. 02. 002.

[⑥] Philipsen B., Tondeur J., ParejaRoblin N., et al. (2019). Improving Teacher Professional Development for Online and Blended Learning：A Systematic Meta-aggregative Review. *Educational Technology Research & Development*, 67, 1145-1174. Retrieved from https：// doi. org/10. 1007/s1142 3-019-09645 -8.

素之一①②，当前快速发展的混合式学习环境要求教师更多地了解如何将技术融入教学过程中。③④在构建教师专业发展框架的研究中，研究人员在教师培训过程中普遍关注教师的知识水平、教学问题、适当的培训主题和学习活动设计，这些框架的实施能够促进和提升教师在教学中应用技术的热情和意愿，⑤⑥ 并且研究发现，教师对 ICT 的积极态度、使用技术的自我效能感和教师的教育水平等因素对教学效果的影响很大。⑦⑧ 同时，线上教学活动大幅度增加，产生了海量的教育数据，对学生的基本信息、学习成绩、学习过程、行为数据、情感数据等进行挖掘和分析，可以帮助教师及时调整教学内容，改进教学策略，设计教学活动，从而适应学生的个性化学习需求，⑨

---

① Li Y. F., Yang X. H. (2016). Research on O2O Teacher Training Model Based on Big Data Analysis: Preliminary Thoughts on "Internet +" Teacher Training. *Instruction and Teacher Professional Development*, (12): 113 - 120. Retrieved from https://doi.org/10.3969/j.issn.1006-9860.2016.12.021

② Liu M., Ko, Y., Willmann A., Fickert C. (2018). Examining the Role of Professional Development in A Large School District's iPad Initiative. *Journal of Research on Technology in Education*, 50 (1): 48-69. Retrieved from https://doi.org/10.1080/15391523.2017.1387743.

③ Koh J. H. L. (2019). TPACK Design Scaffolds for Supporting Teacher Pedagogical Change. *Educational Technology Research and Development*, 67 (3): 577-595. Retrieved from https://doi.org/10.1007/s1142 3-018-9627-5.

④ McCulloch A. W., Hollebrands K., Lee H., Harrison T., Mutlu A. (2018). Factors that Influence Secondary Mathematics Teachers' Integration of Technology in Mathematics Lessons. *Computers & Education*, 123, 26 - 40. Retrieved from https://doi.org/10.1016/j.compe du.2018.04.008.

⑤ Er E., Kim C. (2017). Episode-centered Guidelines for Teacher Belief Change toward Technology Integration. *Educational Technology Research and Development*, 65 (4): 1041 - 1065. Retrieved from https://doi.org/10.1007/s1142 3-017-9518-1.

⑥ Tondeur J., Van Braak J., Ertmer P. A., Ottenbreit-Leftwich A. (2017). Understanding the Relationship between Teachers' Pedagogical Beliefs and Technology Use in Education: A Systematic Review of Qualitative Evidence. *Educational Technology Research and Development*, 65 (3): 555-575. Retrieved from https://doi.org/10.1007/s11423-016-9481-2.

⑦ Player-Koro C. (2015). Factors Influencing Teachers' Use of ICT in Education. *Education Inquiry*, 3 (1), 93-108. Retrieved from http://hdl.handle.net/2320/10787.

⑧ Kamau L. M., Kimani P., Muthoni P. (2016). Factors that Influence Teachers' Perceptions of Information Communication and Technology (ICT) in Mathematics Teaching in Kenyan Secondary Schools. *International Journal of Education & Practice*, 4. Retrieved from https://doi.org/10.18488/journal.61/2016.4.4/61.4.154.166

⑨ Baker R. S. J. d. (2011). "Data Mining for Education". *International Encyclopedia of Education*, 3rd ed. Oxford, UK: Elsevier.

这为发现学生在学习过程中表现出来的问题和优势，帮助教师建构创新教学模式，预测教与学的发展趋势等提供了机会。① 然而到目前为止，尽管在教育数据分析方面已经开展一些研究②③④，但是较少有研究关注教育数据在教师专业发展框架中的重要位置和支持作用，关于如何应用教育数据分析来促进教师专业发展的框架、标准和实施指南也尚未建立。

教育数据分析及其应用是教师 ICT 能力发展的有效途径之一⑤⑥，将教育数据的分析结果进行可视化呈现，并为教师提供将分析结果应用于教学的策略和经验，以及利用教育数据分析的结果来改进教学的方法，以提高教学和学习的效率，这是教育现代化发展时期教师专业发展的重点之一。⑦⑧ 为了快速提高教师专业发展中的 ICT 能力，本研究提出了以下问题。

　　Q1：在教师专业发展过程中，教师需要什么样的支持来提升 ICT

① U. S. Department of Education. (2012). *Enhancing Teaching and Learning Through Educational Data Mining and Learning Analytics：An Issue Brief*, Washington, D. C., Office of Educational Technology.

② Salleh, S. M., Laxman, K. (2014). Investigating the Factors Influencing Teachers' Use of ICT in Teaching in Bruneian Secondary Schools. *Education & Information Technologies*, 19 (4)：747 – 762. Retrieved from https：//doi. org/10. 1007/s10639-013-9251-2.

③ Huang R. H., Liu X. L., Du J. (2016). Research on the Factors that Influence the Process for ICT Reshaping k-12 Education at School Level. *China Educational Technology*. (04)：1-6. Retrieved from https：//doi. org/10. 3969/j. issn. 1006-9860. 2016. 04. 001.

④ Chen M., Zhou C., Meng C., Wu D. (2019). How to Promote Chinese Primary and Secondary school Teachers to Use ICT to Develop High-quality Teaching Activities. *Educational Technology Research and Development*, 67：1593-1611. Retrieved from https：//doi. org/10. 1007/s11423-019-09677-0.

⑤ Verma C. (2017). Educational Data Mining to Examine Mindset of Educators towards ICT Knowledge. *International Journal of Data Mining and Emerging Technologies*, 7 (2), 53. Retrieved from https：//doi. org/10. 5958/2249-3220. 2017. 00008. 8.

⑥ Barik L., Alrababah A. A., Al-Otaibi Y. (2020). Enhancing Educational Data Mining-based ICT Competency among E-learning Tutors Using Statistical Classifier. *International Journal of Advanced Computer Science and Applications*, 11 (3), 561 – 568. Retrieved from https：//doi. org/561 – 568. 10. 14569/IJACSA. 2020. 0110371.

⑦ Howard S. K., Chan A., Mozejko A., Caputi P. (2015). Technology Practices：Confirmatory Factor Analysis and Exploration of Teachers' Technology Integration in Subject Areas. *Computers & Education*, 90, 24-35. Retrieved from https：//doi. org/10. 1016/j. compe du. 2015. 09. 008.

⑧ Kopcha T. J., Neumann K. L., Ottenbreit-Leftwich A., Pitman E. (2020). Process over Product：the Next Evolution of Our Quest for Technology Integration. *Educational Technology Research and Development*, 68：729 – 749. Retrieved from https：//doi. org/10. 1007/s11423-020-09735-y.

能力？

Q2：提升教师 ICT 应用能力的专业发展支持框架在北京市 T 区的实施效果如何？

三　提升教师信息技术应用能力的专业发展支持框架

随着后疫情时代在线教育的常态化发展，线上线下的教育教学走向双向融合，这加速形成了教育新生态。为了使教师能够快速解决使用新的技术工具和资源带来的问题，开展有效的经验分享，满足其专业发展需求，需要为教师提供多维度的、适当的、持续性的支持服务。[1][2][3] 为此，本研究构建了一个提升教师信息技术应用能力的专业发展支持框架，如图 1 所示。该框架以汇聚和分析教学研过程中产生的各类数据为核心，引导教师利用适合于不同场景的教学资源和学习工具，根据教师的实际需求，提供基于数据分析的相关教学理论、教学实践、应用资源和工具，开展教师专业发展培训，从而促进教师 ICT 能力的提升。

（一）工具支持

在教学实践中，仅为教师推荐和提供教与学的前沿技术工具并不能真正促进技术与教学的融合，仅为教师培训技术工具的操作方法也并不能促

① Yu S. Q., Wang D., Wang Q. (2020). Reform of Large-scale Socialized Collaborative Educational Services. *e-Education Research*, 41 (04): 5-12. Retrieved from https://doi.org/10.13811/j.cnki.eer.2020.04.001.

② Knight S. W. P. (2020). Establishing Professional Online Communities for World Language Educators. *Foreign Language Annals*, 1 - 8. Retrieved from https://doi.org/10.1111/flan.12458.

③ Tian R., Xiong Z. Y., Romuald N. (2020). Challenges and Solutions in Teaching and Learning in the COVID-19 Crisis: Analysis and Reflection based on OECD's "A Framework to Guide an Education Response to the COVID-19 Pandemic of 2020". *Journal of Distance Education*, 38 (04): 3-14. Retrieved from https://doi.org/10.15881/j.cnki.cn33-1304/g4.2020.04.001.

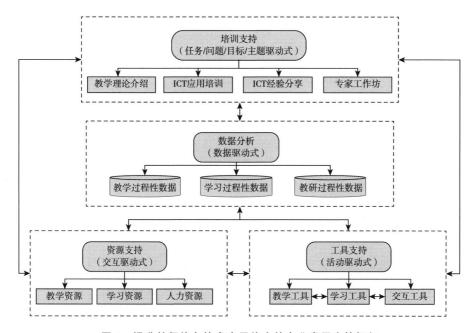

图1 提升教师信息技术应用能力的专业发展支持框架

进教学的有效创新，教师学会并能应用技术开展创新教学活动，与工具在不同背景下的教学设计、学习互动和专业表现密切相关。[1][2] 不同的智能平台和技术工具具有不同的功能和特点，为教师提供适应不同教育教学场景的智能平台和技术工具尤为重要。由北京师范大学未来教育高精尖创新中心（Advanced Innovation Center for Future Education of Beijing Normal University，AICFE-BNU）自主研发的智慧教育公共服务平台智慧学伴

① Garrido J. M.，Ponce C. （2012）. Inventory of ICT Beliefs in Initial Teacher Training：Tool for Identify Trends of Innovation. 5th International Conference of Education Research and Innovation （ICERI） Proceedings，3104-3112.

② Llerena-Izquierdo J.，Ayala-Carabajo R. （2021）. University Teacher Training During the COVID-19 Emergency：The Role of Online Teaching-Learning Tools. *Information Technology and Systems*. Retrieved from https：//doi. org/90-99. 10. 1007/978-3-030-68418-1_10.

（Smart Learning Partner，SLP）①，探索形成了基于教育数据的区域教育质量分析与改进模型，通过汇聚全学习过程大数据，对学生的知识和能力结构进行建模，从而诊断与解决学习问题，发现与增强学生的学科优势，在一线教学实践中，能够为教师提供实时生成的可视化诊断报告，支持教师了解学生的学习效果，以便有针对性地调整教学重点和课堂进度。为更好地支持教师开展线上教学，将智能平台和应用程序与教学相结合，智慧学伴平台还为教师提供了在线教与学策略指导微课，如图 2 所示。

区教师在线教学
实施指导十大攻略

北京师范大学未来教育高精尖创新中心
2020年2月

区学生在家自主学习
五大攻略

单位：北京师范大学未来教育高精尖创新中心
日期：2020年2月

图 2　在线教与学策略微课
资料来源：智慧学伴平台。

（二）资源支持

除了使用技术工具开展教学活动，教师能够在海量的教与学资源中，快速找到合适的资源来支持备课授课和学生的自主学习也非常重要。这里的资源不仅指物化资源，智慧学伴平台能够根据教与学的特点和实际需要，为教师提供学科培训、微课制作、平台使用、教学服务、在线教学培训、思想分享、示范课、专家意见指导微课等资源，当教师在线上教学中

① Li X. Q.，Yu S. Q.，Yang X. M.，Chen L.，Wang L.（2018）. Research on Personalized Education Service based on the Analysis of Disciplinary Competence：Taking Big Data Platform "Smart Learning Partner" for Example. *Modern Educational Technology*，28（04）：20 – 26. Retrieved from https：//doi. org/10. 3969/j. issn. 1009 – 8097. 2018. 04. 003.

遇到问题和挑战时，他们可以从视频中学习；更应该包括能够促进师生与物化资源、师生、生生、教师与专家或同行等就教与学经验、策略、方法、技术等交流互动的人力资源，人力资源是学习的重要来源之一①②，在社会化交流、协商和参与的过程中进行学习，是主动学习意义建构非常重要的过程。③

（三）数据分析

在各种线上教与学活动中，各类智能平台和应用程序积累了大量与教学、学习、教研相关的过程性数据。教育数据分析具有很高的教育价值，有样本全、多维度、连续性、回溯性等特点，可用于可持续发展分析④，可以让教师追踪学生的学习路径，查找和定位学习问题的来源和根源，从而及时调整教学计划和策略；通过智能平台和应用程序推送的个性化资源，也可以辅助教师监控和评估自己的教学行为，进行元认知诊断分析⑤⑥⑦。此外，应用产生于不同教育情境的教育数据，能够提升教师数据驱动的教与学活动设计和实施的决策意识与能力，从而提高教师的教学研

① Siemens G. (2005). *Connectivism*：*A Learning Theory for the Digital Age. International Journal of Instructional Technology & Distance Learning.*

② Yu S. Q., Cheng G., Dong J. F. (2009). A New Insight into e-Learning：Transformation of Online Education Paradigm. *Journal of Distance Education*，17（03）：3–15. Retrieved from https：//doi. org/ 10. 15881/j. cnki. cn33–1304/g4. 2009. 03. 010.

③ Vygotsky L. S. （1978）. *Mind and Society*：*The Development of Higher Mental Processes.* Cambridge，MA：Harvard University Press.

④ Kurkovsky A. (2019). "Big Data and Simulation to Analyze Higher Education Sustainable Development". *2019 International Conference on Computational Science and Computational Intelligence （CSCI）*，Las Vegas，NV，USA，1294–1299. Retrieved from https：//doi. org/ 10. 1109/CSCI49370. 2019. 00242.

⑤ Daniel B. K. （2015）. Big Data and Analytics in Higher Education：Opportunities and Challenges. *British Journal of Educational Technology*，Vol 46. No 5：904–920. Retrieved from https：//doi. org/10. 1111/bjet. 12230.

⑥ Daniel B. K. (2019). Big Data and Data Science：A Critical Review of Issues for Educational Research. *British Journal of Educational Technology*，50（1）：101–113. Retrieved from https：// doi. org/ 10. 1111/bjet. 12595.

⑦ Baker R. S. J. d. （2015）. *Big Data and Education* （2nd ed. ）. New York，NY：Teachers College，Columbia University.

究水平和教育管理的精准性。①② 在本研究建构的支持框架中，采用智慧学伴平台分析学生学习过程中产生的教育数据。智慧学伴平台通过数据建模的方法，利用日常作业、单元微测和学期总测等形成性和总结性评价工具，对学科知识、能力和素养进行诊断分析，形成学生个体和班级整体综合水平、学科能力和素养的发展报告，如图 3 所示。教师和学生不仅可以从中发现教与学存在的问题，还可以找到和培养学生的学习优势。在教学实践中，教育数据可视化诊断分析结果在不同教与学场景中的应用，改变了师生对前沿技术的看法，并增加了他们使用技术进行教与学的积极性和主动性。

（四）培训支持

教师专业发展的相关培训不仅仅是对技术工具和教与学资源的培训，更应该设计多样化的培训活动，引导教师将所学理论、技术与其真实实践相结合。③ 有研究表明，教师在教学实践和教研方面的经验分享与合作是促进其专业发展的有效途径④⑤⑥，而分享与合作需要该学科领域专家和同

---

① Datnow A., Hubbard L. (2016). Teacher Capacity for and Beliefs about Data-driven Decision Making: A Literature Review of International Research. *Journal of Educational Change*, 17 (1): 7-28. Retrieved from https: //doi. org/ 10. 1007/s10833-015-9264-2.

② Custer S., King E. M., Atinc T. M., Read L., Sethi T. (2018). *Toward Data-driven Education Systems: Insights into Using Information to Measure Results and Manage Change*. Washington, DC: Center for Universal Education at the Brookings Institution.

③ Arroyo J. F., Marín F. R., Gutiérrez M. P. (2013). The School Garden: A Learning Resource in Teacher Training. 6th International Conference of Education, *Research and Innovation*. pp. 96–101.

④ Douglas N. H., Tim, R. S. (2011). Teacher Training, Teacher Quality and Student Achievement. *Journal of Public Economics*, 95 (7-8): 798-812. Retrieved from https: //doi. org/10. 1016/j. jpubeco. 2010. 11. 009.

⑤ Tondeur J., van Braak J., Ertmer P. A., Ottenbreit-Leftwich A. (2017). Understanding the Relationship between Teachers' Pedagogical Beliefs and Technology Use in Education: A Systematic Review of Qualitative Evidence. *Educational Technology Research and Development*, 65 (3): 555-575. Retrieved from https: //doi. org/10. 1007/s11423-016-9481-2.

⑥ Theelen H., Willems M. C., van den Beemt A., Conijn R., den Brok P. (2020). Virtual Internships in Blended Environments to Prepare Preservice Teachers for the Professional Teaching Context. *British Journal of Educational Technology*, 51: 194–210. Retrieved from https: //doi. org/10. 1111/bjet. 12760.

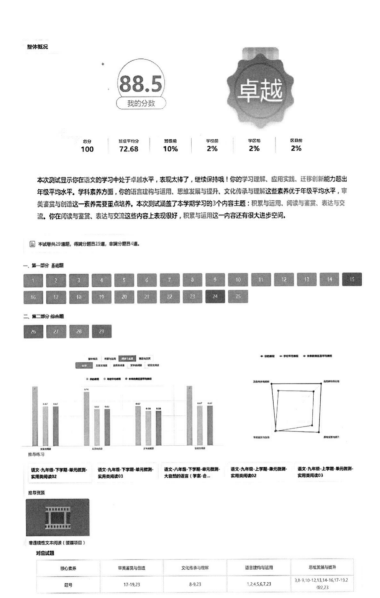

图 3　智慧学伴平台中学期总测学生个体的诊断报告

资料来源：智慧学伴平台。

行专家共同参与，与专家充分地沟通有助于提高教师的教学动机，不断改进教学方法和策略，最终提升学生的学习效果。① 此外，培训活动还应精准诊断教师专业发展过程中存在的问题，通过对教育教学过程性数据的深入分析，为教师提供学情诊断分析结果，提供教学过程中的情境化教学策略，从而为教师提供有针对性的、面向问题解决的精准培训，以满足其在不同发展阶段的不同专业发展需求。② 由于某些主题和内容需要特定的培训方法，因此在教师培训中，还应监测培训的进展及其效果。③ 本研究在建构的教师专业发展支持框架中特别指出，对教师的培训需要从信息技术工具和资源与教学整合的角度入手，采用问题驱动或目标驱动的教学策略，以增强理论与实践相结合的效果④⑤，任务驱动和主题驱动的教师培训能够快速应对教师进行线上教学、指导学生学习、开展教研活动、实施评价管理等过程中存在的问题和困惑，从而为教师专业发展提供支持。

四　提升教师信息技术应用能力的
专业发展支持框架的实施

为了提高教师 ICT 能力，快速解决教师专业发展过程中出现的问题，

---

① Nikitina L. A. (2018). Analysis of A Lesson as an Educational Resource of Enhancing the Quality of Future Teacher Training. *International Conference on Linguistic and Cultural Studies*, 3 - 9. Retrieved from https：//doi. org/10. 1007/978 - 3 - 319 - 67843 - 6_1.

② Digennaro R. F. D., Blackman A. L., Erath T. G., Denys B., Novak M. D. (2018). Guidelines for Using Behavioral Skills Training to Provide Teacher Support. *Teaching Exceptional Children*, 50 (6), 373 - 380. Retrieved from https：//doi. org/10. 1177/0040059918777241.

③ Andzik N. R., Schaefer J. M., Nichols R. T., Cannella-Malone H. I. (2017). Exploring Relationships between Teacher Training and Support Strategies for Students Utilizing Augmentative and Alternate Communication. *Journal of International Special Needs Education*, Vol. 22, No. 1, pp. 25 - 34. Retrieved from https：//doi. org/10. 9782/16 - 00044.

④ Dockendorff M., Solar H. (2017). ICT Integration in Mathematics Initial Teacher Training and Its Impact on Visualization：the Case of GeoGebra. *International Journal of Mathematical Education in Science and Technology*, 49 (1 - 2)：66 - 84. Retrieved from https：//doi. org/ 10. 1080/0020739X. 2017. 1341060.

⑤ Zhang S., Liu Q. and Cai Z. (2019). Exploring Primary School Teachers' Technological Pedagogical Content Knowledge (TPACK) in Online Collaborative Discourse：An Epistemic Network Analysis. *British Journal of Educational Technology*, 50：3437 - 3455. Retrieved from https：//doi. org/10. 1111/bjet. 12751.

如如何合理选择和有效使用技术工具和资源，如何在由线下向线上转变的过程中及时分享教学经验等，促进更深层次的技术与教学融合，实现持续的教育创新，本教师专业发展支持框架在北京市 T 区展开实践，实施目标是提升当地教师专业发展水平和区域学科教学质量。[①] T 区拥有区域直属中学 9 所，农村中学 23 所，实践对象包括区域内的 40 名区域学科教研员和各校 3983 名教师。自 2017 年 9 月起，AICFE-BNU 的区域教师专业发展支持小组设计并参与了框架的支持实施活动，从资源、工具、数据分析和培训四个方面为 T 区在不同场景的区域教研活动和学校教学活动提供支持服务。教师专业发展支持框架在 T 区的实践分为三个发展阶段，参与实践的教研员和教师数量逐年增加，第一阶段 2017 年 9 月至 2018 年 8 月，参与实践的教研员有 14 人，教师有 293 人；第二阶段 2018 年 9 月至 2019 年 8 月，参与实践的教研员和教师分别为 43 人和 843 人；第三阶段 2019 年 9 月至 2020 年 8 月，全区学科教研员及教师都参加了相关实践活动。

三个阶段各有实施重点，如图 4 所示。第一阶段（2017 年 9 月至 2018 年 8 月）支持服务的重点是引导教研员和教师了解线上教学和教研活动的特点，为开展线上活动做准备。为了更好地支持教研员和教师开展线上教学和教研实践，AICFE-BNU 组织学科专家和学科带头人，在智慧学伴平台中制作并上传了包括语文、数学、英语、生物、历史、地理、化学、政治、物理、心理学十个学科的 1740 套试卷，8236 个关于线上教学和教研所需的工具介绍、资源选择、应用方法、线上教与学策略等视频资源，同时，为教研员和教师提供了 40 余万份教育数据分析报告，为数据驱动的教学和教研活动提供了有力支撑。在第二阶段（2018 年 9 月至 2019 年 8 月），教研员和教师逐渐适应了在线上开展教学和教研活动，但是出现了线下活动"线上搬家"的流程化、表面化、浅层化等现象，为解决这些问题，区域教师专业发展支持小组组织了 18 场数据驱动的教学与教研的专题

---

① Yu S. Q., Li X. Q. (2017). Research on the Analysis and Improvement of Regional Education Quality Based on Big Data. *e-Education Research*, 38 (07): 5 – 12. Retrieved from https://doi.org/10.13811/j.cnki.eer.2017.07.001.

讲座、7 场线上学习活动设计经验分享交流会、18 场线上教学策略展示及研讨会等一系列教学理论和应用实践的线上培训和交流活动，教研员和教师逐步意识到线上教学和教研不仅仅是活动地点的变化，更重要的是设计适当的在线教学任务和学习活动。随着教研员和教师对线上活动设计不断深入地理解，处于不同发展阶段和具有不同特点的教师开始产生不同层次、不同维度、不同形式的专业发展需求，于是在第三阶段（2019 年 9 月至 2020 年 8 月），AICFE-BNU 持续性地组织学科专家和学科带头人在智慧学伴平台中上传了 4249 套学科测试和 22793 个各类教学研相关视频资源，以支持对教师开展数据支持的精准教学和教研员精准教研的培训，同时，区域教师专业发展支持小组设计了多元化的教研和教学活动，如构建不同专业发展需求的教师社区，开展跨学科公开课研讨，组织数据驱动的教学研究课题指导等，以满足不同教师群体和个人的发展需求。三个阶段的教师专业发展实践，为提升教师 ICT 应用能力奠定了理念基础、条件基础和教学准备。在 2020 年 2~7 月春季学期，新冠肺炎疫情的暴发，迫使所有教研和教学活动转向线上开展，由于 T 区有了两年半的教师专业发展提升的框架支持与实践探索，实现了该区教研和教学从线下到线上的平稳过渡以及创新发展。

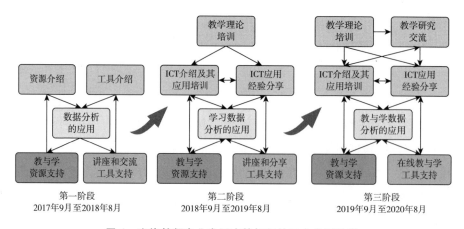

图 4 实施教师专业发展支持框架的三个发展阶段

为了了解教师专业发展支持框架实施效果，本研究主要分析了 T 区使用各种智能平台和应用程序的各类活动数据，涵盖学科资源使用情况、各类测试分析结果、线上培训效果、教学或教研指导交流效果等。为了深入了解教师 ICT 应用能力提升对学生学习效果的影响，以便为学生提供更加优质高效的个性化学习支持服务，北京市教委在此期间开展了针对中小学生的在线学习情况调查，问卷由学生基本信息、在线学习经历、在线学习基本情况、学科学习效果和对线上学习的建议五个部分组成。本研究采用了调查问卷的第二部分，即探索将学生在线学习的体验作为测量工具，如"老师的教学方式与线下的比较""老师对在线学习的指导方式"等，调查问卷采用李克特 5 点量表，包含非常不同意、不同意、一般、同意和非常同意。

五 实施效果

（一） 区域教学和教研活动的变化

框架实施在对三个发展阶段区域教学和教研活动的支持过程中，呈现出递增的态势。在第一阶段两个学期组织的线上教研活动中，如图 5 所示，只有部分教研员和教师愿意接受和尝试这一形式的活动。这期间参与线上活动的教师普遍认为在线教研和教学活动节省了距离和时间成本，尤其对于到城区既定地点参加活动需要 2~3 小时往返车程的农村学校教师来说，无疑提供了非常便利的条件，而且教师可以边参加活动边发表自己的看法和提问，能够随时表达自己的观点，促进了教师与活动组织者、培训者、经验分享者和其他参与活动的教师之间的交流。在接下来的三个学期中，线上活动参与者的数量逐学期递增。

在框架实施的第三阶段，特别是第二学期（2020 年 2~6 月），新冠肺炎疫情暴发，所有教研和教学活动需要立即转向线上进行。从教研员组织线上活动的数量和教师参与活动人数来看，都有显著增加，如图 6 所示截至 2020 年 6 月底，线上教研活动共组织了 449 次，是前三个学期总和的 3 倍多。疫情期间，T 区及时响应教育部、市教委和区教委的要求，推动线

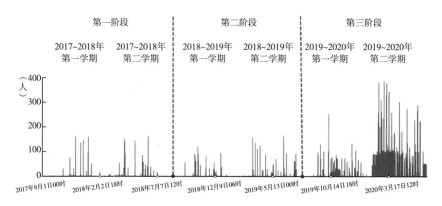

图 5　在线教研教师参与情况

下教育教学活动向线上平稳过渡，线上活动覆盖初高中全部 6 个年级，涵盖语文、数学、英语、历史、地理、生物、物理、化学、政治、心理学 10 个学科，并且较少出现技术方面的需求和问题。AICFE-BNU 的区域教师专业发展支持小组对 T 区两年半的支持和服务，逐渐改变了教师对信息技术与教学整合的观念和认识，这为疫情期间全区教、学、研、评、管等各类活动从线下向线上迁移，开展大规模在线教学实践奠定了坚实的基础。

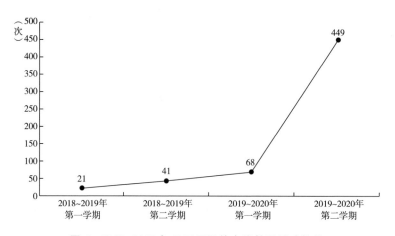

图 6　2018~2020 年 T 区开展的在线教研活动数量

不仅 2019~2020 年第二学期比第一学期的线上活动数量有显著增加，两个学期的主题和内容也有所不同。如图 7 所示，两个学期开展的在线活动主题涉及教学和教研的方方面面，包括集体备课、教学质量分析、经验分享和专题讲座分享等。由统计结果可以看出，对于线上教学，教师更加注重线上资源的有效利用、线上教与学策略的分享以及利用智能平台和应用程序对收集的数据进行教学质量分析。特别是还出现了网络研究课这一教研形式，即教师在线上授课，学生参与线上活动，教研员和区域内其他教师在线观课，课后进行在线评课交流。在这些活动中使用的智能平台和应用程序，随着教学情境和教学目标的变化，逐渐呈现出发展多样化、灵活性的趋势，即教研员和教师可以根据实际活动主题、活动目标、活动内容及其特点等，选择具有不同功能和特点的智能平台，使线上教学和教研过程的可视化效果更加突出。

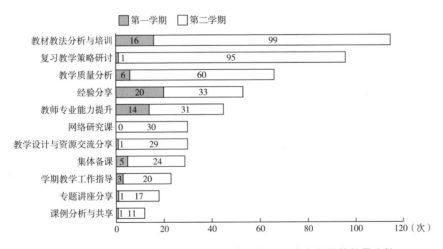

图 7　2019~2020 年两个学期在线教学和教研活动主题及其数量比较

（二）教师信息技术能力的变化

线上活动所采用的各类智能平台和应用程序汇聚了大量在线教学研行为及效果数据，为此，区域教师专业发展支持小组及时为教师组织数据分析的相关培训，提供各类的数据分析报告，并引导教研员和教师将数据分析的结果应用于线上教学和教研活动，促使教研员和教师深入思考数据、资源和工具支持在线深度学习的方法和策略，从而提升线上活动的效果。如图 8 所示，除了 2020 年 5 月期中考试期间线上活动数量略有减少外，各月的活动数量逐渐增加，6 月达到 146 次。值得注意的是，AICFE-BNU 提供技术支持的活动占比在逐月下降，这表明教师已经迅速适应线上教研和教学的场景，从关注技术转变为关注技术和教与学的有效融合，这是教师 ICT 能力提升的具体表现之一。

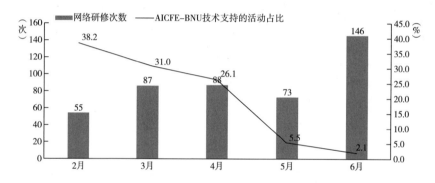

图 8　2020 年 T 区疫情期间每月在线教研活动次数及
AICFE-BNU 提供技术支持的活动占比

此外，教研员对技术与教学融合的深入思考，也是促进教师 ICT 能力发展的重要因素之一。如图 9 和表 1 所示，T 区生物教研员在该区教师研修中心微信公众号上发表了一篇 4 月份的线上活动总结，如图 10 所示。此次线上活动的研讨重点是如何有效利用智能平台功能和线上教与学资源来提高在线教学的质量，如如何使用技术来确保学生出勤、听从远程指示、加强远程互动和反馈等。此外，教研员还比较了不同智能平台和应用程序在不同场景下的使用目的和实际效果。这种总结反思类的线上教研活动，有效地提高了教师参与线上教研活动的积极性和主动性，促进了教师对 ICT 与教学融合的深入思考。

从3月19日到4月14日，我一共在六所高中校共听、评课12节，被听课教师12人。六校备课组参加听、评课的教师共有23人。为顺利完成网上听评课活动，需要提前进行安装、学习软件使用和向学校申请密码等繁杂的准备工作。先后共安装、学习使用的软件有：钉钉、zoom、希沃白板、无限宝、腾讯课堂和微信群语音、腾讯会议等。

第一阶段，我组织视听、评课活动的基本情况如下表：

为了让更多的教师了解软件技术的使用，充分发挥软件中的各种功能，提高学生网课的学习效率，2020年4月15日，我组织高一、高二全体生物教师开展了一次题为《网课软件功能使用经验交流与分享》网络研修活动。主要请本次被视导听课的部分教师结合前一阶段使用软件的经验，将自己认为能很好地解决网课中的问题，提高课堂效率的软件技术操作方法介绍给其他教师。本次活动采用腾讯会议方式，有40名教师参加了活动。在活动中，先后有11位年轻教师通过共享屏幕，利用PPT展示进行了交流发言。

在本次研修活动中，老师介绍软件使用技术主要解决以下问题：

1. 保证学生上课出勤率，作业上交完成率的做法。

2. 监控学生是否全程听课、随时进行教学跟进的做法。

3. 课上师生互动效果较好，能充分体现教师主导作用和学生主体作用的做法。

4. 课上随时检测，做练习、即时反馈效果较好的做法。

5. 课后作业布置、作业批改、错误纠正、表扬鼓励的做法。

6. 考试（如月考）方法、教师阅卷和成绩统计，并从考试中发现问题，进行查漏补缺的做法。

由于网上授课时间不断延长，师生无法

图9　生物教研员发布的公众号内容

资料来源：通州研修公众号。

表1　生物研究课安排

类别	教师1	教师2	教师3	教师4	教师5	教师6
视导时间和教师	1.3.19日高一 2.4.2日高一	1.4.2日高一 2.4.3日高二	4.8日高二	1.4.8日高一 2.4.9日高二、高一	4.10日高一	4.14日高二
课题	"DNA是主要遗传物质""有丝分裂与减数分裂"	高一："基因通常是遗传效应的DNA片段"高二："生物有种"	"细胞分化"	高一："细胞分化"、"基因指导蛋白质的合成"高二："文本阅读——群落中的关系"复习课	"基因指导蛋白质合成"	"细胞分化""诱变育种与杂交育种"
听课使用软件	钉钉、ZOOM	希沃白板	无限宝	腾讯课堂	钉钉	钉钉
评课方式	微信群语音和ZOOM	腾讯会议	腾讯会议	腾讯会议	微信群语音	腾讯会议
参加听、评课教师	1. 研修员 2. 教研组长 3. 高一备课组全体教师	1. 研修员 2. 高一高二备课组教师	1. 研修员 2. 高二备课组教师	1. 研修员 2. 高一高二备课组教师 3. 高精尖崔博士	1. 研修员 2. 高一高二备课组教师	1. 研修员 2. 高一高二备课组教师

资料来源：通州研修公众号。

在本次研修活动中，老师介绍软件使用技术主要要解决以下问题：

1. 保证学生上课出勤率、作业上交完成率的做法。

2. 监控学生是否全程听课、随时进行教学跟进的做法。

3. 课上师生互动效果较好，能充分体现教师主导作用和学生主体作用的做法。

4. 课上随时检测，做练习、即时反馈效果较好的做法。

5. 课后作业布置、作业批改、错误纠正、表扬鼓励的做法。

6. 考试（如月考）方法、教师阅卷和成绩统计，并从考试中发现问题，进行查漏补缺的做法。

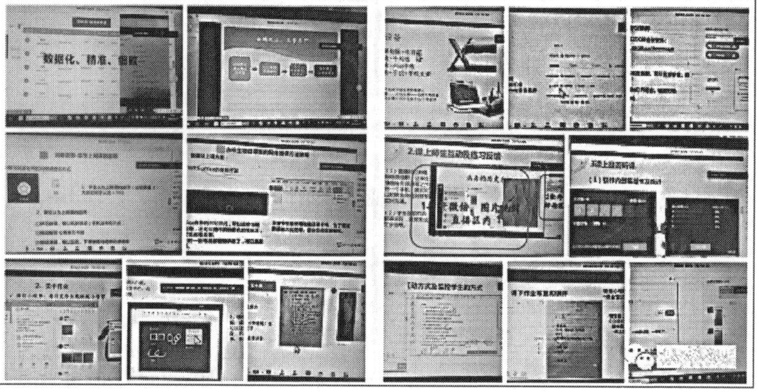

图 10　教研员梳理出技术用以解决的线上教学问题
资料来源：通州研修公众号。

（三）学生学习观念的变化

为深入了解教师专业发展中 ICT 能力提升对学生学习效果的影响，从而为学生提供更加优质高效的学习服务与支持，北京市教委针对中小学生线上学习情况展开了全市范围的问卷调查。T 区共有 4001 名学生自愿参加了调查，占北京市被调查学生的 5.18%，其中男生 1997 人，女生 2004 人，各占 50% 左右，约有 73% 的学生对线上学习的总体情况表示满意，认为线上教学的安排和设计为他们居家学习提供了良好的物质保障和精神支持。

同时，调查结果如图 11 所示，学生感受到了教师在改变教学方法和策略方面所做的努力。首先，约有 81% 的学生感受到了线上线下教学模式的变化，在线上学习过程中，约 95% 的学生认为老师给的线上学习指示非常明确，大约94%的学生反馈无论多晚交作业都会被教师及时批改，这反映了教师充分理解线上教学的特点，做好了充分的教学准备。其次，学生在线学习的参与度较高，约有93%的学生认为他们虽然不能见到教师，但是线上学习时可以认真听讲并做笔记。最后，线上学习为学生带来更好的学习体验，约有93%的学生认为线上学习时能跟上老师的思路，81%的学生认为在线学习可自己决定在什么时候学习、学习哪些科目。此外，虽然学生各自在家中，无法面对面交流，但是教师设计和安排的各种线上交流讨论活动，使得学生在线上学习不会感到孤独，约有91%的学生认为线上各种交流活动较多，不觉得自己是一个人在学习。

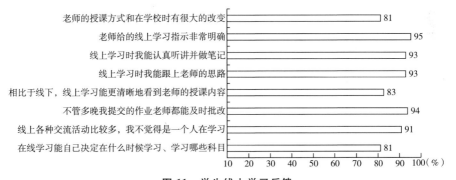

图 11 学生线上学习反馈

与北京市中小学生线上学习的整体情况相比，T区学生由于较早接触线上学习这一方式，故而对线下到线上的快速转变适应能力更强。例如，在能够认真听课、做笔记、紧跟教学进度等方面，T区学生比北京市中小学生整体水平高6个百分点，参与线上学习讨论的积极性比全市中小学生平均水平高7个百分点，这一结果表明，T区师生在疫情期间由线下活动转到线上实施的过渡是非常顺利的，这与T区线上教学和教研的早期发展，以及在线教学改革过程中产生的相对成熟的理论研究和实践成果密切相关，师生不再只关注技术本身，而是转向了关注技术怎样和教与学融合以提高学习质量。

六 讨论

ICT 与教育教学的融合对提升教与学的绩效起到了支撑作用[①]，但是，能否有效地将技术与教学无缝衔接，使用技术来提升学生的学习体验，并且培养学生的批判性思维、解决问题、沟通和创新等 21 世纪能力和核心素养，对于教师来说仍然是一个长期的挑战。[②] 为了快速提高教师的 ICT 能力以促进其专业发展，本研究提出的提升教师信息技术应用能力的专业发展支持框架及其实施效果显示，在实践中，应该为教师提供适合其在不同场景下开展高效教学和教研的资源与工具，以及基于数据分析的教学理论、ICT 功能、工具和资源应用等方面的相关培训，并且促进教师同伴和本领域专家之间的经验分享和交流，以促进教师主动思考、设计和实施有效的教与学活动。此外，在教学过程中利用智能平台和应用程序对教与学过程中产生的数据进行分析和可视化，可以有效促进教师的自我反思、教学改进和专业发展。

在本研究所开展的实践活动中，ICT 与教研和教学的结合效果表明，在教师专业发展过程中提高 ICT 能力需要三个发展阶段。在第一阶段，需要为教师提供足够的资源和工具以及相应的指导，使得教师能够快速熟悉信息技术的功能模块、应用方式、使用策略等，同时需要引导教师提炼传统教学中存在的问题和困惑，在适当的教与学数据分析的基础上，为教师提供技术与教学的深度融合的解决方案。教师 ICT 能力的提升解决了传统教育中一些被忽视或无解的问题，促进了技术的常态化应用和线上线下教学的融合。故而第一阶段的支持重点是快速提高教师对信息技术应用的信心，减少信息过载和认知负荷。在第二阶段，需要为教师设计多元化数据分析驱动的培训活动，引导教师意识到在教育现代

① Bulman G., Fairlie R. W. (2015). *Technology and Education：Computers, Software, and the Internet*. Social Science Electronic Publishing.

② Rehmat A. P., Bailey J. P. (2014). Technology Integration in a Science Classroom：Preservice Teachers' Perceptions. *Journal of Science Education & Technology*, 23：744-755. Retrieved from https：//doi. org/10. 1007/s10956-014-9507-7.

化高速发展的今天，技术与教学融合的必要性和不可替代性，技术与
教学目标、教学内容、教学活动、教学评价的整合设计与传统备课内
容同等重要。① 在第三阶段，需要深入了解教师所处的发展阶段和特
点，根据教师不同群体和个人的不同需求，开展有针对性、精准化、
个性化的培训，以提高教师的反思和创新能力，为适应教师持续发展
的需求，需要以各类数据分析结果及其可视化和可解释性为核心，确
定教师培训主题、内容和活动，从而促进数字化时代对教师的创新发
展的要求。

　　提升教师 ICT 应用能力的专业发展支持框架的实施，使 T 区教师能够
积极利用智慧学伴平台上提供的教学方法和策略资源，以及相应的教与学
工具，掌握数据驱动下的教学和教研思路，同时，为了充分理解技术在教
与学中能够发挥的关键作用，教师根据其实际发展需要，主动参加各类培
训，不仅理解了技术不是干预学习过程或简单地替代教学过程，而是需要
更多地思考技术与教学的深度融合，利用技术提高学生的学科能力和核心
素养，发展教师的专业能力和核心素养。②③ T 区相关培训和交流研讨活动
的设计与实施，还促进了教师对技术理解和信心的转变，经过三个阶段的
发展，教师不仅开始主动关注新兴教育技术，更关注如何将技术与教学和
教研有机结合，将技术作为教学设计的重要组成部分是提高教学效果的关
键因素之一。

---

①　Li Y. R., Garza V., Keicher A., Popov V. (2019). Predicting High School Teacher Use of
Technology: Pedagogical Beliefs, Technological Beliefs and Attitudes, and Teacher
Training. *Technology, Knowledge and Learning*, 24: 501-518. Retrieved from https://doi.
org/10.1007/s10758-018-9355-2.

②　Short M., Uzochukwu C. (2018). *Handbook of Research on Mobile Technology, Constructivism,
and Meaningful Learning*. IGI Global's Publishing Process.

③　Zhai X. M., Zhang M. L., Li M., Zhang X. J. (2019). Understanding the Relationship between
Levels of Mobile Technology Use in High School Physics Classrooms and the Learning Outcome.
British Journal of Educational Technology, Vol. 50, No. 2: 750-766. Retrieved from https://
doi.org/10.1111/bjet.12700.

七　结论

教育现代化的发展和技术对教与学的变革力量，加速了线下教学向线上教学转变的进程，2020 年疫情期间突然转向的在线教学，暴露了教师技术准备不够、ICT 能力不足等诸多问题[①]，而教师专业发展中的 ICT 能力提升对教育改革和区域教育质量起着至关重要的作用。[②] 教育数据可视化分析驱动的、在线教学资源和工具支持下的教师培训和经验分享交流，有助于快速高效地提高教师的 ICT 能力。教与学过程中产生的各类数据支持了教学和教研思维方式从经验型到数据增强型的转变，线上经验分享打破了传统教学和教研活动中的交流限制，促进了资源和工具的可重用性和进化开发，最终促进了教师 ICT 能力和技术素养的提高。

本研究中支持框架及实施的结果证明了该支持框架对提高区域教学和教研效果的作用，基于教育数据可视化分析的教师培训，在资源和工具的使用方面对教师的 ICT 能力提升有积极促进作用，研究人员、管理者和教师自身应更加关注不同教学场景下的技术与教学整合策略，这与 Dillenbourg、Järvelä 和 Fischer[③] 和 Kopcha 等人[④]关于教师培训的研究结果一致，这一结果也反映了 ICT 与教学整合的效果不仅能够影响教学实践的

---

① Richmond G., Bartell T., Cho C., Gallagher A., He Y., Petchauer E., Curiel L. C. (2020). Home/School: Research Imperatives, Learning Settings, and the COVID-19 Pandemic. *Journal of Teacher Education*, 71 (5): 503–504. Retrieved from https://doi.org/10.1177/0022487120961574.

② Yu S. Q., Li X. Q. (2017). Research on the Analysis and Improvement of Regional Education Quality Based on Big Data. *E-Education Research*, 38 (07): 5–12. Retrieved from https://doi.org/10.13811/j.cnki.eer.2017.07.001.

③ Dillenbourg P., Järvelä S., Fischer F. (2009). The Evolution of Research on Computer-Supported Collaborative Learning. *Technology-Enhanced Learning*. Springer, Dordrecht. Retrieved from https://doi.org/10.1007/978-1-4020-9827-7_1.

④ Kopcha T. J., Neumann K. L., Ottenbreit-Leftwich A., Pitman E. (2020). Process over Product: the Next Evolution of our Quest for Technology Integration. *Educational Technology Research and Development*, 68: 729–749. Retrieved from https://doi.org/10.1007/s11423-020-09735-y.

发展方向，更能够影响教师的专业发展方向。①②

　　虽然提升教师信息技术应用能力的专业发展支持框架在 T 区的实施产生了一定的成效，但是目前仅在一个区采用了这个支持框架来支持区域的教师专业发展，未来的研究将继续扩大实践范围，进一步研究该支持框架在不同地区的实施效果。此外，还需要进一步研究教育数据驱动的技术与教育教学深度融合的效果，通过构建创新的教与学模式，促进教育线上线下融合的区域新生态发展。

The Empirical Effects of Technology Adoption: A Support Framework for Improving Teachers' ICT Competence in Teacher Professional Development

Cui Jingjing, Yu Shengquan

Abstract: The increasing popularity of technology in teaching puts forward higher requirements for the development of teachers' Information Communication Technology (ICT) competence. Although the development of educational informatization has provided more and more perfect conditions and foundation for teachers, the problem of teachers' inadequate preparation for improving ICT competence came out. In order to solve this problem, we proposed a support framework for improving teachers' ICT competence so as to promote teacher professional development. The framework took the analysis of learning data

① Alemdag E., Cevikbas S. G., Baran E. (2020). The Design, Implementation, and Evaluation of a Professional Development Programme to Support Teachers' Technology Integration in a Public Education Centre, *Studies in Continuing Education*, 42: (2): 213-239. Retrieved from https://doi.org/c10.1080/0158037X.2019.1566119.

② Marwan A., Sweeney T. Using Activity Theory to Analyse Contradictions in English Teachers' Technology Integration. *The Asia-Pacific Education Researcher*, 28 (2): 115-125. Retrieved from https://doi.org/10.1007/s40299-018-0418-x.

generated in the process using appropriate resources and tools as the core, data-based teaching theories and teaching practice as the training theme, to carry out professional development training on teachers' ICT competence improvement. The support framework was implemented in a suburb of Beijing, China. The report suggested that the support of resources, tools, and corresponding trainings based on the visual analysis of educational big data could rapidly and effectively improve teachers' ICT competence. The empirical results emphasized that teachers were concerned about not only new technology, but also how to integrate new technology with teaching and research.

Keywords: Teachers' ICT Competence; Teacher Professional Development; Support Framework; Smart Learning Partner

公众对在线教育的感知和接受度研究

——基于"停课不停学"期间网络文本分析

李葆萍　孙晓园　许婷婷　杨　博

【摘　　要】本研究对 2020 年 1 月 27 日至 7 月 10 日"停课不停学"相关的 938 篇微信热文进行了网络文本分析，从公众实际感知的角度了解我国超大规模在线学习的实施状况和公众的接受程度。结果发现，我国教育信息化建设和互联网产业为本次超大规模的在线学习提供了良好的学习环境和资源支持。学习活动和组织管理方式初步体现了学校、家庭、网络学习空间融合全面育人的特色和互联网下学习方式转变的特征。在整个"停课不停学"过程中，国家和各级地方政府统筹管理，针对重点学段、重点学生群体进行了精准调控，为超大规模在线学习的有序开展提供了政策保障，体现了我国教育制度的优势。研究还发现，经过初期应急式的反应模式后，公众对在线教育的关注进入学习方式转型、教育制度支持以及技术应用可能带来的负面影响等实质性话题，意味着本次超大规模在线学习实践推动我国教育模式转型进入深水区。研究结果提示我们，未来应充分吸纳"互联网+"思想，探索智能时代的育人规律和实践方法，打破现有的条块化的管理体系，促进优质教育资源的流转，加强对于"互联网+"教育产业的支持并完善教育产业质量督导机制等，以加速公众对在线教育的接纳进程，推动我国实现多空间融合下的教育生态转型。

【关 键 词】停课不停学；在线教育；网络文本分析；创新技术

扩散

【作者简介】李葆萍，博士，北京师范大学教育学部副教授，硕士生导师，北京师范大学未来教育高精尖创新中心未来学校首席科学家，研究方向为智慧学习环境设计与评估、未来学校、技术创新教学设计和学习效果、教育信息化政策、教师发展等；孙晓园，北京师范大学未来教育高精尖创新中心助理研究员，研究方向为未来学校、教育政策、区域教育高质量发展；许婷婷，北京师范大学未来教育高精尖创新中心，教育规划项目研究主管，研究方向为教育管理；杨博，北京师范大学未来教育高精尖创新中心，助理研究员，研究方向为在线教育和未来学校数字化转型等。

一 问题提出

2020 年 1 月，教育部要求春季学期延期开学，并提出新冠肺炎疫情期间利用网络平台实现"停课不停教、停课不停学"的要求。"停课不停学"将学习场所由学校转为家庭，学习资源提供方式由线下转为线上，教学方式由面对面教学转为直播/点播等教育活动。因疫情重大突发事件而实施的"停课不停学"是所有人预期之外的教学实践，在没有留出充分的时间来进行提前的规划、论证、培训、组织和试点的情况下开启了国内甚至是人类历史上最大规模的线上教学实践。

本次"停课不停学"覆盖了幼儿园、中小学校、职业院校、高等院校各级各类教育阶段的全体学生，是一个关系数亿家庭的重大国计民生话题，必然会引发政府和网友们的高度关注。在信息时代，知名的综合门户网站以及微博、微信等各类自媒体是公众重要的信息来源和意见表达渠道。相比于结构化的问卷和访谈，自媒体的内容和关注度更加全面和直接地反映了公众对于某种现象的认知和反应，因此对"停课不停学"相关公众舆论的研究有助于我们了解本次在线学习的实施状况，探究公众对于超大规模在线学习的应用规律。

二　在线教育的感知和应用采纳研究

在线教育主要是指通过网络进行的学习与教学活动，它充分利用现代技术所提供的具有全新沟通机制与丰富资源的学习环境，实现一种全新的学习方式。[①] 与传统面对面教育相比，师生时空分离是在线教育最大的特征，为此在线教育中需要引入新的教学环境和模式来实现师生之间的互动交流，因而网络通信环境、电子学习终端、线上学习资源等组成了在线教育的必要元素。

研究表明师生对于学习环境和学习本身的感知越是全面和科学便越有可能采取有效的教学方法和学习策略，进而推动学习效果的提升。[②] 如果学生感觉到学习平台能提高自己的学习效率和效果，就会倾向应用平台并使其学习成绩提高。[③④] 研究发现可靠稳定的学习平台、简单便捷的操作界面、易获取的学习工具为在线学习效率和质量的提高奠定基础。[⑤] 除了网络平台和学习内容外，对于学习方式和活动的认知也会影响有效的学习的发生，在线学习中的阅读、反思总结、协作、互动交流等高参与度和体验性的学习活动会促进学生的知识建构和有效学习，提升学习者的学习绩效。[⑥⑦] 平等主动的师生交互在很大程度上促进网络学习的有效性，即使是非正规课堂上的师生互动，例如通过电子邮件等与教师交流，和教师一起参加以研究为导向的小型研讨会，和教师共同参与学生组织、文化活动或

---

① 何克抗：《e-Learning 的本质——信息技术与学科课程的整合》，《电化教育研究》2002 年第 1 期。
② 李葆萍：《智慧教室中影响教师创新教学方法选择的因素探究》，《教师教育研究》2015 年第 3 期。
③ 张睿：《SPOC 模式大学物理混合型教学的学习效果研究》，《大学物理》2016 年第 8 期。
④ 扈静静：《基于课程平台的网络学习绩效影响因素研究》，《黑河学刊》2012 年第 4 期。
⑤ 钟丽霞：《在线课程资源动态生成与应用的影响因素研究》，《现代教育技术》2019 年第 6 期。
⑥ 钟丽霞：《在线课程资源动态生成与应用的影响因素研究》，《现代教育技术》2019 年第 6 期。
⑦ 李小娟：《在线学习行为对混合学习绩效的影响研究》，《现代教育技术》2017 年第 2 期。

者校园管理等，也会有助于学生认知技能的发展，从而对学生的学习产生影响。①

　　线上教育成为一种新的教育形态并不断展示着它的优势和吸引力，如慕课（MOOC）借助网络向全世界开放优质课程，吸引了大量的学习者参与线上学习。不可否认的是，在线教育在扩展的同时也面临着学生辍学率高以及线上学习在传统学校教育环境下应用较少的现实，这些现象对在线教育的普及和智能时代教育转型提出挑战。创新扩散理论专门研究创新事物在一个社会系统中扩散的基本规律，具体到教育领域，创新技术扩散被定义为一种新技术在特定的时间内通过某种传播通道在教育系统中被大规模地模仿、学习与再创造，逐渐被系统内某些特定群体接受并持续采用的过程。② Fry 发现网络带宽及其可接入状态是影响在线教育的主要因素，在线教育基础设施和系统的建设水平会直接影响用户的体验与感知，进而影响用户对在线学习的持续性。③④ Jebeile 研究发现，在线学习平台的相对优势、相容性、可观察性、结果可展示性、可试验性等能够用来预测在线学习的采纳率。⑤ 创新技术在教育领域中扩散的目标在于推动基于技术的教学变革，即利用技术改变教学模式和教学方法，促进教学规模的扩大、教学水平和教育质量的提升。因此教育领域的创新技术扩散不仅包括纯粹的技术手段，还包括技术支持下的教学理念、教学模式、教学方法以及教学管理方式等教育系统元素。

　　基于上述研究结果，研究者认为"停课不停学"期间的公众舆论，最直观真实、全面地展现了公众对我国在线教育基础设施建设、个人学习设备、教师执教水平、教育管理部门的决策和组织能力的体验和感知，对于

---

① 徐丹：《不同类型生师互动及其对本科生学习效果的影响研究》，《重庆高教研究》2020年第 4 期。

② 赵磊：《MOOC 创新扩散的本质特征及分析框架研究》，《中国远程教育》2018 年第 3 期。

③ Kate，Fry，"E-learning Markets and Providers，Some Issues and Prospects"，*Education and Training* 43（4/5）（2001）：233-239.

④ 张 静：《基于 ISM 的在线教育平台学习者持续学习行为的影响因素研究》，《中国电化教育》2018 年第 10 期。

⑤ Jebeile，"The Diffusion of E-learning Innovations in an Australian Secondary College：Strategies and Tactics for Educational Leaders，" *Innovation Journal* 8（8）（2003）.

在线学习效果预测具有重要的价值。同时，创新技术扩散理论将创新采纳过程分为意识到、尝试、采用3个阶段，认为意识到创新技术的存在是创新决策过程的先决条件。① 疫情期间的在线学习不仅是全国各级各类学校全员参与，而且几乎是100%的线上学习。如果把"停课不停学"看作在线学习这种新型学习方式的创新扩散的过程，那么它是在极短的时间内完成了社会公众对新技术从意识到、尝试再到采用的整个过程。对于这个过程中的公众舆论研究一方面可以揭示在线学习这种新型学习形式在公众中的接受扩散规律，另一方面更加直接和准确地体现未来在线学习能够被公众接受的程度。因此研究公众对于在线教育环境、教学模式、教育管理等感知水平，对于了解当前在线教育状况，预测未来公众对于在线教育的接受度，进行在线教育的部署和规划等具有极高的研究意义和决策参考价值。

三　研究设计

（一）数据来源

本研究选取了清博大数据作为数据收集的渠道，清博大数据是一个提供舆情分析等服务的全面客观的第三方平台，为政府机构、新闻媒体和企业等提供大数据服务。研究以"停课不停学""线上学习/教学""网上学习/教学""居家学习""在线学习/教学"作为关键词，获取发文日期在2020年1月27日"停课不停学"政策发布至7月10日全国各地中小学放暑假期间的微信公众号文章。检索结果去除无关内容、软文广告，将重复文章的阅读量进行相加，最终以总阅读量超过1500次为筛选标准，经过数据清洗后最终得到微信公众号热文938篇，发文数量及时间分布如图1所示。

---

① 段哲哲：《创新扩散时间形态的S型曲线研究——要义、由来、成因与未来研究方向》，《科技进步与对策》2018年第8期。

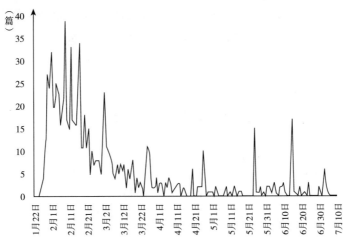

图 1　微信热文的发文数量及时间分布

（二）数据处理和分析

本研究旨在通过网络文本分析了解公众对在线学习各个要素的认知和关注热点，基于这样的研究意图，分别采用了以下几种数据分析方法。

1. 词频分析

研究使用当前最广泛应用的 python 类中文分词器 jieba 进行词频分析，完成公众对"停课不停学"现状感知研究。为进一步提高分析的准确度，在进行分词时引入哈尔滨工业大学停用词表和百度停用词表，去除一些如"的""了"之类的无效词；添加了如"停课不停学""居家学习""网络学习""在线学习""学习方式""学习指导""教学工作""教学安排"等自定义词汇，避免这些在线学习重要术语被切分而影响统计结果的客观性和科学性。

2. 主题分析

研究使用 LDA 主题模型完成主题分析。LDA 模型是由 Blei 等人于 2003 年提出的一种基于概率的主题挖掘模型。[①] 该模型可以很好地模拟文档的生成过

---

① Blei D. M., "Latent Dirichlet Allocation", *Journal of Machine Learning Research* 3（2003）：993-1022.

程，建立在概率层次下的主题识别能准确地表达词的语义层次关系，有助于更精确地把握主题识别过程，并对主题分析以及主题预测有很好的效果。[①]

四 公众对超大规模在线学习感知现状分析

（一）公众对在线学习总体感知的高频词分析

图 2 是微信热文词云图，其中词频最高的 30 个词分别是"学习（9317）""学生（7947）""孩子（7212）""教育（4544）""家长（4107）""课程（3893）""学校（3798）""教学（3240）""时间（2810）""开学（2769）""平台（2430）""老师（2381）""资源（2193）""防控（2100）""网络（2068）""教师（2018）""工作（1930）""指导（1834）""生活（1610）""提供（1497）""同学（1467）""居家学习（1419）""中小学（1409）""年级（1375）""小学（1363）""停课不停学（1345）""直播（1287）""线上学习（1284）""选择（1254）""建议（1177）"。词语内容除了和教育、教学相关外，还体现了本次在线学习的特色，如"居家学习"和发生的社会背景如"防控"等。

图 2 微信热文词云图

---

① 叶春蕾：《基于概率模型的主题识别方法实证研究》，《情报科学》2013 年第 2 期。

（二）在线学习相关的高频词分析结果

本研究考察了与在线学习各个要素特性相关的高频词汇以了解本次超大规模在线学习的状况，结果如下。

1. 在线学习参与者

本研究提取了与"停课不停学"相关的各个参与主体词汇，如表 1 所示。结果表明在线学习参与范围覆盖全国，渗透各个基层的地区和班级。学习对象涵盖了幼儿园到高校所有学段学生，中小学最受关注，职业教育提及最少、初三高三年级等毕业班是重点关注群体。学校和教师是提供教学的主体，其中名师、骨干教师、特级教师这类代表着高质量教学的群体受到特别关注。除学校和教师之外，家长、家庭、父母以及企业、媒体、培训机构等多次出现，表明疫情期间居家在线学习融合了校内外不同学习空间下各个利益主体的共同参与。

表 1 在线学习参与情况

项目	高频词及词频
参与范围	国家（797），师生（787），全国（664），全市（395），各校（351），各地（350），全省（343），家校（223），各年级（158），各市县（101）
学习对象	学生（7947），小学（1363），中小学生（727），高三（570），幼儿园（530），高校（311），中学（306），初三（252），小学生（244），青少年（204），大学（168），幼儿（128），中学生（93），毕业班（92），大学生（67）
教育主体	学校（3798），老师（2381），教师（2018），名师（495），班主任（285），校长（250），专家（227），任课老师（103），骨干教师（84），幼师（70），特级教师（60）
家长群体	家长（4107），家庭（787），父母（541），家人（172），妈妈（155）
社会群体	社会（577），企业（422），广电（300），媒体（271），电视台（205），培训机构（187），公司（173），电信（173），中国教育电视台（146），社区（101）

2. 在线学习管理

本研究提取有关在线学习管理的高频词，如表 2 所示。纵向从管理部门行政级别来看，实现了从中央、教育部到各省（区、市）以及地市等基层行政部门的全覆盖，横向从部门职能来看，以主管教育业务的教体部门为主，包括其他行政部门的相互协调。从管理方式来看，一方面"统筹""部署""整合""协调"等变频词说明教育管理部门对全国在线学习进行了整体的引导和规范；另一方面"因地制宜""一校一策"等词语体现了政策落实时的灵活性，"研判""预案""专项""督查"等词语体现了管理部门基于在线学习规律对"停课不停学"期间可能出现的问题进行提前部署和专项管理，并通过"领导小组"等工作机制保证政策的落实。管理内容包括延期开学、疫情防控、返校、复学、寒暑假、中高考等面向各级各类学校的工作安排。管理重点包括针对留守儿童、特殊群体、偏远地区、贫困家庭的精准帮扶。由此可见本次超大规模在线学习具体实施中的复杂性，通过国家和各级教育行政部门统筹主导、部门联动等科学的教育治理保证了全体人民群众接受教育的权益，体现了我国制度的优越性。

表 2　在线学习管理情况

单位：次

项目	高频词及词频
管理部门	党中央（76），国务院（72），教育部（871），教育厅（623），教育局（816），教育部门（263），教体局（160），行政部门（155），市教委（148），政府（105），体育局（87）
管理方式	统筹（327），部署（288），整合（186），协调（174），领导小组（99），研判（61），预案（60），专项（58），因地制宜（57），一校一策（48），督查（43）
管理内容	时间（2810），疫情防控（1361），延期（925），高考（562），返校（508），寒假（462），中考（225），复学（170），错峰（129），衔接（108），暑假（67）
管理重点	高三（570），初三（252），农村（173），毕业年级（173），考生（164），低年级（162），留守（99），毕业班（92），偏远（62），特殊群体（54），贫困地区（53），贫困家庭（40）

3. 在线学习环境

本研究提取有关在线学习环境的高频词，如表3所示。"网络""广电""电信""联通""流量""宽带"等反映了我国信息化基础设施建设和业界的产品相互协同为"停课不停学"的顺利开展提供了技术环境和产品支持。"手机""电视""电脑""平板"等反映了学生使用的学习终端设备等信息。"微信""QQ""微信群""QQ 群""IPTV""中国教育电视台""钉钉""学而思""猿辅导""数字学校""腾讯""百度""空中课堂""电视台""赣教云"等反映了主要的学习平台和工具信息。本次在线学习除了传统的广电网络和电视媒体外，从用户终端和平台来看，基于互联网的教育产品成为主要形式，移动学习的特征非常显著。

表 3 在线学习环境情况

单位：次

项目	高频词及词频
基础设施	网络（2068），广电（300），互联网（320），信号（201），电信（184），联通（180），流量（123），AI/人工智能（109），宽带（92），中国电信（72），中国移动（55）
学习设备	手机（893），电视（724），电脑（607），电子产品（487），机顶盒（231），有线电视（213），平板（192），遥控器（151），终端（94）
学习平台	微信（756），空中课堂（431），电视台（205），QQ 群（161），IPTV（160），中国教育电视台（146），QQ（136），赣教云（127），微信群（123），钉钉（106），学而思（91），猿辅导（67），数字学校（58），腾讯（52），百度（51），作业帮（42）

4. 在线学习内容和资源

本研究提取有关在线学习内容和资源的高频词，如表 4 所示。从这些高频词可以看到居家在线学习期间"知识点""教材"等有关学科教育资源依然占据主要地位，科目涉及数学、英语、语文、物理、历史等各科。同时，有关疫情防控的知识、心理健康教育、生命安全教育、素养教育、传统文化教育、编程教育等内容也是在线学习的重要内容，但与智育教育相比，这些主题的内容数量明显较少。从媒体形式来看，这些学习内容和资源除视频、电子文档、图片呈现形式外，还出现了"公众号"等呈现形式，与之匹配地出现了"二维码""微信扫一扫"等访问方式，资源多以免费、开放的形式提供，体现了互联网经济模式在教育领域中的探索和尝试。

表 4　在线学习内容和资源情况

单位：次

项目		高频词及词频
资源内容	学科教育资源	教材（1153），教学资源（311），资料（262），知识点（246），人教版（234）
	素养提升资源	防疫（434），游戏（420），心理健康（249），文化（149），艺术（127），素养（120），生命安全（117），公益（114），榜样（114），编程（90）
学习科目		学科（813），数学（670），英语（646），语文（457），物理（228），历史（195），课文（183），各学科（175），音乐（172），外语（148）
内容呈现形式		视频（1008），电子版（291），课本（230），微课（229），屏幕（189），图片（219），电子课本（144），音频（72），纸质（65），电子教材（60）
资源访问方式		二维码（434），账号（302），链接（210），网址（205），扫描（175），微信扫一扫（102）
提供方式		免费（1140），开放（412），公开课（65），付费/收费（62），捐赠（43），赠送（40）

5. 在线学习活动

　　本研究提取有关在线学习活动的高频词，如表 5 所示。可以看到与学习时间相关的词汇涵盖了每周和一天中的每个时间段，呈现出 7×24 的时间分布模式；与学习地点相关的词汇主要是"在家""室内""房间"等，体现了本次居家学习的空间特征。学习方式以直播、网课、点播、录播等为主，明显地体现了随时随地学习的特点。在线学习活动大致可分为三类：第一类是以"观看""收看""听课"等活动为主的接受式学习，这种方式和传统的线下课堂最为类似。第二类是以"搜索""反馈""自学""探究"等为代表的探究式学习。学生不仅仅需要接收到知识和信息，还需要更加主动地思考和质疑以及相关的反馈和指导。第三类是以"交流""参与""分享"等活动为代表的协作式学习。学习评价方面除了提交作业等传统的评价方式和手段外，还重视学习过程的督导和监控，体现在"提醒""督促""打卡"等活动中，说明师生都意识到在线学习师生时空分

· 133 ·

离的状态，并试图调适自己，于是出现了传统与在线学习活动相交融的状态。一方面教师通过直播这种方式在线上环境中最大限度地保留了传统授课的习惯，另一方面则充分应用了网络环境的优势，在学习评价时加强了对学生的过程性监督。

表 5　在线学习活动情况

单位：次

项目		高频词及词频
学习时间		下午（246），课后（222），上午（198），每日（193），晚上（156），周一（109），周末（82）
学习地点		在家（1084），家里（318），家中（141），宅家（127），室内（110），房间（82），书桌（57），待在家里（54）
学习方式		直播（1287），网课（386），点播（281），录播（147）
在线学习活动	接受式学习	点击（1027），观看（714），收看（537），下载（455），答疑（427），听课（179），回放（148），回看（138）
	探究式学习	自主（834），预习（282），反馈（266），搜索（240），实验（200），自学（149），探究（118）
	协作式学习	交流（421），互动（385），参与（344），分享（313）
学习评价	结果评价	作业（1077），考试（271），成绩（212）
	过程评价	提醒（353），督促（276），监督（233），打卡（201），上传（186）

6. 居家在线学习

本研究提取有关居家在线学习实施情况高频词，如表 6 所示。从"视力""眼睛""近视""锻炼""作息时间""焦虑""心理健康""紧张""压力"等词反映出对在线学习方式对学生身心健康可能产生的各种影响的高度重视；"自律""质量""效果""效率""注意力""学习效果"等词反映出对学生居家学习的自我管理能力的重视；"亲子""陪伴""榜样""相处""以身作则""唠叨"等词表达了家长和学生相处的状态和模式，居家在线学习产生了家长直接了解孩子学习的更多机会，除了学科学习话题外，亲子关系、劳动教育等全面成长话题受到关注，反映了家校以及线上线下育人空间相互融合趋势的初步显现，同时也说明校内外教育融合对落实国家"五育并举"目标的重要性。

表 6　居家在线学习情况

单位：次

项目	高频词及词频
身体健康	视力（392），防护（373），规律（356），眼睛（302），近视（287），作息（282），锻炼（260），身心健康（167），作息时间（155），身体健康（143），生命安全（117），睡眠（92）
心理健康	焦虑（294），心理健康（249），负担（245），放松（226），身心健康（167），紧张（164），压力（126），恐慌（91），沉迷（63），无聊（51）
自我管理	电子产品（487），自主（834），效果（247），质量（246），自律（244），效率（218），注意力（189），学习效果（186），沉迷（63）
亲子关系	亲子（343），家庭教育（186），陪伴（180），关爱（175），尊重（139），榜样（114），亲子关系（82），相处（60），亲子时光（59），以身作则（56），唠叨（34）
个人成长	成长（391），责任（288），劳动（163），收获（157），家务（116），家务劳动（95），担当（91）

五　公众对超大规模在线学习关注主题及时间分布状态分析

使用 python3 导入 LDA 包对微信公众号热文进行分析。通过研究团队讨论和专家咨询聚类出七大主题，分别是："在线学习环境与技能"，主要包括在线学习平台、网络、设备以及访问学习资源的途径和方式等；"在线学习课程与资源"，主要包括各类学科资源等；"在线学习活动与实施"，主要包括在线学习活动形式以及线上线下融合的学习组织安排等；"居家学习指导与支持"，主要包括居家学习策略、心理调控、学习习惯等方面的策略和建议等；"在线学习管理与调控"，主要包括各级教育管理部门针对居家在线学习相关政策安排和相应的教育管理等；"数字健康与疫情防护"，主要包括数字产品的合理应用以避免对身心带来的负面影响，以及疫情防控等；"返校复课与教学保障"，主要包括逐步恢复学校相关教学与管理工作安排等。每个主题的高频词及词频如表 7 所示。

表7　主题名称及高频词

单位：次

主题名称	高频词及词频
在线学习环境与技能	学习（9317），课程（3893），教学（3240），平台（2430），资源（2193），网络（2068），教师（2018），提供（1497），内容（1376），停课不停学（1345），直播（1287），选择（1254），活动（1227），教材（1153），免费（1140），课堂（1107），点击（1027），服务（866），微信（756），电视（724），观看（714），公众号（684），频道（632），登录（581），收看（537），下载（455）
在线学习课程与资源	课程（3893），老师（2381），生活（1610），内容（1376），阅读（1241），免费（1140），教材（1153），知识（1032），视频（1008），科学（849），方法（691），数学（670），复习（648），英语（646），语文（457），电子版（291），预习（282），专题（276），人教版（234），课本（230），微课（229），物理（228），下册（217），笔记（186），课文（183）
在线学习活动与实施	孩子（7212），家长（4107），课程（3893），时间（2810），老师（2381），停课不停学（1345），直播（1287），阅读（1241），活动（1227），免费（1140），课堂（1107），作业（1077），手机（893），上课（733），全国（664），辅导（663），英语（646），电脑（607），上网（573），高考（562），寒假（462），二维码（434），网课（386），线下（341），成绩（212）
居家学习指导与支持	孩子（7212），教育（4544），家长（4107），时间（2810），老师（2381），网络（2068），生活（1610），同学（1467），居家学习（1419），关注（1210），建议（1177），手机（893），健康（860），能力（781），方法（691），情绪（564），引导（543），父母（541），心理（503），培养（502），习惯（441），成长（391），生命（349），亲子（343），兴趣（286）
在线学习管理与调控	学习（9317），学生（7947），教育（4544），家长（4107），课程（3893），学校（3798），教学（3240），时间（2810），开学（2769），平台（2430），资源（2193），网络（2068），教师（2018），指导（1834），居家学习（1419），停课不停学（1345），线上学习（1284），安排（1222），组织（1129），通知（916），教育部（871），教育局（816），国家（797），网上学习（680），确保（677），辅导（663），教育厅（623）
数字健康与疫情防护	学习（9317），学生（7947），孩子（7212），家长（4107），时间（2810），建议（1177），健康（860），居家（707），小时（529），保证（523），电子产品（487），儿童（444），视力（392），运动（360），规律（356），眼睛（302），近视（287），休息（282），接触（264），预防（256），检查（251），放松（226），青少年（204），屏幕（189），距离（180）
返校复课与教学保障	学生（7947），学校（3798），时间（2810），开学（2769），防控（2100），小学（1363），安排（1222），健康（860），教育局（816），管理（739），发布（714），确保（677），高三（570），高考（562），幼儿园（530），返校（508），措施（387），地区（350），高校（311），隔离（280），考试（271），复课（238），消毒（220），佩戴（194）

　　参考本次"停课不停学"实际实施的时间安排，将其分为在线学习心

理准备阶段（1月下旬至2月上旬）、在线学习的初步尝试阶段（2月中旬至2月下旬）、在线学习应用与适应阶段（3月上旬至4月下旬）和学校教学回归阶段（5月至学期末）。本研究分析了每一个阶段公众对不同主题的关注度，如图3所示。在心理准备阶段，有关在线学习环境与技能、在线学习课程与资源获得较高的关注度，而后在线学习环境与技能的关注度经历了快速的下降。在初步尝试阶段，在线学习活动与实施和居家学习指导与支持话题关注度上升，这种上升趋势延续到5月初。在应用与适应阶段，有关数字健康与疫情防护和返校复课与教学保障的话题获得了较多的关注。到了最后学校教学回归阶段，返校复课与教学保障成为主要的话题，从该阶段有关在线学习活动与实施和在线学习环境与技能话题关注热度来看，尽管逐渐恢复了常规学校教学，师生还是保持和延续了一定的在线学习习惯，说明新冠肺炎疫情对学校进行线上线下融合教学尝试的推动以及师生对于在线教育的接纳程度。所有的7个主题中，在线学习管理与调控基本贯穿整个"停课不停学"阶段，特别是早期各阶段转化中关注度尤其高，说明了政策调控对于在线教育应用的显著影响。

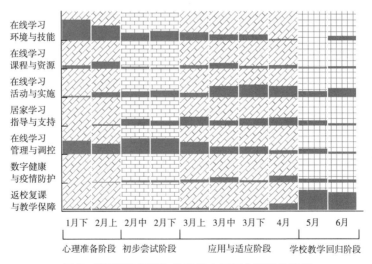

图3 "停课不停学"各阶段中不同主题的关注度

创新扩散理论认为单位时间对于创新事物采用数量变化呈现钟形曲线，即伴随着时间的延伸，创新事物被更多的人接受和使用，最终达到饱和状态，新增使用人数趋近于 0，与此同时意味着该事物进入成熟和衰退期。借用钟形曲线理论，笔者认为对该话题的热度和接纳度成反比。图 3 显示公众对在线学习的认识、使用和接受是分阶段完成的，而且针对在线学习中不同要素公众需要的接受周期和程度并不相同，总体而言经历了从对基础设施、技术平台、学习内容等可见性因素的关注到对学习活动、自我管理调适等体验性因素关注的周期。

回顾在"停课不停学"实施初期，对于在线学习这种形式的陌生，加之网络卡顿，对平台不熟悉、不适应等原因曾引发有关在线学习的广泛焦虑和讨论，随着互联网头部企业的进入和技术优化上述问题得以解决，同时师生对各类在线教育产品使用熟悉以后，关于基础设施、平台、学习资源等话题热度逐渐下降，学习方式、学习活动等相关话题取代其受到关注。同样伴随着师生形成了较为稳定的教学模式，关于正确使用网络提升学习效率、减少过度使用电子产品导致的身心负面影响的话题获得更多的关注。而返校复课后，延续线上教学的经验，进而开展线上线下融合的学校课堂教学模式创新，导致对于线上学习环境、资源和学习活动新需求的产生和关注。

Berry 等将创新采用可能性表示为 f（动机、资源/障碍、其他政策、外部因素）这样一个函数公式，意味着创新技术最终能否被社会采纳会受到内外多种因素的影响[1]。"停课不停学"期间在线学习能快速地在全国范围内被接受应用，受到如下几类因素的影响。首先，对于疫情期间学生学业的担忧和期待构成了强烈的技术接受的动机，"高三"出现在高频词中便是该因素的一个显著的证据。其次，国家和企业对于网络带宽、服务器、网络平台、学习资源等的投入和支持，家庭对于学习设备的投入，教师为开设网课接受的培训和尝试等构成了在线学习的资源支持；国家和地方教育部门的政策调控和指导，外部疫情的发展分别构成影响在线学习的政策和外部因素。这些都为疫情后进一步发展线上教育、推进教育模式转型和

---

[1] Berry, F. S., "Innovation and Diffusion Models in Policy Research," in P. A. Sabatier & C. M. Weible eds, *Theories of the Policy Process* (Boulder, Westview Press: 2014), pp. 307 - 360.

创新提供了重要的决策参考。

六 未来在线教育建设的启示

公众对在线教育各因素的感知结果表明我国在线教育具备了良好的基础环境支持，基本满足开展大规模线上学习的需求，社会公众对于线上学习有了比较完整的认识和体验，这些为疫情后教育教学的转型提供了巨大的空间。但与此同时，这次大规模的线上教学的实践也暴露出我国在线学习中存在的问题，需要引导教学文化和观念的转变，消减不适应在线教育发展的教育管理制度，提前规划教育管理制度，保证公众接受在线教育权益，扩展推动在线教育发展的外部资源等，共同保障在线学习质量，提高未来公众对在线教育的接受度和用户黏性。

（一）推动多空间融合下的教育转型，探索智能时代的育人规律和实践方法

"停课不停学"是自学校教育制度建立和普及以来首次发生在家庭场所中的、家长深度介入的全线上的学习活动。新型的教育实践活动需要突破现有的以学校为中心构建的教育理论框架，重新审视教学、课程、学习等基本教育概念的内涵和外延，并以此来指导未来多空间融合的教学实践。从现实情况来看，本次在线学习存在着对传统教育强烈的路径依赖，具体表现在：学习内容方面，基础教育阶段的各学科教学资源占据了绝对数量且科目之间分布不均衡，数学等大学科占比较高，而音体美等学科占比较低；学习方式上，以收看、观看、阅读、回看等信息接收式以及辅导、答疑类的师生授受式学习方式为主，而体现在线教学的社会性、协作性、探究性学习活动较少；学习评价方式上引入了如监督、提醒、打卡等过程性学习评价方式，但这类评价目的主要是指向学生的行为管理而非学习效果的管理；从学段和学校类型来看，基础教育最受关注，职业教育、特殊教育等鲜少提及。这些问题对于构建终身教育体系、实现人的全面发展、推动多空间融合下的教育转型提出了巨大的挑战，亟须通过创新教育

理论来指导和规划在线教育。

首先，突破以学科知识掌握和人才选拔为目标的评价体系。中央全面深化改革委员会在《深化新时代教育评价改革总体方案》中首次提出"改进结果评价、强化过程评价、探索增值评价、健全综合评价"的观点，为深化教育评价改革指明了方向。线上学习更应当发挥技术优势，赋能学生综合素质的发展和自我提升，以此为导向构建起线上线下融合、家校协同的全方位育人体系。在教育资源方面，加强小学科资源，跨学科资源，心理教育、社会教育以及家庭教育资源的建设，形成德智体美劳全面发展的育人资源体系。在教学活动方面，根据线上教学的特点确定教学目标并合理安排教学计划，将翻转教学、混合教学、双师教学等模式引入学校课堂，形成课堂学习的延伸与补充。在学习环境方面，利用信息技术创建教师、学习同伴、家长和其他专业人士等多角色参与的虚拟社会学习网络，提升学习的社会性和真实性。重视学习数据的重要性，打通学校、线上、家庭学习数据的联系和流转渠道，基于数据全方位、全过程地精准刻画学生成长历程，动态调整个性化的教学计划与目标。

其次，通过校长、管理人员、骨干教师、家长的分级分类培训，提升教师和家长信息素养以保障新型学习空间下的教育实效。校长和管理人员理解线上线下融合空间的教育管理特征，增加教学管理中的灵活性和适应性；掌握基本的图表解读知识，能够基于教育数据理解、解释教育现实并做出教育决策。教师具备基于在线学习平台进行教学组织的能力，具备混合式学习环境中开展教学管理的能力，基于数据开展个性化、自主性教学的能力以及基于社会网络的协同化教学的能力。学校通过举办家长课堂或通过公众号等方式面向家长开展家庭教育，帮助家长理解育人目标、人才标准的转型，理解信息化环境下学生学习方式的转变，帮助家长给予学生信息化学习更多的接纳和支持；提供家长居家开展劳动教育、道德教育、健康教育的资源支持、策略支持。

最后，针对学生开展价值观、成才观和自主学习方面的指导。和教师、家长一样，学生也面临着对于新型学习方式的适应。疫情期间对于学生自主学习能力、电子设备使用的自我管控能力以及弹性化学习方式下的自我时间管理能力的担忧一直存在，甚至成为居家在线学习后期的主要关注点，因此指导学生了解自主学习、合作学习活动中必要的步骤、要求和学习准备至关重要；教会学生综合在学校、家庭和网络等各个学习空间方面的学习历程表现，全面衡量自己在学科知识、思想道德、身体健康、意志品质等各方面的进步和成长。

（二） 创新"互联网+教育"的教育管理制度，加强教育政策支持

考察和反思公众对线上学习关注热点和主题发展规律，不难发现公众对"停课不停学"早期感知和态度，即主要将其作为危机情境下学校教学的应急替代手段，但随着应用的推进，"互联网+"思维推动教学应用和管理模式创新的要素逐渐显现。比如，疫情中通过智能终端注册账号，获取免费、开放的网络资源就是常见的互联网的获客手段和服务模式；疫情期间名师课堂、双师模式打破了学校教师编制的束缚，这些现象对基于线下的教育管理制度提出了挑战，要推动在线教育真正地被公众接受，就需要提供与之匹配的管理制度支持。此外，如利用手机等终端居家线上学习后，是否允许学生继续携带手机进校并在课堂中使用？线上学习注册的个人信息和学习数据的使用权限和隐私保护等都是以往管理中缺失的，却是在后疫情时期非常迫切和重要的新问题，亟须管理制度的调整和创新。

首先，打破各类优质教育人力资源线上流动的制度壁垒。研究借助互联网整合全社会教师资源共同服务于学习者的教师管理制度，实现教师岗位不动、人事不动，但服务迁移、身份流转的跨区域教师线上资源流转机制，合理认定教师通过"教师走网"等形式开展教学服务的工作量和待遇等。[①]

其次，打破学校的围墙，制定相应制度保证社会教育机构资源和服务有序进入学生学习服务之中，各学校建设筹备自己的网络学习空间并制定网络开放政策。[②] 建立完善鼓励并规范学生自带设备进入校园的管理制度，

---

① 李奕：《基于"移动互联"的基本公共教育服务研究》，《中小学管理》2015 年第 1 期。
② 余胜泉：《"互联网+教育"的变革路径》，《中国电化教育》2016 年第 10 期。

对于设备的型号做出基本要求，研究有关软件安装、升级维护、使用方式、数据管理等使用指南，利用学生资本协助学校建设线上线下混合、虚实融合、校内校外综合的信息化育人环境。通过精准扶贫的方式为经济贫困的家庭和学生提供学习终端设备，切实有效地保障所有学生能够有机会参与到教育模式转型中来。

再次，推进部门间教育业务协同，推动基于教育数据的流程再造与教学管理。从全系统的视角进行统筹优化，突破传统科层制下条块分割的教育业务处理模式，促进不同层级、不同区域、不同学校的协同治理模式的构建。比如发挥教育大数据支持教育科学决策的作用，打破区域内不同部门、不同层级之间的数据孤岛，保障数据在各教育主体、技术平台、教育场景间的不断流转。[①] 建立学校综合管理档案制度，进行教育质量的动态监测与分析，持续改进区域和学校教育质量，为学校管理者进行资源配置与优化决策提供数据参考。

最后，关注公众切身利益相关的话题，针对教育信息化对学生发展和教育管理可能带来的不利影响开展研究，提前进行制度上的安排，规避信息化应用带来的负面问题，激发使用线上学习的动机。比如关注数字健康问题，通过管理制度引导社会、学校、家长做好应对，避免长时间使用电子设备对学生带来视力、颈椎等身体健康的损害，以及网络欺诈、霸凌甚至网络犯罪等问题对学生带来精神损害。制定教育领域数据安全与隐私保护的政策，提高师生数据安全保护的意识。可借鉴欧盟、美国等教育数据保护的政策经验，建立教育数据安全隐私保护的机制，构建应用教育数据的制度伦理规范，引导企业加强平台技术安全及遵循相关制度，帮助教育领域形成数据安全与隐私保护的市场氛围；建立安全保护联盟，研究发布个人数据和隐私保护指南，并加强相关主题培训。[②]

---

① 郑勤华：《"互联网+教育"治理转型：实践路径与未来发展》，《电化教育研究》2020 年第 5 期。

② 黄荣怀：《为在线学习"结"个智能保护网》，《中国教育报》2020 年 6 月 27 日，第 3 版。

（三） 建立协同开放机制，实现全社会共同参与在线教育的发展态势

从使用的学习平台和产品来看，从供给数量看，QQ 群，微信群、猿辅导、学而思等商业化产品多次出现，从侧面说明政府主导研发的教育产品供给不足，对超大规模在线学习支持有限。在对本次在线学习环境以及在线学习内容和资源分析发现，互联网产业的运作模式初现端倪。2020 年7 月 14 日，国家发改委等 13 个部门发布的《关于支持新业态新模式健康发展　激活消费市场带动扩大就业的意见》提出"允许购买并适当使用符合条件的社会化、市场化优秀在线课程资源，探索纳入部分教育阶段的日常教学体系，并在部分学校先行先试"。可见教育信息化建设和投资向社会资本开放将成为未来教育的发展趋势，教育管理部门应建立起与教育产业的协同机制，发挥产业优势提供教育产品和服务以扩大教育供给的渠道；教育管理部门做好教育产品的准入和质量监管工作，共同保证优质充足的教育资源和服务供给。

一方面打破政府和学校教育产品自产自销的"封闭围墙"，构建多元供给主体协同合作的格局。推动教育公共服务供给形态逐渐从传统的以政府和学校为主体的封闭供给体系转变为可以在不同主体之间、组织之间、层级之间、领域之间社会化协同的新型供给体系。[①] 另一方面，完善规范教育市场参与机制，引导和监管教育服务市场模式的运作。明确进入教育服务市场主体及其服务的法律许可范围与服务分类，确立研发服务与授课教师的资质规定，确保进入市场的教育服务主体具备进行在线教育的资质与能力；加强政府对开发的内容、平台的监管与审核，对产品与服务执行准入机制与负面清单，引入社会性、第三方的服务质量评估机制；构建教育服务需求方与供给方需求—反馈机制良性互动的产业生态，不断更新迭代在线教育服务产品，确保教育平台与工具的质量与水平；设立并引导公益性开放型的教育平台和频道加入市场，促进在线教育服务正面竞争，规范教育市场发展的方向。

---

① 李奕：《基于"移动互联"的基本公共教育服务研究》，《中小学管理》2015 年第 1 期。

Public Perception and Acceptance of Online Education: Based on Online Text Analysis During School Suspension

Li Baoping, Sun Xiaoyuan, Xu Tingting, Yang Bo

Abstract: The study conducted a network text analysis of 938 popular wechat articles related to "suspension of classes" from January 27 to July 10 to understand the implementation status and public acceptance of large-scale online learning in China from the perspective of the public's actual perception. The results showed that China's education information construction and Internet industry provide a good learning environment and resource support for this large-scale online learning. Learning activities and organizational management modes initially reflect the characteristics of comprehensive education in the integration of school, family and network learning space and the characteristics of the transformation of learning modes under the Internet. The whole process of "school suspension without suspension" is managed by the state and local governments at all levels as a whole, who has carried out precise regulation on key sections and key student groups, providing policy guarantee for the orderly development of super-large-scale online learning, reflecting the advantages of China's education system. The study also found that, after the initial emergency response mode, the public's attention to online education has turned to substantive topics such as the transformation of learning mode, the support of education system and the possible negative impact of technology application, which means that the super-large-scale online learning practice has pushed the transformation of China's education model into the deep water zone. The results suggested that we fully absorb the idea of "Internet +" in the future and explore the regularity of cultivating and practical methods in the era of intelligence. In addition to this, we should break the existing fragmented management system, promote the circulation of high-quality education resources, and strengthen the support for "Internet +" education industry and improve the quality supervision mechanism of education industry, so as to accelerate the acceptance process of online education. The above recommendations will promote the transformation of education ecology under the multi-space integration in China.

Keywords: School Suspension; Online Education; Network Text Analysis; Innovative Technology Diffusion

从机会公平到结果公平：以政策视角分析我国农村教育信息化建设路径

许婷婷　李葆萍

【摘　　要】本研究基于农村教育信息化政策，对信息技术在提升农村教育质量以实现城乡间教育公平中的作用机制进行了分析。研究结果表明，除了采用与其他国家类似的方式外，如通过投资教育信息化基础实施和资源建设措施，实现城乡间静态的、补偿性的教育起点公平，我国教育信息化政策还将信息技术作为变革农村传统的课堂教学结构的手段，实现不同区域在学校内部层面动态的、内生性的教育过程公平，从而可持续地推动农村教育高质量发展。研究认为，我国在农村教育信息化方面的建设经验可以为其他国家提供借鉴与启示。

【关 键 词】信息技术；农村教育；教育机会公平；教育信息化政策；教育过程公平

【作者简介】许婷婷，硕士，北京师范大学未来教育高精尖创新中心教育规划项目研究主管，研究方向为教育管理；李葆萍，博士，北京师范大学教育学部副教授，硕士生导师，北京师范大学未来教育高精尖创新中心未来学校首席科学家，研究方向为智慧学习环境设计与评估、未来学校、技术创新教学设计和学习效果、教育信息化政策、教师发展等。

一　世界各国农村教育问题概览

当前，世界大部分国家和地区普遍存在城乡间社会、经济、文化发展不平衡现象，农村地区教育发展水平普遍落后于城市地区。[①] 在法国，不同地区普通高中会考通过率相差近 10 个百分点，海外省通过率更低[②]；在 2007 年发布的《澳大利亚未来的学校》调查报告中发现，与城市学生相比，落后地区学生完成 12 年学校教育比例要低 7 个百分点，某些偏远地区这一差距可达 17 个百分点[③]；美国公立学校中平均有 46.2% 的学生升入四年制大学接受高等教育，其中城镇公立学校学生升入四年制大学的平均比例是 42.2%，乡镇的平均比例为 35.3%。[④]

随着信息技术在教育领域的应用逐渐深入，通过向农村地区投入建设经费来扶持农村教育信息化建设以缩小城乡区域间学校教学条件差距成为最常见的政策工具。自 20 世纪 90 年代，欧美就开始着力研究和推进农村的教育信息化建设，包括建设信息化教育环境、开发远程在线教育资源、教师培训等。例如：美国联邦政府发起教育折扣项目（Education Rate，E-rate）使符合条件的中小学和图书馆在获得信息化建设服务时只需支付相应的折扣价格，改变了贫困地区学校的信息化状况；澳大利亚实施学校在线课程计划（SOCCI）大规模开发全国在线课程资源，支持跨学校系统共享资源的机制，为偏远地区小规模学校获取与城市学校同等的教育资源提供便利；加拿大实施"无线宽带工程"，采用无线宽带网络的形式来为乡村和偏远地区以同样的价格提供同样质量的宽带服务。

从当前世界上主要国家的教育信息化政策发现，国家重点扶持农村教

---

① 解月光：《欧美农村（偏远乡村）教育信息化推进策略及其启示》，《外国教育研究》2007 年第 12 期。
② 卢丽珠：《法国"教育优先区"政策改革新探索》，《比较教育研究》2019 年第 9 期。
③ 段晓明：《基于未来的变革图景——澳大利亚〈墨尔本宣言〉的解读》，《外国中小学教育》2011 年第 3 期。
④ National Center For Education Statistics，2016. "Schools and Staffing Survey（SASS）." Accessed February 01. http：//nces. ed. gov/surveys/sass/tables/sass1112_2013312_s12n_004. asp.

育建设的计划、专项资金、工程、项目确实可以改善农村学校的教学环境与资源供给，但对农村本身的办学质量改变甚微。比如法国的"教育优先区计划"实施 20 余年后改善了区域内学校的教育条件和设施水平，但教育优先区学生的学习成绩与非教育优先区学生仍有相当的差距。[①] 那么信息技术究竟如何在农村教育体系中发挥作用？制定相关政策时应当做何种考量？这些问题将为未来农村教育信息化的决策提供重要依据。

二 我国农村教育信息化建设的政策历程

（一）我国农村教育取得的成就

在教育领域，贫困主要表现为教育资源分配不均所带来的某些区域或人群教育缺失，进而束缚该地区及其人口心智发展[②]，导致偏远农村贫困地区与发达的城市地区之间存在明显的差距。为此，我国颁布一系列政策对城乡教育存在的差距进行纠偏与补偿，其中信息技术作为促进城乡教育公平发展的重要手段，早在 2003 年全国农村教育工作会议上，原国务委员陈至立就指出要"用教育信息化促进农村教育的跨越式发展"。此后，我国计划并实施了一系列重大教育信息化建设工程项目，提升农村地区的教育质量以缩小城乡教育差距。从总体上看，我国义务教育的均衡发展取得了显著的成效，2019 年《全国义务教育均衡发展督导评估工作报告》显示，截至 2019 年 12 月底，全国累计 2767 个县通过国家义务教育基本均衡的认定，占比达 95.32%，表明我国义务教育阶段"有学上"的问题基本解决，"上好学"的优质均衡发展将是未来义务教育工作的重点。尤其是贫困县的义务教育也得到保障，到 2020 年底，贫困县九年义务教育巩固率达到 94.8%[③]，与全国的平均水平（95.2%）相差仅 0.4 个百分点。我国

---

① 王晓辉：《教育优先区："给匮者更多"——法国探求教育平等的不平之路》，《全球教育展望》2005 年第 1 期。
② 袁利平：《教育扶贫：中国方案及世界意义》，《教育研究》2020 年第 7 期。
③ 国务院新闻办公室 8 月 12 日发表《全面建成小康社会：中国人权事业发展的光辉篇章》白皮书，https://www.163.com/dy/article/GH6PTQMU05268MTU.html。

义务教育均衡发展所取得的成就，离不开我国在农村教育信息化方面的建设。

（二）我国农村教育信息化建设政策文本分析

教育政策的本质是教育管理机构对教育资源进行权威性控制、分配，代表国家对教育发展的主要方向及工作重点。为了归纳我国农村教育信息化建设的经验做法，本文将我国政府已出台的农村教育信息化建设政策文本作为研究对象，以了解宏观管理层面我国农村教育信息化建设的重点。本文使用 1997 年至今国务院、教育部等颁布的政策文件，对其重要表述进行分析，以总结归纳我国农村教育信息化建设的行动逻辑以及发展路径（见表 1）。

表 1　我国农村教育信息化建设政策文件及实施项目

时间段	政策重点	政策文件	实施项目
1997~2009 年	建设现代远程教育网络，用信息化手段改善贫困地区办学条件	《中共中央、国务院关于深化教育改革全面推进素质教育的决定》（1997）、国务院转批教育部《面向21世纪教育振兴行动计划》（1998）、《全国教育事业第十个五年计划》（2001）、《国务院关于进一步加强农村教育工作的决定》（2003）、《教育部关于实施全国教师教育网络联盟计划的指导意见》（2003）、国务院转批《2003-2007年教育振兴行动计划》（2004）、《全国教育事业发展"十一五"规划纲要》（2007）	现代远程教育网络工程（1997）、校校通（2000）、农村中小学现代远程教育工程（2003）
2010~2015 年	重点加强农村学校信息化基础设施建设，扩大优质教育资源覆盖面，缩小城乡数字化差距	《国家中长期教育改革和发展规划纲要（2010-2020年）》（2010）、《教育信息化十年发展规划（2011-2020年）》（2012）、国务院转发教育部《关于实施教育扶贫工程意见》（2013）、《构建利用信息化手段扩大优质教育资源覆盖面有效机制的实施方案》（2014）、国务院办公厅《乡村教师支持计划（2015-2020年）》（2015）	农村义务教育薄弱学校改造计划（2010）、教学点数字教育资源全覆盖项目（2012）、三通两平台（2012）、全国中小学教师信息技术应用能力提升工程（2013）、"一师一优课、一课一名师"（2014）、三个课堂（2014）

时间段	政策重点	政策文件	实施项目
2016 年至今	缩小城乡教师应用信息技术能力差距，提高农村学校的办学水平	《教育信息化"十三五"规划》（2016）、《教育脱贫攻坚"十三五"规划》（2016）、《国家教育事业发展"十三五"规划》（2017）、《教育信息化 2.0 行动计划》（2018）、《关于全面加强乡村小规模学校和乡镇寄宿制学校建设的指导意见》（2018）、《关于加强"三个课堂"应用的指导意见》（2020）、《大力加强中小学线上教育教学资源建设与应用的意见》（2021）	全国中小学教师信息技术应用能力提升工程 2.0（2019）

1. 农村教育信息化建设的行动逻辑

推动农村教育信息化建设是我国推进教育均衡发展的重要抓手，如 2005 年《关于进一步推进义务教育均衡发展的若干意见》明确表示"各地要把大力发展现代远程教育作为推进义务教育均衡发展的重要措施来抓"，2018 年《教育信息化 2.0 行动计划》也提出"大力支持以'三区三州'为重点的深度贫困地区教育信息化发展，促进教育公平和均衡发展"。利用信息技术提升农村的教育质量是我国农村教育信息化建设的行动逻辑。

第一，我国将促进教育均衡发展作为农村教育信息化建设工作的指导方向。在 2003 年全国基础教育工作会议上，教育部副部长王湛指出要高度重视农村教育特别是农村义务教育、基础教育的发展，改善农村教育的办学条件，在中西部农村地区要落实好中小学现代远程教育工程的实施，缩小城乡教育差距。在城乡均衡发展中，信息技术被赋予实现农村教育跨越式发展的重任、弥合城乡差距的重要历史使命，奠定了农村教育信息化建设的工作基调。

第二，在基本的指导方向下，我国将实现城乡优质教育资源共建共享作为农村教育信息化发展的工作重点。我国农村办学条件、教育资源、师资力量、教育质量等方面长期落后于城市地区，伴随城镇化进程的加快，农村教育生源争相涌入城镇学校，造成农村学校的"空心化"以及城镇学校的"大班额"拥挤现象，导致城乡教育水平的差距越来越大，使城乡教育的差距越来越大，如何用信息技术改变农村教育发展滞后的局面成为城乡教育需要解决的重要问题。2000年10月，教育部部长陈至立在全国中小学信息技术教育工作会议上的报告就指出，要利用卫星电视地面接收站及互联网等多种手段，用较低的成本将课程送到广大农村地区，实现资源共享，培训教师，扩大学生受教育机会，切实提高教育质量。

第三，我国将保障城乡学生拥有公平的选择机会作为农村教育信息化发展的工作目标。受制于办学条件、师资力量、课程建设等，农村学生在学业选拔、就业竞争等方面的能力普遍低于城市的学生。比如2012年第六次人口普查数据显示，农村80%以上的人口受教育程度停留在小学和初中（见表2），升入高中及以上教育的人口比例仅为9.79%，分别比城镇、城市低18.00个、36.08个百分点，反映出城乡学校的学生并不拥有同等的机会进入不同教育渠道，因此我国农村教育信息化建设的最终目标就是要保证农村学校的学生拥有与城市学校的学生同等的发展能力。

表2 "六普"城市、城镇、乡村不同受教育程度人口比例

单位：%

地区	小学	初中	高中	大学专科	大学本科	研究生
城市	15.95	36.08	24.37	11.39	9.13	0.98
城镇	25.68	42.53	18.46	6.21	3.02	0.10
乡村	38.06	44.91	7.73	1.54	0.50	0.02

资料来源：国家统计局，第六次人口普查数据。

2. 农村教育信息化建设整体路径

为了切实提高农村教育质量，信息技术在赋能农村教育的过程中遵循"迭代更新、分层推进"的原则，农村教育信息化建设过程可划分为三个阶段，分别为信息化环境建设阶段、应用驱动完善阶段和培育教育创新内生力阶段。

（1）信息化环境建设阶段（1997~2009年）：建设现代远程教育网络，

用信息化手段改善贫困地区办学条件。

相比于西方发达国家，我国的教育信息化建设起步较晚，随着以网络为代表的现代信息技术快速发展，我国逐渐从函授教育、广播电视教育向现代远程教育发展，开启以现代远程教育促进教育均衡发展的历史新阶段。信息化基础设施环境是开展信息化教学的前提与基础，为了在最短的时间内建成覆盖全国的现代远程教育网络，我国以"分步实施、重点突破"为建设原则，采取扩大总量与弱势补偿相结合的方式推进。

第一，建设覆盖全国的现代远程网络体系。为了提供更高质量的远程教育，改进教学手段和方法，我国在 1997 年《中共中央、国务院关于深化教育改革全面推进素质教育的决定》中指出要大力提高教育技术手段的现代化水平和教育信息化程度，支持现代远程教育网络建设，利用计算机网络和多媒体技术改造广播电视教育传输网络，建设覆盖全国的现代远程教育网络；2000 年启动"校校通"工程，为城市学校连通网络，为不具备上网条件的学校配备多媒体教学设备和教学资源，提高全国的教育信息化程度。

第二，以农村中小学现代远程教育工程提高农村教育信息化条件。我国贫困地区农村多分布在偏远山区，互联网技术发展缓慢，现代远程教育网络覆盖不足，农村教育薄弱的状况迟迟得不到改善。2003 年《国务院关于进一步加强农村教育工作的决定》考虑到城乡教育条件的差距以及农村教育条件的实际情况，以专项工程的方式提出实施农村中小学现代远程教育工程的决定，建成以电视机、卫星接收系统和计算机三种主要技术手段构成的教育信息基础设施，初步形成农村教育信息化环境，并依托全国教师教育网络联盟与"农村中小学现代远程教育工程"的信息化设施对中西部地区农村教师进行远程教育培训，提高农村教师应用信息化设备与数字教育资源的能力。

全国的教育信息化基础设施的建设，为信息化技术在教育教学中的应用与融合奠定了坚实的环境基础；专门针对农村教育的农村中小学现代远程教育工程也为农村教育水平的提高准备了现代化的条件。截至 2006 年底，农村中小学拥有计算机数量由 2002 年的 146 万台提高到 2006 年的

305.6 万台，农村小学由 2002 年平均每 98 人拥有一台计算机提高到 2006 年平均每 39 人拥有一台计算机，农村初中由 2002 年平均每 49 人拥有一台计算机提高到 2006 年平均每 19 人拥有一台计算机，农村中小学教育信息化的普及程度大幅度提升，初步构建起了惠及全国农村中小学的远程教育网络，并形成了基本适应农村中小学的教育资源体系。贫困地区的农村学校基本具备信息化教学环境，并在城市与农村之间形成输送优质教育资源的内外联通渠道，为农村教育追赶上城市提供可能。

（2）应用驱动完善阶段（2010～2015 年）：以应用为导向，重点加强农村学校信息化基础设施建设，扩大优质教育资源覆盖面，缩小城乡的数字化差距。

现代远程教育网络的普及建设为信息化技术在教育教学中的应用与融合提供了有力支撑，2010 年《国家中长期教育改革和发展规划纲要（2010-2020 年）》提出要加快教育信息化进程，发挥信息技术对教育发展的革命性影响，标志着我国的教育信息化从基础设施建设进入应用阶段。对于农村学校而言，信息技术的应用需要进一步完善的信息化环境以及在此基础上推动丰富优质的教育资源普遍应用，缩小城乡在数字化资源上的差距，提高农村地区的教学质量水平。

第一，重点支持农村学校信息化基础设施建设。农村面临教育经费紧张、学校布局调整、校舍扩容改造等问题，信息化条件普及的速度相对较慢且建设的水平相对滞后，阻碍农村学校接收来自发达地区的优质教育资源以及信息化教学的应用探索。2010 年"农村义务教育薄弱学校改造计划"将重点支持中西部贫困地区农村学校多媒体（信息技术）远程教学设备配备作为主要内容；2012 年，教育部等将推进农村中小学宽带接入与网络条件下的教学环境作为国家加快推进教育信息化的重点工作，为农村中小学班级和教师配备多媒体教学设备并接入宽带网络，实现从"计算机教室、卫星教学收视点、教学光盘播放设备和成套教学光盘"三种模式并存的信息化水平逐渐发展为网络条件下的现代远程教育环境。

第二，扩大优质教育资源覆盖面。贫困地区的农村存在一些超小规模的学校，师资力量严重缺乏，体育、美术、信息技术等小学科课程出现教师难以胜任和无法开齐等现象；甚至有的地方为了实现规模教育撤并分散的教学点将学生集中到城镇的中心校，造成当地适龄学生无法就近入学，无形中增加农村学生失学、辍学的比例，使其成为全国教育神经末梢。2012 年教育部启动"教学点数字教育资源全覆盖"项目，利用信息技术为农村的教学点配送优质数字教育资源，组织教学点应用数字教育资源开展教学，帮助各教学点开好国家规定课程并满足边远地区适龄儿童就近接受良好教育的要求；为了进一步扩大优质教育资源的覆盖范围，2014 年《构建利用信息化手段扩大优质教育资源覆盖面有效机制的实施方案》更加明确强调全面推进"优质资源班班通"，探索优质数字教育资源的开发、应用、服务机制；并以同步课堂等途径将城市学校优秀教师的课堂教学向农村学校延伸，让农村学校共享城市学校优质师资资源；[①] 2018 年《关于全面加强乡村小规模学校和乡镇寄宿制学校建设的指导意见》指出要采取同步课堂、公开课、在线答疑辅导等方式，促进两类学校师生与优质学校师生共同在线上课、教研和交流。

这一时期农村的教育信息化在国家的整体部署以及专项工程的协同支持下取得了显著的成效，重点弥补农村学校薄弱点的信息化建设。截至 2016 年 8 月，全国 84% 的农村学校实现互联网接入；配备多媒体教室 264 万间，占普通教室的 71%，47% 的学校实现多媒体教室全覆盖，81% 的学校实现至少拥有一间多媒体教室，农村学校的网络教学环境得到大幅改善，信息化应用基础条件进一步夯实；"一师一优课、一课一名师"活动也累积了 300 多万堂的网络晒课，推动国家精品开放课程建设，视频公开课已上线 992 门、资源共享课已上线 2746 门。1991~2015 年国家在农村的信息化基础设施与教育资源的政策倾斜与专项经费投入解决了农村教育信息化环境是否具备、教育资源有无的问题，虽与发达城区学校还有一定的差距，但在信息化基本条件方面实现了基本均衡。教育质量提升是信息化技术赋能教育的最终判断指标，这种以外部投入为主的资源型输入建设并

---

① 雷励华：《教育信息化促进城乡教育均衡发展的国内研究综述》，《电化教育研究》2019年第 2 期。

没有帮助农村学校在教育质量方面取得显著的成效，城乡教育差距依然存在，如何将外部环境投入因素转化为内在的发展力量是农村教育下一阶段需要重点解决的问题。

（3）培育教育创新内生力阶段（2016 年至今）：缩小城乡教师应用信息技术能力差距，提高农村学校的办学水平。

教师的信息技术应用能力水平，是促进信息技术与教学深度融合、实现教育现代化的关键因素和必要前提。[①] 但在农村学校的现实教学中，当前农村教师的信息素养仍处于较低层次，教学实践中的总体导向依然比较传统[②]，因此提升教师的信息化应用能力关系我国农村学校办学的质量，在农村教育系统中自我生发优质教育服务方面扮演重要角色。在实践中，我国主要从提高农村教师的信息化教学创新能力以及重构课堂教学模式两方面入手。

第一，以结对帮扶的形式提高农村教师的信息化教学创新能力。在农村教育信息化的建设过程中，利用远程教育方式提高农村教师信息化应用能力以及教师专业能力是发展主线之一，如全国教师教育网络联盟计划、中西部农村义务教育学校教师国家级远程培训计划、全国中小学教师信息技术应用能力提升工程、乡村教师支持计划等，但这些培训的内容相对宏观，缺乏针对性。为了从课堂教学的具体层面缩小城乡教师应用信息技术能力的差距，我国采取网络扶智的形式，2019 年教育部发布的《关于实施全国中小学教师信息技术应用能力提升工程 2.0 的意见》提出优质学校与乡村学校"结对子"以成立"双师工作坊"等形式，鼓励农村当地教师模仿名师授课网络录像或者采取名师网络录像与当地教师辅导相结合等模式开展教学，通过建立协同教研共同体以网络研修的方式加强集体备课、研课交流，强调远程授课教师对乡村教师的长期陪伴式培训，名师通过帮助本校教师优化教学设计、改进教案等陪伴式帮扶来提升农村教师教学技

---

① 李文：《信息化建设薄弱地区中小学骨干教师信息技术应用能力影响因素分析》，《中国电化教育》2018 年第 3 期。
② 李延旭：《"互联网+"时代农村教师信息素养提升研究》，山东师范大学硕士学位论文，2019，第 1 页。

能、教研能力，提高乡村教师的专业水平与信息技术应用能力。

第二，以推动针对性优质教育资源建设与应用重构课堂教学模式。信息化基础设施与优质教育资源的完善以及农村教师能力的提高最终都要回归到农村学校的课堂上，通过提升课堂教学的质量来弥合城乡教育质量的差距才是我国城乡教育均衡发展的最终目的，如 2019 年《中国教育现代化 2035》指出我国 2035 年主要发展目标是实现优质均衡的义务教育，提升义务教育均等化水平，将推进城乡教育均衡发展作为教育现代化的战略任务之一。不同于以往优质教育资源的城乡共享，本阶段强调针对性的资源支持以参与农村课堂教学的建设，如 2021 年《关于大力加强中小学线上教育教学资源建设与应用的意见》强调要进一步规范市县和学校平台，以直播方式为薄弱学校、乡村学校和教学点提供"专递课堂""同步课堂"服务，要注重增强学生课堂学习参与度，兼顾双边或多边课堂学生学情，提高互动交流的针对性、有效性；也要提高服务农村的质量，引导农村学校教师积极利用平台资源组织好"双师课堂"，加强农村教师组织课堂教学、辅导学生的能力，使其真正成为学生学习的组织者和引导者。

自 2003 年以来，农村教育信息化建设一直在我国教育领域占据重要地位，是我国教育信息化发展的重要组成部分，更是我国实现教育现代化的关键环节，我国以"信息化环境建设——应用驱动完善——培育教育创新内生力"的特色发展路径有效弥合城乡教育差距，促进我国实现公平而有质量的教育。

（三）农村教育信息化建设的实践探索典型案例

在以信息技术推动城乡教育均衡发展的建设中，国家自上而下的政策为农村教育建设搭建了基本的、方向性的建设框架，解决了宏观管理以及制度保障上的问题。据此，各地基于多样化的需求进行了一系列具体的实践探索。

1. "1+2" 网络共享课堂模式促进优质教育资源共享①

自 2015 年以来，湖南省湘西土家族苗族自治州将区域内的州、县市数据中心与学校、城区名校与农村学校、乡镇学校与教学点构建成为移动互联网环境下"录播+平台+数据+终端"的网络应用共同体，以"1+2""1+N""N+N"三种网络共享课堂的方式将本区域内名校名师的学科课程、教育科研、教师研训及教学资源等优质资源推送到农村学校（含教学点），以促进城乡学校在课程、研训、应用、管理、测评等方面同步发展。以"1+2"网络共享课堂为例，采取"中心学校带教学点"的组织形式，在乡镇中心完小建设一间硬件传输环境下的录播教室，在所辖的 2 个教学点建设硬件传输在线互动教室，教学流程包括学期规划、双向备课、互动上课、互动测评和资源共享五个主要互动环节，以中心学校带教学点，帮助教学点开齐开好国家规定的课程。目前，湘西自治州共建有省、州级"1+2"网络共享课堂主校 21 所，网络联校超过 50 所。比如龙山县 2016 年就新建 2 所"1+2"网络共享课堂，共享美术、音乐等优质课 300 多节，推送至全县所有中心完小及 68 个教学点，惠及全县 200 多个班级近 2 万名农村学生。

2. 基于互联网实现教师智力资源在线流转

北京市利用互联网和大数据深化创新教育基本公共方式，实现教师服务属性在线流转。2016 年 11 月，北京市教委联合北京师范大学未来教育高精尖创新中心先行在通州区试点北京市中学教师开放型在线辅导计划，面向全市所有合格的学科教师，建立在线教师数据库，通过教师走网，让各区教师与各校学生建立联系，引导教师资源根据学生课外的学习需求进行定向流动，整合区域乃至全社会的优秀师资资源，在线萃取教师的教学特长，有效实现教师智力资源基于学生个性需求进行精准配置和流转，为家庭经济条件较差的学生提供平等接触优秀教学资源的机会。截至 2020 年 1 月 17 日，教师实际参与辅导总人数为 6226 人，面向通州、延庆、怀柔、

---

① 谢文斌：《湖南省湘西土家族苗族自治州"1+2"网络共享课堂的流程探析》，《教师》2017 年第 25 期。

密云、平谷、房山、门头沟和大兴 8 个区 185 所学校的 82591 名初中阶段全体学生开展在线辅导服务，是北京市教委落实"供给侧"改革的重要举措。

3. 运用信息化教学创新理论提升农村中小学教师专业发展水平

北京师范大学教授何克抗等通过"运用信息化教学创新理论大幅提升农村中小学教学质量促进教育均衡发展试验研究"项目发现，通过信息化教学创新理论、模式、方法的有效运用，完全有可能在师资、生源、设施及其他办学条件较差的农村地区，确保农村中小学实现学科教学质量与学生综合素质的较大幅度提升，使农村的孩子也能享受到和城里一样的良好教育，从而在教育起点不太公平的条件下，实现教育结果的相对公平。[①]从 2000 年开始，何克抗教授开始推动"基础教育跨越式发展创新试验研究"项目的实施，创建"4+2"理论服务乡村教师跨越式教学[②]，其中"4"为"创造性思维理论、新型建构主义理论、信息技术与课程深层次整合理论、新型教学设计理论"，"2"是指儿童思维发展新论和儿童语言发展新论，该项目已在全国 600 多所中小学开展相应的教学尝试，在乡村教师专业发展方面取得了显著的成绩。

4. 构建城乡互助共同体提高城乡教育均衡发展水平

华中师范大学王继新教授等提出以共同体的概念实现区域教育均衡发展，构建包括城乡教学共同体、区域学校共同体、城乡教师共同体和城乡学生共同体的区域基础教育均衡发展共同体。该共同体是通过互联网支持实现城乡互联，促进城乡优质教育资源的共享，尤其是城市优质教育资源面向乡村薄弱学校及教学点的共享，实现现有数字教育资源的共建共享以及城乡优质师资的共享；有效促进城乡教师和学生之间隐性经验知识的传递，促进城乡教师的专业发展和城乡学生的共同成长。自 2013 年起，该研究团队构建基于"互联网+"的 N×（1+M）在地化教学共同体，在县域范

---

① 何克抗:《运用信息化教学创新理论大幅提升农村中小学教学质量促进教育均衡发展研究》,《电化教育研究》2009 年第 2 期。

② 李晓庆:《信息化教学创新理论和实践服务乡村教师跨越式教学——专访北京师范大学何克抗教授》,《教师教育学报》2021 年第 1 期。

围内，以城镇学校为中心，以乡镇为节点，以村小和乡村教学点为末梢，由 1 个城镇学校和 M 个乡村学校组成，继而由县域内的 N 个共同体构建成 N×（1+M）的教学共同体为主体的双轨混成乡村数字学校，构建城乡共生的教育新生态，这一模式在湖北省内 19 个县 300 个乡村学校，以及四川、吉林、云南等 8 个省 20 多个县域展开辐射与推广。①

三　教育信息化政策中的教育公平考量

1994 年联合国教科文组织《萨拉曼卡宣言》首次提出"全纳教育"的概念，号召为每个人提供有效的教育机会，强调教育应为满足所有儿童接受自身所需要的教育提供各种条件，并通过合适的课程、学校管理、资源利用及与所在社区的合作，来确保教育质量②，以"全纳教育"的概念体现教育公平的内涵。对于各个国家而言，区域、城乡之间存在的教育差距阻碍"全纳教育"的实现，因此欠发达地区教育建设问题本质是要改善教育不公平的现象。

按照教育公平理论，教育公平一般包括"教育起点公平""教育过程公平"和"教育结果公平"三个方面，部分学者也将教育起点公平与教育过程公平划分为"教育机会公平"的不同层次。比如 Farrell 等认为教育机会平等包括入学机会平等与存留机会平等；③④ 杨东平、褚宏启等教育机会均等包括起点公平、过程公平⑤⑥，教育起点的公平是保障受教育者受教育

---

①　田俊：《"互联网+在地化"：乡村学校教学质量提升的实践研究》，《中国电化教育》2019年第 10 期。

②　赵中健：《教育的使命——面向二十一世纪的教育宣言和行动纲领》，教育科学出版社，1996，第 15、16、129 页。

③　Farrell J. P. "Social Equality and Educational Planning in Developing Nations," in Saha. L. J., ed, *International Encyclopedia of the Sociology of Education* (Oxford, Pergamon Press; 1997), pp. 473-474.

④　Lo N. K., "Quality and Equality in the Educational Development of Hong Kong and the Chinese Mainland", *Educational Research Journal* 14 (1999): 13-48.

⑤　杨东平：《我国教育公平评价指标初探》，《教育研究》2003 年第 11 期。

⑥　褚宏启：《新时代需要什么样的教育公平：研究问题域与政策工具箱》，《教育研究》2020年第 2 期。

的权利平等并为其自身的教育发展需求提供条件，教育过程的公平是确保受教育者受到平等对待，拥有同等的机会通过自己的能力进入不同教育渠道使个性得到充分发展，不同人群具有公平竞争的机会参与社会资源的分配，从而实现教育结果的公平。基于此，在各国农村教育实践中解决教育起点公平主要是通过倾斜政策，加大补助金、奖学金等方式来优化教育资源的配置从而扩大受教育者接受教育的覆盖范围[1]，尽可能使处于农村弱势群体完成教育，如美国在 20 世纪 60 年代在《科尔曼报告·教育机会公平》基础上制定了肯定性行动（Affirmative Action）等倾斜性优惠政策，推进处于劣势地位群体的权利及发展机会的平等。[2] 与教育起点公平不同的是，教育过程的公平并非依靠单纯的教育资源分配就能够实现，教育过程公平需要通过学校内部的改革与创新[3][4]，能够让农村的学生享受到与城市学生同等质量的教育服务，能够有机会达到同样的学科水平和能力素质要求，以此为关键环节实现教育结果的公平。

在实现教育公平的手段与工具中，信息技术拥有以低成本、高效率的方式打破时空限制实现知识和创新的快速流转、广泛传播和普及的独特优势，成为信息时代下各国农村教育建设的重要选择。2005 年，联合国教科文组织曾将信息技术应用于教育划分为四个发展阶段：起步、应用、融合、创新；[5] 国内学者何克抗、杨宗凯等也提出信息技术赋能教育的过程大体包括基础设施建设的起步阶段、强调教学应用与整合阶段、利用信息技术促进教育系统结构性变革的融合与创新阶段。[6][7] 2018 年我国教育部印发《教育信息化 2.0 行动计划》，标志着我国教育信息化建设

---

[1] 田正平：《教育公平新论》，《清华大学教育研究》2002 年第 1 期。
[2] 王丽萍：《国家治理中的公共政策范式转型——从肯定性行动到多样性管理》，《北京大学学报（哲学社会科学版）》2017 年第 3 期。
[3] 杨小微：《关注学校内部公平的指数研究》，《教育科学研究》2016 年第 11 期。
[4] 黄忠敬：《深入学校内部的教育公平追求》，《中国教育学刊》2019 年第 9 期。
[5] Shyamal Majumdar, 2009, "Modelling ICT development in Education." Accessed May 01. http://www.unevoc.unesco.org/fileadmin/up/modelling_ict.pdf.
[6] 何克抗：《试论教育信息化发展新阶段》，北京师范大学出版社，2016，第 12、13、20 页。
[7] 杨宗凯：《论信息技术与当代教育的深度融合》，《教育研究》2014 年第 3 期。

从融合应用阶段迈入创新发展阶段，要实现信息技术与教育教学的深度融合。何克抗指出信息技术与教育教学的深度融合的中心是要"改变传统的课堂教学结构和建构新型的课堂教学结构"[1]，也是提升教育教学质量的关键所在。

我国的农村教育信息化经历了基础设施建设、教育资源共建共享等"技术导向"的建设之后，建成覆盖城乡的教育信息化环境，农村学校在信息技术的"物理接入"方面基本达到与城市学校类似的水平。但教育信息化环境均衡与教育同质之间并不具备必然的正向关系，为了克服城乡教育质量不同等的问题，我国进一步转向实现学校内部微观层面上教育过程公平的实践探索，如利用信息技术开发课程应用模式等，[2] 帮助农村学校实现教学模式的结构性变革。我国通过国培计划、名师工作坊等外界优质教研力量帮助当地教师了解现代教学新理念以及教学创新实践发展趋势，结合具体的课程通过陪伴式的帮扶逐渐提高当地教师的教学及专业发展能力；将翻转课堂、双师教学、同步课堂等模式纳入农村课堂教学过程中，逐渐解构农村学校传统、低效的"以教师为中心"单一灌输式的教学模式，塑造以教师为主导、学生为主体的新型教与学方式，充分发挥学生的主动性、积极性、创造性，使农村学校不仅可以共享来自外部的资源，更可以依靠本地教师高质量的教学提升教育教学质量，真正将农村课堂塑造成培养适合时代发展具备核心素养的人才的地方。

比较我国与其他国家在农村教育信息化建设上的差异发现，其他国家将农村教育建设的重点放在国家投入大量资金与实施政策倾斜来改善农村及贫困地区的办学条件与教学设施方面，在国家层面忽视调动力量利用信息技术变革农村传统教学的结构以引发农村学校的内部变化，缺少实现教育过程公平的重要环节，导致农村教育建设成效不明显。

---

① 何克抗：《试论教育信息化发展新阶段》，北京师范大学出版社，2016，第140页。
② 黄忠敬：《从思辨到实证：教育公平研究范式的转型》，《华东师范大学学报（教育科学版）》2020年第9期。

四　我国农村教育信息化建设的经验与启示

以信息化推动城乡教育公平发展，既是世界各国教育发展的共识，也是我国加快教育现代化、实现全面建设小康社会的必然选择。本文基于我国农村教育建设的政策文本以及以实践项目为研究手段，在教育机会公平双重内涵的框架下，结合信息技术赋能教育的发展，揭示信息技术在我国农村教育建设中的工作机制，从中可以归纳出我国农村教育信息化的经验。

第一，注重教育机会公平包含教育起点公平与教育过程公平双重内涵。在农村教育的实践中，我国采取"分阶段推进、重点实现过程公平"的建设思路，在外部投入、政策倾斜等补偿性教育扶持下完善农村学校的信息化基础设施与丰富教学资源后，继续转向变革农村学校内部课堂教学结构实现城乡教育质量的公平，在教育起点与过程公平的完整意义的基础上实现教育结果的公平。在此过程中，农村教育信息化注重将教育起点的公平的资源与环境内化为自致性因素发挥主观能动性的基础，即使外部支持力量中断甚至消失，农村学校也可以凭借内生性发展力量，为农村的学生提供与城市学校同等质量的课堂教学，赋予农村学生与城市学生在未来升学、就业与生活中进行竞争的机会，从而实现城乡教育结果的公平。

第二，发挥发达地区相对于贫困地区的优势建立对口支援、结对帮扶关系助力贫困地区农村教育建设。地理位置、城乡二元发展模式等因素使城市具备比农村优越的发展条件，教育资源更加优质丰富，区域之间、城乡之间在教育服务质量方面呈现明显的梯度差距。在教育扶贫以及义务教育均衡发展的策略下，推动城乡教育一体化，充分发挥发达地区城市学校、教师对贫困地区农村学校的支援力量，扩大城市名校、骨干教师开发优质数字教育资源、教研指导等能力的辐射范围，通过构建跨区域、城乡教育生态共同体提高教育资源供给、教研帮扶的针对性，提升农村教育建设的效率与质量。

第三，采取国家政策部署与专项工程结合的推进方式建设农村教育。

我国的农村教育信息化建设强调国家层面的顶层设计，国家以问题与需求为导向，在前期试点研究的基础上进行教育信息化建设的前瞻部署，以"全面普及、重点突破、逐步完成"的差异化方式形成系统、科学、规范的政策规划方案，如先在全国普及现代远程教育网络体系建设的条件下，重点突破农村中小学现代远程教育网络的建设，并逐步实现从广播电视到计算机网络连通的过渡；在政策规划方案的指导下，通过专项资金支持的专项工程推进规划方案的落实，如以"农村义务教育薄弱学校改造计划"（2010）、"教学点数字教育资源全覆盖项目"（2012）等实现缩小城乡数字化差距，以"一师一优课、一课一名师"活动（2014）、"三个课堂"建设（2014）等实现扩大优质教育资源覆盖面的规划，保证教育信息化建设进度的逐步落实。

对于我国的经验，其他国家可以在以下方面进行借鉴。

第一，增强农村教育信息化的系统建设，分阶段有序推进。以教育目标和教育需求为导向，综合考虑基础环境建设、教育资源供给、教育质量提升等不同阶段以及囊括政府、学校、教师、学生、社区等不同要素设计出政策生态链条，以应用为导向不断修正、完善具体政策措施以及重点工程，形成指向兼顾教育起点公平与教育过程公平的发展机制，以信息技术助力实现城乡教育公平。

第二，提高农村教育帮扶的针对性，完善机制保障。挖掘帮扶农村教育的不同对象群体的参与积极性与建设潜力，建立起一体化、体现多方利益需求的工作共同体，以农村教育的需求以及城乡教育的差距为切入点，借助在线教育的形式构建精准帮扶的模式，在合作形式、合作内容、成效激励等方面提供完善的机制，保障帮扶模式常态化、持续性运行。

第三，创新教育资源供给服务方式，优化结构性配置。根据国家教育资源公共体系的建设进展、地方开发教学资源的能力以及区域间优质教育资源共建共享的通道顺畅情况建设分层教育供给模式，围绕农村学校师生的资源需求特征，建立智能化、个性化、精准化的教育资源服务体系，激励学生发挥主动性、创造性，保障农村学生个性化发展需求得到满足。

From Opportunity Equity to Outcome Equity: Analysis on the Path of Rural Education Informatization Construction in China from the Perspective of Policy

Xu Tingting, Li Baoping

Abstract: Based on Chinese education informatization policy in rural areas, this study analyzes the mechanism of information technology in improving the quality of rural education to achieve the educational equity between urban and rural areas. The result shows that, in addition to investment in educational information infrastructure and resource construction to achieve a static and compensatory educational equity of starting point between urban and rural areas similar to other countries, Chinese educational information policy also uses information technology as a means to change the traditional classroom teaching structure in rural areas, so as to realize the dynamic and endogenous educational process equity within the schools of different areas, and sustainably promote the high-quality development of rural education. The study suggests that Chinese experience in rural educational information construction can provide reference and inspiration for other countries.

Keywords: Information Technology; Rural Education; Equity in Educational Opportunity; Educational Informatization Policy; Educational Process Equity

乡村振兴战略背景下乡村教育
新内涵与学习化乡村建设

徐　莉　刘珺珺

【摘　　要】"十四五"时期是全面建设社会主义现代化的五年，同时也是巩固脱贫攻坚成果与乡村振兴有效衔接的五年。乡村教育事业的发展，始终是乡村振兴战略的主要发力点。脱贫攻坚阶段，我国乡村教育囿于传统的学校体制框架内。2021 年 11 月 10 日联合国教科文组织发布的《教育的未来》报告昭示着全球的终身教育进入实质推进期。乡村振兴战略下，我国的乡村教育也必然是面向人人的终身教育。实现人的可持续成长是乡村教育发展的核心关切问题。2050 年乡村振兴的社会化图景必然是人人皆学、时时能学、处处可学的学习化乡村。

【关　键　词】乡村振兴；乡村教育；学习化乡村

【作者简介】徐莉，教授，博士生导师，河北省管优秀专家，全国终身教育专业委员会常务理事，华中师范大学国家教育治理研究院终身教育研究所所长，湖北开放大学咨询委员会委员，研究方向为终身教育与学习型社会、教育领导与管理、新工业革命与教育变革、教师教育等；刘珺珺，本文通讯作者，河北师范大学硕士研究生，研究方向为终身教育、教育管理。

【基金项目】河北省高等学校人文社会科学重点项目"'十四五'期间河北终身教育体系构建及雄安实验样本研究"（编号：SD2021078）

的研究成果。

2021 年 11 月 10 日联合国教科文组织在第 41 届世界大会上面向全球发布《共同重新构想我们的未来：一种新的教育社会契约》（Reimagining our Futures Together：A New Social Contract for Education）的报告（以下简称《教育的未来》）。[①] 该报告提出"教育可以视为一种社会契约"，并且缔结这种新的教育契约必须遵循的基本原则是"确保人们终身接受优质教育的权利"。[②] 这一报告的发布为全球教育的未来指明了方向，预示着全球终身教育进入实质构建期。

然而，要想在全球范围内实现这一宏伟的目标仍然面临着重重阻碍，尤其是在贫困的农村地区。党的十九大报告提出"乡村振兴战略"，党中央在 2015~2020 年带领全国人民打赢了一场具有划时代意义的脱贫攻坚战。中国提前 10 年实现了联合国教科文组织可持续发展目标中的减贫目标，为世界贡献了中国经验。如今，联合国教科文组织提出"教育可以视为一种社会契约"的新主张，[③] 这对我国的乡村教育提出了新的要求。当下，我国正处于巩固脱贫攻坚成果同乡村振兴有效衔接阶段，在联合国教科文组织的推动下，全球的终身教育也进入实质构建期，在这一大背景下，我国乡村教育的内涵发生了什么变化？2050 年全面振兴的乡村到底是什么样的乡村？

一 乡村振兴战略与乡村教育目标的变迁

乡村振兴战略是我国进入新时代以来以习近平同志为核心的党中央，

[①] 张民选、卞翠：《教育的未来：为教育共建一份社会新契约》，《比较教育研究》2022 年第 1 期。

[②] UNESCO. Paris Declaration：A Global Call for Investing in the Futures of Education ［EB/OL］. （2021-11-10）［2022-02-14］. https：//en. unesco. org/education2030-sdg4/gem2021-paris-declaration.

[③] UNESCO. Paris Declaration：A Global Call for Investing in the Futures of Education ［EB/OL］. （2021-11-10）［2022-02-14］. https：//en. unesco. org/education2030-sdg4/gem2021-paris-declaration.

为全面解决"三农"问题做出的重大战略部署。① 对于乡村而言,教育不仅承载着传播知识、塑造文明乡风的功能,更为乡村建设提供了人才保障,教育振兴在乡村振兴战略中具有重要的作用,是乡村振兴战略的主要发力点。

(一) 当下处于巩固脱贫攻坚成果与乡村振兴有效衔接新阶段

党的十八大以来,以习近平同志为核心的党中央始终把摆脱贫困放在治国理政的关键位置,鲜明提出:"全面建成小康社会最艰巨最繁重的任务在农村特别是在贫困地区,没有农村的小康特别是没有贫困地区的小康,就没有全面建成小康社会"。② 之后党中央做出了一系列重大战略部署,为脱贫攻坚和乡村振兴树立了目标,明确了任务,指明了方向。

2015 年 11 月,中共中央出台《关于打赢脱贫攻坚战的决定》。自此,全国上下开启了一场声势浩大的脱贫攻坚战争。全国人民在党中央的领导下,有组织、有纪律、有计划、系统化地攻克了一个又一个的脱贫难题,使贫困地区人民的生活条件得到了极大的提升。2017 年,党的十九大报告提出"乡村振兴战略",这是一个旨在消除贫困和改善民生的重大战略部署,并提出了乡村振兴战略"三步走"的时间表:到 2020 年,乡村振兴取得重要进展,制度框架和政策体系基本形成;到 2035 年,乡村振兴取得决定性进展,农业农村现代化基本实现;到 2050 年,乡村全面振兴,农业强、农村美、农民富全面实现。③ 为了切实做好乡村振兴各项工作,党中央于 2018 年 5 月审议通过了《国家乡村振兴战略规划 (2018 - 2022年)》,为今后五年的"三农"工作做出了详细的规划,并要求各地区各部门认真贯彻落实。在攻克千难万险后,2020 年底,我国浩浩荡荡的脱贫攻坚战终于画上了完美的句号,为世界脱贫贡献了中国样本。

---

① 孙思齐:《乡村振兴战略背景下农村基层党组织建设研究》,吉林大学硕士学位论文,2021。

② 《习近平庄严宣告:我国脱贫攻坚战取得了全面胜利》(2021 年 2 月 25 日),新华网,https://baijiahao.baidu.com/s?id=1692634997668175695&wfr=spider&for=pc,2021 年 10月 22 日。

③ 《全面实施乡村振兴战略》,《中国青年报》2021 年 10 月 23 日。

在这个关键节点，如何保障脱贫人口不返贫？如何使脱贫攻坚成果同乡村振兴有效衔接？2021 年 3 月中共中央、国务院发布《关于实现巩固拓展脱贫攻坚成果同乡村振兴有效衔接的意见》，提出"脱贫攻坚目标任务完成后，设立 5 年过渡期，聚力做好脱贫地区巩固拓展脱贫攻坚成果同乡村振兴有效衔接重点工作。"当下，我国正处于巩固脱贫攻坚成果与乡村振兴衔接新阶段，这是一个全面建设社会主义现代化和实现第二个百年奋斗目标的关键阶段。教育始终在乡村振兴中起着基础性、全局性的作用，①在新的历史方位下，如何通过教育的作用继续对乡村振兴发力，是当下亟待厘清的问题之一。

（二）新阶段下我国乡村教育发展目标发生质的飞跃

回顾教育助力脱贫攻坚的历程，我国的乡村地区的教育取得了以下几个方面成就。第一，乡村地区学前教育的毛入园率极大地提高到了 90% 以上，乡村专职幼儿教师的数量也得到了一定程度的增长；第二，乡村义务教育普及的目标基本上已经实现；第三，从 2012 年以来共有 800 多万名家庭经济困难的学生接受了中等或高等的职业教育；第四，高等教育在促进区域发展方面也取得了可喜的成就，中国教育部组织了教育部直属的 75 所大学来进行精准的教育扶贫，帮扶 44 个贫困县脱贫摘帽；第五，中国的贫困地区建立了一支留得下、教得好的农村教师队伍，通过特岗计划共招收教师 95 万，国培计划为中西部地区农村学校培训了 1500 多万名教师和校长。

综上所述，随着我国打赢脱贫攻坚战，我国乡村教育成功实现了"有学上"这一目标。然而，当下正处于终身教育的时代，我国的乡村教育不应只囿于学校教育框架之内，须在一个全新的框架内思考乡村教育的未来。乡村终身教育的发展和学习化乡村建设关系着 2050 年全面振兴乡村的远景目标。在终身教育新的发展目标下，乡村的教育不仅仅指向学生，不

---

① 苏迪、韩红蕾：《乡村振兴战略下开放大学助推乡村人才振兴的研究》，《成人教育》2020 年第 9 期，第 28~32 页。

仅仅指向学校，而是要涵盖乡村所有人口，使乡村的人人，时时、处处都能享受终身学习的机会。这正是联合国教科文组织一直以来所提倡和呼吁的，也是我国 2050 年实现乡村全面振兴的必然之举。2050 年全面振兴的乡村必定是人人皆学、时时能学、处处可学的学习化乡村。

二　乡村教育新内涵：对人的
可持续成长的核心关切

人的因素是实现 2050 年乡村全面振兴的核心因素。乡村的全面振兴说到底是人的全面振兴。新历史方位下，乡村教育的内涵发生了质的变化。乡村教育旨在促进农村人口综合素质提升，更多的是对人的可持续成长的关切。

（一）人的可持续成长概念解析

对"可持续"的关注始于 21 世纪前后，最初是由生态危机引起的，而生态危机又是片面的发展观导致的，但从根源上来看还是由人引起的。关于"可持续发展"的定义，学术界普遍认同的是 1987 年世界环境与发展委员会公布的《我们共同的未来》中的界定，即可持续发展指"既能满足当代人的需要，又不对后代人满足其需要的能力构成危害的发展"。① 相对于经济发展观，这是一种新型的世界观、价值观、文明观和实践观。但"可持续发展"概念还是有局限性的，它没有明确揭示出发展的主体及其价值目标，其所隐含的意义主要还在资源问题上，还是指向经济和物质发展。

而使用可持续成长概念，有利于将关注点明确到人本身，即事物是发展，人是成长，也有利于克服"发展"一词在经济和功利意义上对人性的遮蔽。而如果将人的可持续成长视为人性的不断改变和完善，人的可持续成长至少应包含两个方面：一是人可持续完善自己的能力和素质；二是人

---

① 　世界环境与发展委员会：《我们共同的未来》，吉林人民出版社，1997，第 198 页。

的成长需要或价值取向的可持续性，且人的可持续成长既指个体的成长，也指人类整体的成长。

那么，在生命的意义上，人的可持续成长就不能仅仅指人的全面发展一个面向，而应是人的毕生过程中的横向和纵向上的协调成长。在持续成长的横向水平上不应该只关注那些能给自己带来利益的成长任务而扭曲人本来的愿望。

（二）对人的可持续成长的核心关切需要可持续发展的教育

联合国一向主张可持续发展的理念，并把 2005～2014 年定为"可持续发展教育十年"，在全球范围内倡导把可持续发展的理念融入教育领域。[①] 2015 年 11 月 4 日，联合国教科文组织召开第 38 届世界会议，发布了《教育 2030 行动框架》，提出了"确保全纳、公平的优质教育，使人人可以获得终身学习的机会"的教育目标。[②] 同年，联合国教科文组织又发布了《反思教育：向全球"共同利益"的理念转变?》这一具有里程碑意义的报告，进一步强调了可持续性的问题，提出了对可持续的人的发展和社会发展的核心关切。[③] 现代社会用教育促进可持续发展已经成为国际共识。

然而，教育促进可持续发展在全球的农村地区面临着重重的挑战。我国利用 2015～2020 年五年的时间打赢了脱贫攻坚战，解决了我国绝对贫困的问题，并在一定程度上推动了我国乡村教育的发展，但是可持续发展的理念在我国的乡村地区仍然很薄弱。在农村的学校教育中，学校的课程缺乏与乡村生活、文化、环境相关的课程，并把农村教育视为为城市培养精英的教育，大部分农村孩子的理想是走出农村而不是留在农村，因此，我国乡村教育的现状是学生越来越少了，人才越来越少了，农村地区的可持续发展问题日趋严重。

---

① 杨贵平：《推进农村教育促进可持续发展 建立绿色生态文明学校和乡村》，《可持续发展经济导刊》2021 年第 Z2 期，第 70～72 页。
② 胡佳佳、吴海鸥：《联合国教科文组织发布"教育 2030 行动框架"描画全球未来教育的模样》，《重庆与世界》2017 年第 12 期。
③ 周洪宇、徐莉：《联合国教科文组织教育 2030 框架对中国教育现代化 2030 的启示》，《河北师范大学学报》（教育科学版）2017 年第 5 期，第 5～13 页。

全面振兴的乡村必然是可持续发展的乡村。促进可持续发展，教育是最有效的工具。我国乡村教育未来的发展方向一定是可持续发展的教育，党的十八大以来我国提出建设生态文明的基本国策，这无疑是可持续发展理念的中国化。因此，在开展乡村教育时要结合我国乡村的风土民情把可持续发展的理念融入教育整体发展中。可持续发展教育中一个重要的关系是人与自然的关系，从原始文明时代始初的完整肤浅，到农耕文明和工业文明时代的片面异化，再到新文明时代的深广度层面回归整体完整性，当前正经历脱胎换骨、换代升级式的革新。2050 年我国所追求的全面振兴的乡村，是通过人与自然和谐相处创造出的绿色的乡村、是可持续发展的乡村、是能够实现人的全面发展的乡村。

三　乡村振兴的社会化图景：学习化乡村

学习化社会是历史发展的必然趋势，学习化乡村是学习化社会的重要组成部分，全面振兴的乡村所呈现出的社会化图景是人人都能够终身学习的学习化乡村。

（一）学习化社会是历史发展的必然

复杂性科学启示人类："人类走得越远，知识和知识的获得——学习，在最终形成环境以及自身成为环境的一部分中就越重要。"[①] 而学习化社会的魅力正在于此，它描绘了美好的社会理想，满足了作为学习者的社会成员个体的价值需求，强调学习的终身化、全民化和个性化，强调学习的个体性价值属性、学习的多样化自由选择与兴趣导向，把个体的成熟成长从外在的强制要求和被动过程变成其内在需要和积极主动过程，其中学习的终身化正是强调人的成长是持续学习的过程，这些都意味着走向学习化社

---

① 徐莉：《CAS 理论：探索人类复杂教育系统问题的新工具》，《创新》2019 年第 1 期，第 81~92 页。

会是历史发展的必然。①

学习化社会还蕴含着一场学习观、知识观和教育观的深刻革命。未来学习不是单纯学习一些静态的知识，也不是剥离于世界学习，而是融入世界学习，是把整个个体完全融入世界当中。学习的知识也不是剥离于主体的"抽象知识"，而是统一于主体的"完全知识"；不是形成性已知的"确定性知识"，而是即时性"不确定复杂知识"。学习化社会的教育也不是与真实情境相割裂，而是要融入真实生活情境，把整体还给整体。

学习化社会的核心是学习，人是有终身学习能力的，这一事实已被科学证明，并且是符合人类自身追求学习这一本性的，所以，人人必须通过继续不断地学习来实现人生真正的价值。学习化社会最终追求的目的在于学习成长、人格的构建和成功，即人的可持续成长。

（二）学习化乡村是学习化社会的重要组成部分

学习化的社会是时代发展和社会进步的产物，它对学习的要求比以往任何时候都更强烈、更持久、更全面，全社会的人只有不断地学习，才能应对新的挑战。

学习化的社会图景是：横向上包括社会中的每一个个体，纵向上实现每个个体的终身学习。也就是说，社会中的每一个人都具有终身学习的能力，并善于不断学习，最终形成全民学习、终身学习、积极向上的社会风气。学习化社会的内涵是全民学习与终身学习。

我国乡村振兴战略中所提出的到 2050 年实现乡村全面振兴的目标，本质上是对学习化乡村的追求。乡村振兴战略背景下的学习化乡村要以乡村振兴战略作为战略指引，以乡村人人能够终身学习作为乡村发展的动力，②为乡村人口提供全纳、公平、高质量的终身教育，从而增强乡村的内生动力，最终乡村的每一个个体都能实现自身的可持续成长，使其在学习与思

① 戴成林、杨旭、杨春芳：《论学习化社会与教育图景》，《天津市教科院学报》2019 年第 5 期，第 5~13 页。
② 彭海虹、贾红彬：《乡村振兴背景下上海学习型乡村建设的实践研究》，《高等继续教育学报》2020 年第 4 期，第 37~41 页。

考中，不断形成对世界万物认识凝结而成的新的思想、观点和主张。反过来，这些新思想、新观点和新主张会形成乡村建设的内生动力，经过这种可持续的良性的循环，最终把我国的乡村建设成全面振兴的乡村。因此，学习化乡村具备四个基本的内涵：第一，以乡村为根基；第二，以终身学习为追求；第三，以实现人的可持续成长为核心关切；第四，以实现乡村的可持续发展为最终目标。最后形成的全面振兴的乡村，必然是人人皆学、时时能学、处处可学的学习化乡村。

赢得未来的关键是教育，教育的关键是实现人的可持续成长和构建学习化的社会。① 乡村的振兴说到底是人的振兴，因此乡村的振兴必然要靠教育的力量，通过使乡村每个人都享有优质、公平的教育，最大程度激发出人内心的强大力量，实现人自身的可持续成长，最终由人人携手共同构建学习化的乡村，共同构筑学习化的社会。

四　小结

当下，我国正处于巩固脱贫攻坚成果与乡村振兴有效衔接的新历史方位，教育始终是乡村振兴中的主要发力点。我国脱贫攻坚基本解决了乡村教育"有学上"的目标，联合国教科文组织发布的《教育的未来》报告大力助推世界向终身教育时代迈进、向学习化社会迈进，我国乡村教育也必然转向终身教育。可持续发展的乡村需要可持续发展的教育作为支撑，对人的可持续成长的核心关切是乡村教育的新内涵。中国共产党所提出的2050年全面振兴的乡村，必然是人人可以享受公平的优质教育，人人可以获得终身学习机会的学习化乡村。

① 郭伟、张力玮：《借镜〈教育 2030 行动框架〉打造"中国教育现代化 2035"——访中国教育学会副会长、中国教育发展战略学会副会长、长江教育研究院院长周洪宇教授》，《世界教育信息》2018 年第 4 期，第 3~7 页。

The New Connotation of Rural Education and Learning-oriented Rural Construction Under the Background of Rural Revitalization Strategy

Xu Li , Liu Junjun

Abstract： "14th Five-year Plan" Period is five years for building socialist modernization in an all-round way. At the same time, it is also five years for consolidating the achievements of poverty eradication and effectively connecting with rural revitalization. The development of rural education has always been the main focus of the rural revitalization strategy. In the stage of poverty alleviation, rural education in China is confined within the framework of the traditional school system. The report "Future of Education" released by UNESCO on November 10, 2021 indicates that the global lifelong education has entered a period of substantial advancement. Under the strategy of rural revitalization, China's rural education must also be a lifelong education for all. Realizing people's sustainable growth is the core concern of rural education development. The socialized vision of rural revitalization in 2050 must be a learning village where everyone can learn, can learn everywhere and can learn from time to time.

Keywords： Rural Revitalization; Lifelong Education; Sustainable Human Growth; Learning Villages

乡村振兴背景下农村教育发展道路审视：基于在地教育理论视角

滕 媛

【摘　要】乡村振兴是当前我国发展的重要任务。作为人才培养、文化传播的核心机构——乡村学校，是稳步振兴乡村的重要因素。然而，基于在地教育理论，笔者发现在当前的教育政策下乡村教育未能在乡村发展中发挥积极作用。比如，大量农村家庭逃离乡村，进城陪读；学校教育呈现城市中心主义，鼓励人们离开乡村；国家教育政策表现出离农性。因此，需要重塑具有乡村发展观的乡村教育，将学校课程与乡村生产生活相联系，落实学校服务于村落发展的功能。

【关 键 词】乡村振兴；在地教育理论；乡村教育

【作者简介】滕媛，博士，华中师范大学教育学院讲师，研究方向为农村教育、教育社会学。

党的十九大报告明确指出"农业农村农民问题是关系国计民生的根本性问题，必须始终把解决好'三农'问题作为全党工作的重中之重，实施乡村振兴战略"。乡村因其独特的生产、生活和文化功能，在国家发展中具有重要地位。在经历长期的城市偏倚发展道路之后，为确保国家粮食安全，国家再次将乡村作为政策的关注点。实现乡村振兴，培养人才是保障；繁荣乡村文化，建立乡村自信是关键。因此，乡村教育或乡村学校，作为人才培养和村落发展的载体，是实现乡村振兴的重要因素。为此，本文基于在地教育理论，审视我国乡村教育的发展方向，以构建有利于振兴乡村的教育之路。

一　在地教育理论

在地教育（place-based education），主要由 Gruenewald[①] 和 Theobald[②] 等人提出，将学校教育与社区的自然、社会、经济和文化相融合。通过将地方知识作为学生学习的素材，在地教育理论有助于年轻人掌握振兴当地发展所需的技能和知识。[③] 在地教育已在美国多个学校改革项目中成功实施，如"真正的学校花园"（Real School Garden），"农村学校和社会信任"（Rural School and Community Trust）等。[④]

当地社区具有重要意义。首先，社区是每一位居民的生活地，了解居住地是学习的第一要务。[⑤] 其次，鉴于地区差异源于某些地区的成功相对于其他地区的失败，因此社区发展与社会公正密切相关。[⑥] 最后，因文化与特定地点相关，社区是文化多样性的重要源泉。[⑦] 作为粮食生产以及供

[①] Gruenewald, David A., "The Best of Both Worlds: A Critical Pedagogy of Place," *Educational Researcher*, 32 (4) (2003): 3-12.

[②] Theobald, Paul, *Teaching the Commons: Place, Pride, and the Renewal of Community* (Boulder: Westview Press, 1997), p. 20.

[③] Gruenewald, David A., Gregory A., Smith. *Place-based Education in the Global Age: Local Diversity* (New York: Lawrence Erlbaum Associates, 2008), p. 37.

[④] McInerney P., Smyth J., Down B., "Coming to A Place Near You? The Politics and Possibilities of A Critical Pedagogy of Place-based Education," *Asia-Pacific Journal of Teacher Education*, 39 (1) (2011): 3-16.

[⑤] Casey E., *The Fate of Place: A Philosophical History* (Berkeley, CA: University of California Press, 1997), p. 12.

[⑥] Comber B., *Literacy, Place, and Pedagogies of Possibility* (*Expanding literacies in education*) (New York: Routledge, 2016), p. 42.

[⑦] Gruenewald, David A., Gregory A., Smith. *Place-based Education in the Global Age: Local Diversity* (New York: Lawrence Erlbaum Associates, 2008), p. 40.

养全人类的地方，乡村及其文化对于文化多样性尤其重要。① 然而，在全球化背景下，当地社区正经历着前所未有的衰败。经济全球化导致大量劳动力外流，人们对社区的承诺随之减少。例如，跨国企业破坏了当地的经济，使得失业率显著提高，阻碍了当地社区的经济发展。②

与此同时，作为社区重要机构的学校，通过为市场、为城市、为全球竞争培养人才，进一步加剧了社区的衰落。③ 受人力资本理论的影响，学校被视为提高学生个体技能和知识的机构，为国家在国际竞争中培养人才。以市场竞争为导向的教育目的将学校课程标准化、中心化，考试成绩成为学校教育的最主要目标，学校教育与当地社区脱节。④ 为个体在劳动力市场竞争服务的学校，教育孩子离开家乡以寻求更好的就业机会，忽视当地社区发展。在这样的教育目的之下，个人利益远胜于社区发展，学校教育进一步腐蚀了社区的公共生活。⑤

为了应对全球化所带来的危机，在地教育旨在促进当地的可持续发展，不同于人力资本理论仅关注教育为市场竞争提供人才。在地教育理论要求教育与学生生活经验相联系，并关注学校在社区发展中的作用，其中，前者为后者的实现提供保障。与杜威的生活教育理论类似，在地教育也将当地社区纳入学校课程，而非仅关注标准化的知识和考试。不同的是，在地教育理论还关注学校的另一功能——社区振兴。在地教育理论认为，学校课程与学生生活经验的联系有利于提高学生个体的社区意识。只有当个体有强烈的社区意识时，社区才能成为经济和政治考量的因素，当

① Haas T., Nachtigal P., *Place Value: An Educator's Guide to Good Literature on Rural Lifeways, Environments, and Purposes of Education* (Charleston: ERIC Press, 1998), p. 8.

② Gruenewald, David A., Gregory A., Smith. *Place-based Education in the Global Age: Local Diversity* (New York: Lawrence Erlbaum Associates, 2008), p. 105.

③ Gruenewald, David A., "The Best of Both Worlds: A Critical Pedagogy of Place," Educational Researcher, 32 (4) (2003): 3–12.

④ Smith G., "Place-based Education: Learning to Be Where We Are," *Phi delta kappan*, 83 (8) (2002): 584–594.

⑤ Theobald, Paul, *Teaching the Commons: Place, Pride, and the Renewal of Community* (Boulder: Westview Press, 1997), p. 38.

地才能繁荣。①

在当前中国，乡村正经历急剧衰落。大量劳动力外流，年轻人竞相追逐城市生活，乡村成为被留守的地方。鉴于在地教育对当地社区发展的关注，它有利于将乡村村落纳入学校教育，改变学校教育鼓励逃离农村的现状，进而促进乡村振兴。②

二 农村教育现状：城市中心主义

正如在地教育所批判的一样，当前我国乡村教育呈现出个人主义、城市中心的特征。具体地，大量农村家庭进城陪读，逃离乡村学校和乡村；学校教育呈现出城市中心主义；教育政策表现出离农性。在城市话语下的乡村教育不仅未能促进乡村振兴，反而加速了乡村的衰败。

（一）农村家庭进城陪读

随着农村义务教育经费保障新机制的实施，我国城乡硬件教育资源的差距在缩小。例如，在2013年，我国中小学城乡生均教育经费差额分别缩减至153.64元（2010年为504.8元）和140.17元（2010年为492.21元）；③农村学校生均占地面积甚至多于城市学校。④但是，城乡学校在师资、教育质量上仍存在着较大差距。⑤

由于城乡教育质量的差距，一些农村家庭开始用脚投票，放弃农村学校，转而通过陪读的方式为孩子选择优质的城市教育。在甘肃省张掖市，

① Theobald, Paul, *Teaching the Commons: Place, Pride, and the Renewal of Community* (Boulder: Westview Press, 1997), p. 119.
② Haas T., Nachtigal P., *Place Value: An Educator's Guide to Good Literature on Rural Lifeways, Environments, and Purposes of Education* (Charleston: ERIC Press, 1998), p. 50.
③ 教育部、国家统计局：《中国教育经费统计年鉴2013》，中国统计出版社，2014；教育部、国家统计局：《中国教育经费统计年鉴2010》，中国统计出版社，2011。
④ 教育部：《教育统计年鉴2013》，中国统计出版社，2014。
⑤ Tayyaba S., "Rural-urban Gaps in Academic Achievement, Schooling Eonditions, Student, and Teachers' Characteristics in Pakistan," *International Journal of Educational Management*, 26 (1) (2012): 6-26.

53.42%的农村家长为了孩子的教育移居到甘肃会宁县;① 在江西临川，1/3的高中学生家长是陪读妈妈或者陪读父亲;② 在甘肃会宁的45000名学生中，有10000多名学生由家长陪读。③

笔者通过对甘肃省天水市的教师访谈了解到，市内Z重点小学有1/3的学生为农村陪读学生，而在非重点校的一所小学农村陪读学生占到了80%；湖北襄阳，据来自Y村完全小学的教师反映，其服务范围内的小学生有至少1/3在市里由家长陪读。笔者在湖北省西部山区X县的深入调研结果显示，约1/3的农村小学生在县城就读，而每位学生均由家长陪读。由表1可知，在X县城所抽取的三所小学中，2016~2017年学校2和学校3有约80%的学生为来自农村的陪读学生，学校1（重点校）有超过一半的学生是来自农村的陪读生。家长访谈证实了这些来自农村的学生是因择校而来，并非因其父母在城里务工。事实上，X县因地处山区，其工业所占比例较小（28.8%），④ 并不足以吸引大量农民工在此就业。

表1　2014~2017年X县城三所小学的农村陪读学生

学年	学校序号	学生数（人）	班级数（个）	平均班级规模（人）	非服务范围学生		非服务范围农村学生	
					人数（人）	比例（%）	人数（人）	比例（%）
2016~2017	1	3207	49	65.45	1953	60.90%	1835	57.22
	2	1877	30	62.57	1562	83.23%	1543	82.21
	3	463	5	57.88	378	81.64%	369	79.79
2015~2016	1	3223	49	65.77	2004	62.18%	1823	56.56
	2	1909	30	63.63	1602	83.92%	1581	82.82
2014~2015	1	3061	46	66.54	1924	62.86%	1652	53.97
	2	1776	30	59.20	1490	83.90%	1465	82.49

资料来源：由所访谈学校校长提供。

---

① 王丽、薛苗：《农村中小学生家长随迁型陪读现象的调查及其应对策略》，《甘肃科技纵横》2012年第6期。
② 刘建：《"异地陪读"现象的研究——以临川区普通高中为例》，硕士学位论文，江西师范大学，2010。
③ 《甘肃会宁县陪读蔚然成风　蜗居窄小出租屋》，《中国青年报》2009年12月4日。
④ 《2015年宣恩县国民经济和社会发展统计公报》，http://xxgk.xuanen.gov.cn/article/12634，2016年4月11日。

可见，农村陪读现象非常普遍。通过对 30 位陪读家长的访谈得知，农村家长之所以在小学阶段就选择陪读，主要是为了孩子逃离农村和农业，具体目的可分为三方面：更好的学业成绩；孩子的全面发展；使孩子成为城里人。在所访谈的 30 位农村陪读家长中，有 5 位家长是由于村里没有学校被迫陪读。

大部分陪读家长指出，"县城更好的教育质量" 是他们选择陪读的原因。对于 23 位家长来说，"教育质量" 主要指师资，他们认为县城的教师"更年轻、更负责、教得更好"。更好的师资意味着孩子更好的学业成绩，更多的大学入学机会以及在城市的工作机会。例如，一位 42 岁初中毕业的陪读母亲说"我和孩子父亲都没受过多少教育，我们就希望他们能多读点书，以后走出去，不要像我们一样，只能打工和种田……县城的学校比乡下的学校还是好很多，在这里读书他的学习成绩很好，每次都是 90 分以上，打好了基础，以后读中学、考大学都容易一些"。可见，家长陪读旨在为学生走出农村奠定基础。

少部分年轻和受过较多教育的家长认为，在城里就读更有利于孩子的全面发展。在他们看来，农村学校只教课本上的知识，孩子们都是"死读书"，而在县城，老师们会教课本以外的知识，有利于孩子拓展眼界。另外，县城有很多兴趣班，孩子们可以参加兴趣班。在访谈的 30 位家长中，有 10 位家长为孩子报了跳舞、书法等兴趣班。但是，参加兴趣班的目的不仅是培养学生的兴趣，更是为孩子在高考、就业中创造更多的机会。例如，一位 35 岁的年轻妈妈说"听老师说，有一项特长，到高考时可以加分"；一位曾经是小学老师的奶奶说"现在大学生就业压力大，有特长的话找工作时会比别人有优势"。可见，对孩子全面发展的重视最终仍然是关注孩子的就业机会。

对于 4 位年轻的、没有务农经历的陪读家长来说，他们送孩子来城里读书的一个重要原因是希望孩子能成为城里人，他们认为在村里的小学就读"接触不到微信支付这样的信息"，"在农村长大的孩子像'乡巴佬'，什么都不懂"。在他们看来，选择城里学校能让孩子们从"气质"上看起来像"城里人"。

虽然城乡教育差异是促使农村家长陪读的原因，但是陪读现象背后反映了农村人对离开农村、摆脱务农命运的渴望，而教育成为他们实现这种渴望的有效途径。正如在地教育理论所批判的，服务于市场、就业的教育使得人们只关注个人利益的获得，在地区差异存在的情况下，个人中心的教育目的鼓励人们逃离所生活的社区以寻求更多的机会。在乡村振兴的背景下，如若不改变以个人社会流动为唯一目标的教育，农村孩子及其家长仍会大规模地逃离。诚然，追求个体向上社会流动无可厚非，但是将其作为唯一目的、丝毫不考虑当地社区发展的教育将会与乡村振兴背道而驰。只有在学校教育中纳入社区意识的培养，才能增强下一代的乡村自信，才有可能为乡村振兴储备人才。

（二）城市中心的学校教育

学者们认为学校对于当地社区的经济、社会和文化发展具有重要作用。[1] 但是现实中，正如陪读现象所反映的，学校教育在家长看来仅是个人上升的一个渠道。根据对农村家长的访谈，他们认为学校的主要责任是传播知识，为当地社区服务并不是学校的目标。例如，一位未陪读的农村家长说"老师们应该尽可能地提高学生的成绩，至于农村发展，没有人要求学校做与此相关的事情，这是村干部的事情"。这无疑显示了家长对于教育的不完全理解，也反映了当前乡村学校未融入其所在村落。乡村学校与乡村村庄在教和学上均是脱离的。

乡村教师居住在县城，而与乡村脱离。笔者所调查的湖北省 X 县的五所乡村小学中，2/3 的教师居住在县城，甚至有些教师每日往返于县城与学校之间。所访谈的 24 位农村未陪读家长（其家与所选取的村小属于一个村），说他们与学校老师不熟悉，甚至很多家长不认识大部分学校老师。已有研究显示，90%的农村教师希望到城里学校工作。[2] 农村教师对学校

---

① Lyson T. A., "What does A School Mean to A Community? Assessing the Social and Economic Benefits of Schools to Rural Villages in New York," *Journal of Research in Rural Education*, 17 (2002): 131-137.

② 邬志辉、秦玉友：《中国农村教育发展报告 2013-2014》，北京师范大学出版社，2015。

所在村庄的发展并不关注。

少数生活在村庄的教师并未比居住在县城的教师承担更多的社区责任。一位 68 岁的爷爷观察到"每到星期五，那些住在城里的老师都希望早点放学回城里。住在我们村的老师也急着回家好帮忙摘茶叶"。一位村计生专干抱怨道："学校有两个老师还是我们村委会的成员呢。他们从来不参加村里的会议和活动。我们每次都通知他们，但是他们从来不来。后来，我们也就懒得通知他们了。他们根本不关心我们村的事情。"

另外，学校的教学内容与农村生活脱节，课程内容所显示的都是城市的生活，以城市为中心，对与农村生产生活相关的知识极少涉及。① 农村家长对孩子学习的低参与度间接说明了此问题。80%所访谈的农村家长承认他们并不具备辅导孩子学习的能力，因为他们对于孩子所学内容并不了解。所有的家长承认学校所教的内容与农业以及他们的生活没有关联。相反地，学校教育不仅未传授学生与当地有关的知识，还鼓励农村学生通过努力学习走出乡村。例如，所访谈的 11 位农村教师均承认通过鼓励孩子离开农村来引导他们努力学习。

事实上，乡村学校将其自身局限于课本知识的传授，并拒绝积极参与村庄事务，这进一步强化了人们对于学校教育仅作为个人社会流动工具的片面性认识。教师的不在村、教学内容的城市化均将无休止地鼓励人们离开乡村。

（三）离农的教育政策

国家教育政策旨在为提高国家的国际竞争力服务，对于村庄及农业发展鲜有提及。从早期的"文字下乡"，到后来的撤点并校、素质教育以及城乡教育一体化等政策，均表明我国教育政策的离农性。

清末民初，国家权力对于乡土社会的干预日益加强，现代学校制度作为国家统治的工具被植入乡村社会（"文字下乡"）。到 20 世纪 80 年代，

---

① 余秀兰：《文化再生产：我国教育的城乡差距探析》，《华东师范大学学报》（教育科学版）2006 年第 6 期。

随着九年义务教育的普及，新式学校已全然统一乡土社会。但是，由于新式学校作为一种"舶来品"，在教育形式和内容上均难以满足乡村社会的实际生活，它未能成功地促进乡村现代化，反而导致了乡村文化的衰落与乡村精英的外流（新式学校为乡村精英提供了外流的通道）。①

"文字下乡"是国家对教化权的掌控，希冀以此提高人口素质，实现现代化。这种国家发展主义的话语延续至今，例如，1999 年的《中共中央国务院关于深化教育改革全面推进素质教育的决定》的第一句即强调"国力竞争"，培养"德智体美等全面发展的社会主义建设者和接班人"，旨在为国际竞争提供人力资本。2017 年的《关于深化教育体制机制改革的意见》（以下简称《意见》）明确指出应培养学生的"认知、合作、创新和职业"四大关键能力。无论是素质教育还是《意见》所提倡的学生素质和能力均与农村农业无关。可见，处在国家发展主义话语下，乡村教育并没有与乡村或者农业产生任何联系，而是无关于、独立于乡村的。

乡村教育更以城市化为特征，如"撤点并校"强行推动学校进城。农村中小学布局调整于 2001 年在农村广泛实施，许多地方按照"村不办小学，乡不办中学"的原则进行学校撤并，改变了"村村有小学"的格局。2000～2010 年这十年间，我国农村小学数量减少了一半，教学点减少了60%。② 2012 年该政策被紧急叫停以后，由于较远的家校距离和对优质教育的追求，许多农村家庭选择城镇小学，仍被保留的村小学和教学点在学生数量减少的情况下，不得不关闭。2012～2015 年，我国农村中小学仍每天消失 18.05 所。③ "撤点并校"在追求规模效益的同时，强行推动教育的城镇化，加速了"文字上移"，④ 使村落残余的公共文化彻底淹没。⑤

---

① 姚荣：《从"嵌入"到"悬浮"：国家与社会视角下我国乡村教育变迁研究》，《清华大学教育研究》2014 年第 4 期。

② 21 世纪教育研究院：《农村教育布局调整十年评价报告》，http://www.shekebao.com.cn/shekebao/2012skb/sz/userobject1ai5012.html，2012。

③ 秦玉友：《教育城镇化的异化样态反思及积极建设思路》，《教育发展研究》2017 年第 6 期。

④ 李强：《中国村落学校的离土境遇与新路向》，《中国教育学刊》2010 年第 4 期。

⑤ 熊春文：《"文字上移"：20 世纪 90 年代末以来中国乡村教育的新趋向》，《社会学研究》2019 年第 5 期。

　　"撤点并校"从空间上促进了学校进城,"城乡教育一体化""城乡统筹发展"等则从内涵上加速教育城镇化。虽然"城乡教育一体化"有利于缩小城乡教育差距,促进乡村教育资源及质量的改善,但是在达成此目标的过程中,各地方的举措却明显地表现出城市化的倾向,以城市教育为模板改进乡村教育,旨在将乡村教育办成存在于乡村的"城市教育"。例如,李涛所调查的四川省 J 县的"城乡学校发展联盟",定期派县城中的龙头学校为农村学校进行指导。[①] 如此的"一体化"无法突显农村学校所在乡村的自然、生产、社会和文化特征,只是复制城市精英教育。

　　另外,对于近年来普遍出现的农村家庭进城陪读现象,地方政府表面上规定须"就近入学",实则却鼓励陪读。在笔者所调查的湖北省 X 县,虽然县教育局对择校进行了规定,却明确指出县城学校有义务为进城务工人员子女提供教育。通过对家长们的访谈得知,他们最初以进城务工人员的身份为子女选择城里学校,当子女成功入读县城学校后,父母则外出到发达城市务工,祖父母则在县城陪读。据教育局工作人员反映,2016 年县城新建的公立小学便旨在为所谓的"进城务工人员子女"服务。另一名教育局工作人员反映,政府实际上乐见农村家长进城陪读,因陪读推动了房地产的发展,促使农民在县城租房、购房;增加了农民在城市的消费,促进了城市商业的繁荣。陪读繁荣了城市经济,有利于提高当地政府的绩效。

　　在离农的教育政策的引导下,乡村教育将会进一步地城市化,从而远离乡村。作为村落文化中心的学校将成为建于乡村的"城市异物",不仅于乡村振兴无助力,而且会将"城市崇拜"注入学生的思想,鼓励学生逃离农村、远离农业。正如陶行知先生所批判的"中国乡村教育走错了路!它教人离开乡下向城里跑,它教人吃饭不种稻,穿衣不种棉"。

三　农村教育的可能之路

　　在追求快速城市化、工业化的背景之下,乡村教育成为达成此目标的

---

① 李涛:《中国乡村教育发展路向的理论难题》,《探索与争鸣》2016 年第 5 期。

手段之一，如撤点并校强制学校进城，教育陪读吸引农村家庭进城，学校课程根植"城市崇拜"，农村学校复制城市教育模板。离农性的乡村教育促进了教育公平和农村发展吗？

清末民初的"文字下乡"导致了乡村精英外流、文化衰落。[①] 素质教育对学生的综合能力提出更高的要求，无疑需要家庭更多的经济、文化资本的投入，相比于城市学生，农村学生在此方面没有竞争力，素质教育因此加大了城乡教育不公平。[②] 撤点并校增加了家校距离，增长了上学成本。贫困孩子或辍学或进入薄弱学校，家庭经济条件好的孩子则进城选择更好的学校，成为陪读学生。陪读现象加剧了农民的分化，因有条件的家庭逃离乡村，留下最弱势的群体。而学校课程、学校建设的城市化，则鼓励学生逃离乡村。因此，离农的学校教育加速了乡村的衰落。

在乡村振兴战略的背景下，乡村教育必须改变其城市化的偏向，为乡村振兴储备、培养人才，使农村学校真正成为乡村振兴的文化阵地。基于在地教育理论，乡村教育应摒弃城市中心的发展观，树立乡村发展观。

一方面学校教育应纳入乡村独特的自然、农业、社会和文化特征，加强学习素材与学生生活的联系。加强地方课程的实施，同时将当地的生产、生活融入课堂教学、课下活动中。令人欣慰的是，在 2019 年 6 月 23 日，中共中央、国务院所发布的《关于深化教育教学改革全面提高义务教育质量的意见》明确提出："加强劳动教育。创建一批劳动教育实验区，农村地区要安排相应田地、山林、草场等作为学农实践基地。"将农业生产纳入课程再次被国家政策提及，这对于乡村教育以及乡村的可持续发展将是一个很好的开端。甘肃省平凉市静宁县城川镇大寨小学在将乡村生活与农业生产融入课程中做了很好的诠释。由大寨小学和其他几所小学组成的"甘肃平凉三色堇农村小规模学校联盟"开发了 12 个乡土课程，把升子、耙、石磨等农具作为教具，孩子们在升子课上学习升、斗、担、斤的

---

① 熊春文：《"文字上移"：20 世纪 90 年代末以来中国乡村教育的新趋向》，《社会学研究》2019 年第 5 期。

② Kipnis A., "The Disturbing Educational Discipline of Peasants," *The China Journal*, 46（2002）：1-24.

换算，也能通过计算升子制造所需木料学习梯形面积公式，能在石磨课上学习杠杆原理。①

另一方面，乡村学校应担当乡村文化阵地的角色，繁荣村落文化，教化村民，为村落发展服务。中国农业大学孙庆忠所主持的乡村教育实验，在河南省辉县依托川中幼儿园办了一所社区大学。幼儿园的教师为侯兆川的老百姓提供教育，课程包括舞蹈、美工、烹饪、辉县历史文化、卫生常识、民事纠纷与民法等，涉及日常生活的方方面面。每年 6 月 2 日，村民都会组织一场文艺庆典活动。② 这所以川中幼儿园为依托的社区大学，丰富了村民的日常生活，为他们提供了日常生活所必需的知识；繁荣了村落文化，为凋零的乡村带去了生机。可见，学校不仅可以教育下一代，而且可以教育成年人，带动乡村文化的繁荣与发展。

A Query of Rural Educational Development in The Background of Rural Revitalization: From The Perspective of Place-based Education

Teng Yuan

Abstract: Rural revitalization is one of the most important issues in current China. As a core institution for talent cultivation and cultural communication, the rural school is an important factor for revitalizing the rural countryside. However, based on the theory of place-based education, it is found that the current rural education has failed to improve rural development. Specifically, a large number of rural families fled from villages to cities to choose the urban school; rural school

---

① 王富贵:《乡土课堂：播下乡村复兴的种子——"水渠"农耕文化下融通乡土生活的课堂》,《教育现代化》2018 年第 35 期。

② 搜狐新闻:《从学前教育到成人教育——川中幼儿园·社区大学的故事》, 鹤琴幼儿园活教育共同体第二届研讨会, https://www.sohu.com/a/216291125_154345, 2018 年 7 月 20 日。

education is urbanized and encourages people to leave the countryside; the national education policy showed a lack of care for agriculture. Therefore, it is necessary to reshape rural education with the concept of rural development; to link rural school curriculum with agricultural production and rural life; and to make the rural school serve for rural development.

Keywords：Rural Revitalization；Place-based Education；Rural Education

女童教育：发展脉络及其内涵演变

张莉莉　　王艺亦　　姜冠群

【摘　　要】本文从女童教育发展的历史脉络出发，分析了不同时期中国女童教育关注的重点问题。在梳理国际女童教育思潮的基础上，本文回顾了我国改革开放以来女童教育的实践历程与内涵演变，包括解决女童入学难、为大龄失辍学女童提供技能培训、女童保护及女童青春期性教育等方面的一些实践探索。女童教育主要关注贫困弱势女童的权益保护与发展，在当下的社会经济背景下，女童的入学权利得到了基本保障，但性别、阶层、民族等因素的综合影响使得弱势女童面临着更大的发展障碍。女童教育的本质是对弱势女童的关照与支持，这个基本的立场确定了女童教育的关怀属性，也对赋权教育学方法提出了要求。

【关 键 词】教育学原理；女童教育；赋权教育学

【作者简介】张莉莉，博士，北京师范大学教育学部教育基本理论研究院教授，研究方向为教育社会学、性别教育；王艺亦，硕士，联合国教科文组织国际农村教育研究与培训中心项目助理，研究方向为性别与发展研究；姜冠群，北京师范大学教育学部教育基本理论研究院硕士研究生，研究方向为教育社会学。

一 女童教育的概念与历史

女童教育，英文为"Girl's Education"，是指 18 岁以下女性儿童接受的正规及非正规教育。女童教育是一个内涵广泛的社会问题，提升女童受教育水平，不仅有利于女童自身发展，也可以促进社会发展，有着经济、政治、文化等多方面的影响力。

20 世纪以来，女童教育思潮在国际社会出现过两次，基本是伴随女权主义运动而兴起，第一次是在 20 世纪初，与工业化国家妇女争取选举权和同工同酬运动同步。在斗争中，教育对提高妇女地位的重要作用得到认可，给予女童和男童一样的教育成为此次女童教育思潮的主要内容。在社会各界的关注下，女童教育随着义务教育的普及逐渐得到发展。这次思潮带来的影响表现为男女儿童同校、同班接受同样的教育。第二次女童教育思潮发生在 20 世纪 60 年代末，随着 60 年代女权主义的发展和对处境不利群体的关注而出现。在此次思潮中，女童教育问题从第一次思潮关注女童入学机会、争取作为人的基本权利方面拓展到更多方面，如对男女入学机会平等背后教育过程中潜在的不平等进行分析，宣传女童受教育权利、提升女童教育质量。[1]

在此过程中，发达国家开始向发展中国家宣传男女有平等接受教育的权利，并且以物质援助等形式支持发展中国家的女童教育；国际组织在此过程中也发挥了重要作用，推动女童教育思潮在世界范围内产生和拓展。例如，1979 年，联合国大会通过《消除对妇女一切形式歧视公约》，明确规定"缔约各国应采取一切适当措施，消除对妇女的歧视，并保证妇女在教育方面享有与男子平等的权利……"[2]；1989 年通过的《儿童权利公约》

---

① 毕淑芝、王义高：《当今世界教育思潮》，人民教育出版社，第 272~273 页。
② 《消除对妇女一切形式歧视公约》，联合国公约与宣言检索系统，https：//www.un.org/zh/documents/treaty/files/A-RES-34-180.shtml，最后访问日期：2021 年 11 月 5 日。

中，女童作为"处于特殊困境中的儿童"①，受到联合国和国际社会的特别关注。1990 年通过的《世界全民教育宣言》强调，"首要任务就是要保证女童和妇女的入学机会，改善其教育质量，并消除一切阻碍她们积极参与教育的因素。"② 1995 年联合国第四次世界妇女大会在中国北京召开，通过了《北京宣言》，也是第一个明确呼吁实现女童权利的宣言，提出"通过向女孩和妇女提供基本教育、终身教育、识字和培训及初级保健，促进以人为中心的可持续发展，包括持续的经济增长"③。

在第二次女童教育思潮与国际社会不断倡导推动下，越来越多国家重视与关心妇女、女童教育问题。据研究，受此影响，从 1960～1985 年 95 个国家教育发展数据来看，它们基本上在法律文件中明确表明男女儿童具有同样的受教育权利，应给予女童以更加优惠的条件，确保女童享有教育权。④ 这说明，联合国将教育作为一项基本人权，在联合国儿童基金会、联合国教科文组织等国际组织对儿童、女性教育的不断倡导下，女童受教育权作为一项基本权利已经基本被认可。

可以看到，女童教育产生于争取公民平等入学权利的历史背景下，在很长一个历史时期，其基本含义是为处于弱势的女童提供教育支持。其中不仅包括正规的学校教育，也包含非正规技能培训。联合国可持续发展目标 4 明确提出：到 2030 年，所有男女童完成免费、公平和优质的中小学教育；为所有男性与女性提供负担得起的优质技术、职业和高等教育等目标。女童教育的内涵体现在其中，表现为进一步保障女童的受教育权利，并且在教育过程中消除性别歧视。

目前，在西方工业化国家，女童义务教育基本普及，女性在高等教育

---

① 《儿童权利公约》，联合国公约与宣言检索系统，https：//www.un.org/zh/documents/treaty/files/A-RES-44-25.shtml，最后访问日期：2021 年 11 月 5 日。

② 《世界全民教育宣言》，UNESCO 数字图书馆，https：//unesdoc.unesco.org/ark：/48223/pf0000127583_chi，最后访问日期：2021 年 11 月 5 日。

③ 《北京宣言》，联合国公约与宣言检索系统，https：//www.un.org/zh/documents/treaty/files/A-CONF-177-20-REV.1.shtml，最后访问日期：2021 年 11 月 5 日。

④ Benavot A., "Education, Gender, and Economic Development: A Cross-National Study," *Sociology of Education*, 1989 (1): 14-32.

中的比重也在增加，女童教育研究主要关注教育中的性别不平等深层问题，如教育资源分配在私人领域和公共领域的不平等现象、学校教育中的性别歧视问题等。近年来，发展中国家女童未能接受义务教育的现象有所缓和。根据联合国教科文组织统计，2019 年，所有发展中地区已实现或近乎实现初等教育中的性别平等，但仍有区域和国家差异。[①] 虽然全球男女童入学比例差距已经不大，但是偏远落后地区的女童教育问题无法通过现有数据得到很好的体现，容易被全国性统计数据遮蔽。这也是为什么女童入学问题在新时期仍然需要全球的持续关注。

二　中国女童教育的实践历程及内涵演变

在我国，女童教育发端于晚清的妇女解放思潮。比如 1903 年，金天翮著《女界钟》将中国的积贫积弱与传统文化对女性的压抑结合起来，倡导通过妇女解放提升国力。教会和一些有识之士新办女学开启了女童教育的早期历史。1949 年之后，新中国推动了大规模的妇女扫盲运动，义务教育也得到快速发展。在"妇女能顶半边天"的宏观话语体系下，妇女教育有了很大的改观，但对于教育中性别问题的关注却比较缺失。20 世纪 80 年代之前，中国教育界不承认女童教育的特殊性，认为男女已经完全平等，女童教育无须单独研究。[②] 在这一阶段，消除阶级差异的目标遮蔽了一些性别问题，性别差异也被有意淡化。80 年代以后，随着对国家普及义务教育现实难题的关注，以及 1995 年世界妇女大会在北京召开，社会性别概念、女权主义思潮等传入中国，当代女童教育研究和实践得到快速发展。

从文献来看，中国女童教育的实践大致经历了三个阶段，始于保障女童入学权利，解决女童入学难问题；之后逐渐转变为针对失辍学女童的技能培训及能力提升，以更好地满足女童发展的需求；现阶段，女童教育有

---

① UNESCO Institute for Statistics（UIS），*New Methodology Shows 258 Million Children，Adolescents and Youth Are Out of School*，https://reliefweb.int/report/world/new-methodology-shows-258-million-children-adolescents-and-youth-are-out-school，最后访问日期：2021 年 11 月 5 日。

② 毕淑芝、王义高：《当今世界教育思潮》，人民教育出版社，第 272~273 页。

所转向，更关注性别平等教育，也更关注女童成长和发展中的特殊需求。将来，女童教育会在可持续发展的大框架中，以更加综合的视野、更为多元的方式关照弱势女童的全面发展。

（一）第一阶段：女童入学难问题

新中国成立以来，我国教育事业发展很快，男女童入学率差距逐步缩小。新中国成立时，全国女童入学率只有15%。[①] 到20世纪90年代初期，全国女童小学入学率已经有了显著提升。从1992年起，教育部的统计年鉴增加了小学入学率的分性别统计，1992~1999年的数据如表1所示。[②]

表1　1992~1999年学龄儿童净入学率

年份	男童入学率（%）	女童入学率（%）	性别差（百分点）
1992	98.2	96.1	2.1
1993	98.5	96.8	1.7
1994	99.0	97.7	1.3
1995	98.9	98.2	0.7
1996	99.0	98.6	0.4
1997	99.0	98.8	0.2
1998	99.0	98.9	0.1
1999	99.1	99.0	0.1

1992年，教育部的数据首次包括女童的入学率，女童入学率为96.1%，比男童入学率低2.1个百分点；1998年，性别差第一次缩减到0.1个百分点。然而，教育的地区发展仍极度不均衡，西部地区由于历史、地理、社会文化等多方面原因，农村女童处境不利，上学难的问题十分突出。中国政府、国际组织、民间公益项目和爱心人士都非常关注这个问题，并做出不懈努力，取得了显著的成绩。1989年开始的"希望工程"和

① 《中国的儿童状况》，《人民日报》，http://www.gov.cn/zhengce/2005-05/25/content_2615744.htm，最后访问日期：2021年11月5日。
② 《一九九九年小学学龄儿童净入学率》，http://www.moe.gov.cn/s78/A03/moe_560/moe_571/moe_565/201002/t20100226_7753.html，最后访问日期：2021年11月5日。

"春蕾计划"公益项目极大调动了社会各界对儿童失学，尤其对女童失学问题的关注。"希望工程"通过社会捐赠救助贫困地区失学少年儿童，贫困地区女童极大受益；"春蕾计划"是专为改善贫困家庭女童受教育状况而设立的专项计划，由时任全国妇联主席陈慕华倡导。[①] 春蕾计划回应了我国20世纪80年代末女童占适龄儿童失学人数的2/3这个现实问题。该项目调动政府机构、企业、个人进行多层次的参与，资助重点是贫困地区，捐建女童学校，帮助女童重返校园，进行实用技术培训等。到2008年，该项目累计获得捐赠8亿元，捐建800多所春蕾学校，资助180多万女童重返校园。

春蕾计划由全国妇联、中国儿童少年基金会共同发起，建立了由教育、民政、扶贫、妇联等多部门合作，学校、社会组织、企业共同联动参与的工作机制，通过社会倡导和民间参与，协力解决女童入学难等问题。春蕾学校和春蕾班也是中国女子教育的重要实践，相关经验值得深入总结。

在区域性的难点地区，西部四省（区）（宁夏、甘肃、青海、贵州）女童教育行动研究是最具创新性的代表性项目。根据1990年全国第四次人口普查数据，在全国211.1万未入学的7～11岁学龄儿童中，女童占81.1%，而上述西部四省区就占了全国未入学儿童的1/4；10～14岁女童未在校率为37.4%，男童未在校率为18.7%，[②] 远高于全国平均水平。可见，相比于男童，西部女童失辍学问题尤为严重。1993年，党中央和国务院颁布的《中国教育改革和发展纲要》，把到20世纪末在全国基本普及九年义务教育、基本扫除青壮年文盲列为整个教育工作的"重中之重"，解决农村女童特别是西部少数民族贫困女童就学难问题成为普及义务教育的重要一环。

针对此，1992年，宁夏教科所周卫、甘肃教科所张铁道与青海、贵州等四省（区）专家一起协作，承担了国家"八五"哲学社会科学规划重点

---

① 《爱心培育二十载 春蕾花开满神州——写在"春蕾计划"实施20周年之际》，《中国妇运》2009年第7期。
② 《我国西部四省区女童教育研究》，《教育研究》1996年第1期。

课题《农村女童教育现状、问题及对策研究》①，以西部四省（区）为研究对象，研究影响贫困地区女童教育的因素及相应对策。该项目采用行动研究方法，在西部四省（区）女童教育问题最为严重的 16 个贫困县、9 个少数民族聚居地的 28 所各种类型的农村小学展开了调查和系统的干预行动。课题组专家对四省（区）5000 余名 7~15 周岁男女童受教育状况进行了基线调查，并在文献研究、历史研究及对亚太六国比较研究的基础上，提出"整体优化女童教育环境，有效解决女童就学难"的试验假说。项目围绕让各民族女童"进得来、留得住、学得好、用得上"的目标，整体优化女童教育的环境，进行了为期三年的试验工作。② 项目包含的 28 所试验学校设定了"心灵手巧，自立自强"的校训，结合本地风俗文化，通过各种活动培养学生的自治能力和全局意识。女童入学率和五年在校生巩固率分别平均提高了 20 多个百分点，在国内外产生了很大影响；项目研究成果丰硕，出版《中国西部女童教育行动研究》《创造平等——中国西部女童教育口述史》等专著，在提倡行动研究和口述史研究方面具有一定的开创性意义。

西部四省（区）（宁夏、甘肃、青海、贵州）女童教育行动研究项目是在我国经济不发达、贫困问题尚未解决，西部女童入学率极低现实背景下，采用行动研究方法，探索系统干预策略的优秀实践。该项目以西部女童入学困难现实为出发点，突破单一扶贫解决女童入学困难的简单化思路，提出"女童问题是贫困问题、宗教问题、民族问题等多种问题在教育文化上男女不平等的问题、性别问题在教育上的一个综合反映，要整体优化女童教育的社会环境、家庭环境和学校环境，然后才能有效地解决女童入学难的问题"，在研究思路上有重大突破。

在行动研究指导下，项目组动员了政府、学校、包括民族宗教人士在内的社会人士及家庭的积极参与，注重民族女教师培养、女校长配备，使其发挥对女童教育的榜样引领作用，重视民族文化课程、职业教育，加强学校对女童的吸引力，提出"加强领导，建立机构，上下左右形成合力"

---

① 周卫：《中国西部女童教育行动研究的方法论价值》，《教育评论》1995 年第 6 期。
② 周卫、张铁道、刘文璞：《中国西部女童教育的困境与出路》，《青年研究》1994 年第 11 期。

"转变观念，多方参与，优化社会环境""家长培训，双向交流，优化家庭环境""改善管理，提高质量，优化学校环境""改革课程内容，体现地方、民族和女童特色""勤工俭学，增强学校自主办学活力""开展非正规办学""抓紧培养女教师和女校长""普遍举办学前班，减少留级流失""全程评估监测，不断修正行动计划"十大试验措施。

例如，在"心灵手巧，自立自强"的校训指导下，许多学校开展"自立自强"演讲征文比赛和"心灵手巧"小制作竞赛，还根据农村、山区、牧区特点，开设了手工、编织、刺绣、烹饪、果树栽培等活动课程。在资源不足、政府资金不充分的情况下，各学校想办法自建小农场、小林场、小牧场，建立勤工俭学基地，吸引学生入学。项目对已经失辍学的大龄女童开展了形式多样的非正规教育，在日本宋庆龄基金会支持下举办大龄女童扫盲班，支持大龄女童学习文化知识、卫生法律常识和缝纫、刺绣等实用劳动技能；日本宋庆龄基金会也为缝纫刺绣班的每个学员资助了一台缝纫机，掌握技术的大龄女童不仅在日常生活中使用机器，而且可以进入女子缝纫社工作。

尤其重要的是，该项目组在调查中发现民族地区女教师对吸引女童就学的巨大作用，采取特殊措施来加快少数民族女教师、女校长的定向培养。在项目中成长出 143 名女校长，其中典型代表是宁夏韦州回民女子小学的马新兰校长。

该项目注重广泛获取专家指导和支持，一些女童教育专家，如清华大学教育史的专家史静寰教授，北京大学妇女问题研究中心郑必俊教授、臧建教授，日本早稻田大学新保敦子教授等都有深度的参与。专家们也在项目中走进女童教育的田野，从而能够在研究和倡导活动中更好地为女童教育发声。北京大学杨立文教授、臧建教授的团队对女童进行口述史研究并出版了《创造平等——中国西部女童教育口述史》。1995 年联合国第四届世界妇女大会在北京举行，史静寰教授牵头主持了"女童"论坛。周卫、张铁道等老师介绍了课题，韦州的马新兰校长分享了自己的经验。

项目提出"边研究边改进女童教育工作，边完善教育行政决策边开展舆论宣传的方法"①，通过课题带动各方参与。项目试验中探索出的有效解决女童入学难的十条措施，在中国教育部改进和加强民族地区女童教育的后续政策文件中得到体现。1994 年，全国妇联向社会发布了江泽民、李鹏等九位国家领导人为女童教育的题词，女童教育受到了全社会空前关注。该项目也与联合国教科文组织促进国际地区女童教育的国际项目开展了合作，并学习了其他发展项目的经验。

（二）第二阶段：大龄女童失辍学问题

2000 年后，联合国全民教育目标（Education for All，EFA）② 及《中国儿童发展纲要（2001—2010 年）》③ 对女童教育起到了很好的推动作用。在这个阶段，很多基础教育项目发放助学金的时候向女童倾斜，乡村学校中的女教师比例逐渐增加。到 2006 年，随着两免一补政策的推进，适龄女童入学问题基本得到解决。对于那些已经辍学无法返回校园的女童，一些技能培训项目应运而生。其中，北京昌平农家女实用技能培训学校项目、中英大龄女童技能培训项目很具有代表性。

1. 北京昌平农家女实用技能培训学校④

北京昌平农家女实用技能培训学校（以下简称农家女学校）创办于 1998 年，是中国第一所面向农村妇女的非营利性培训学校。学校通过向海内外爱心人士和机构、国际组织扶贫项目及学校筹款活动筹措资金，发展了"农家女助学金项目"（2000 年启动）和"农家女勤工助学培训项目"（2003 年启动）两个代表性项目。这两个项目专门针对农村大龄辍学女童或女青年设计，以提高女童的一般和职业技能为目标，通过咨询或象征性返还培训费，在农家女学校提供农村剩余劳动力进城就业常用技能培训。

---

① 《我国西部四省区女童教育研究》，《教育研究》1996 年第 1 期。
② Education for All（EFA），https://unevoc.unesco.org/home/Education+For+All，最后访问日期：2021 年 11 月 5 日。
③ 《中国儿童发展纲要（2001—2010 年）》，http://www.moe.gov.cn/s78/A06/jcys_left/moe_705/s3326/201001/t20100128_82004.html，最后访问日期：2021 年 11 月 5 日。
④ 张莉莉：《北京昌平农家女实用技能培训学校"农家女助学金"培训项目评估报告》，2006。

农家女学校的女童培训着眼于实用技能的获得和一般生存能力的提高，课程设置从总体上分为专业课和公共课两类。专业课分为美容美发、餐饮服务、计算机，还举办过缝纫及家政服务班，强调理论和实践的结合。公共课主要有公民意识与民主法制、劳动合同法、社会性别意识参与式培训、婚姻法，还有就业前的心理准备以及有关诚信和自我保护方面的内容。

在女性劳动力转移培训中重视生活技能教育，注重权利和性别意识的培养以及树立角色榜样，是项目成功的关键，也是农家女学校对女童和妇女教育的重要启示。农家女的公共课针对女童需要精心设计，内容符合现代生活技能培训的基本主题，如权利意识、社会性别意识、自我认识与保护、人际交往、就业准备、卫生保健等。课程主要由吴青女士、谢丽华女士、罗兆红女士等长期关注弱势女性成长的女性讲授，学员对参与式培训边讲边提问、讨论的方法很感兴趣，公共课传递的乐观、自强、上进的生活态度对学员产生了深刻的影响；农家女的青春期卫生保健知识课结合大龄女童的生理、心理发展状况，帮助女童学会应对青春期的种种挑战；英语课程由北师大、中华女子学院等学校的大学生志愿者讲授，通过游戏方式为学员带来新视角。权利和性别意识的培养以及角色榜样的树立对于女性的职业发展具有非常积极的作用。农家女的学员在性别意识上积极自主，有明确的目标追求，这使得她们不仅克服了传统性别观念的负面影响，而且能更好地应对生活中的各种挑战。

在有计划有组织的课程（显性课程）之外注重学生学习环境（包括物质环境、社会环境和文化体系）的营造，也是农家女学校成功的重要启示。学校环境优美，种满了花草和蔬菜，校园有许多由不同的国家、组织和个人捐赠的物品，教师们戏称办公室为"联合国"；学校对毕业生风采和名人来访照片的展示、作为名人的主要办学者与女童平等关爱的交往方式在学员心里种下了"人人生而平等"的种子。农家女学校的学员多数来自相对偏远的山区，升学无望带来的挫折感、家庭贫困引发的自卑感，使这些孩子心理上承受着种种负担。学员来到学校后，教师对学员非常关心，经常和她们一起吃饭；办公室也向她们自由开放，学校还设计参观路线，让学员分组自行决策与行动，到北京游览等。这些都给学员提供了宽松的不受压迫和限制的成长环境，对于她们融入城市生活、完成职前社会化都有积极作用。这些活动对于显性课程有很大的补充作用。农家女学校探索出的技能培训模式重视通识教育，改变了学员的精神面貌。

农家女学校也是整合多种社会资源有效地开展培训工作的实例。作为一项公益事业，农家女学校在发展过程中得到了政府和社会各界的许多支持，建立了与地方政府、各级妇联、用人单位的良好合作关系。政府可以依托非政府组织开展公益性培训，并通过合作伙伴关系使自下而上和自上而下两种培训力量更有效地整合。

农家女模式具有很强的社会推广价值，它与其他针对青年女性的短期技能培训不同，具体体现在两个方面。第一，这种模式有很强的通识课程设置，为女童赋能，提升她们的性别意识；第二，模式产生了很强的社会连接，使得社会热心人士愿意参与并提供支持。一直到今天，农家女学校仍在运营，但如何在更大范围内推广这种模式，还需要政府及社会团体的支持。

2. 中英大龄女童技能培训

"中英贫困地区大龄女童技能培训和妇联能力建设合作伙伴项目"（以下简称大龄女童项目）是国家商务部与英国发展部签署、由全国妇联执行的国际合作伙伴项目，项目实施范围是中国西部的三省六县：云南省的西畴县与彝良县、四川省的仪陇县与平昌县、甘肃省的天祝县与秦安县，目标人群是 15～18 岁失辍学的农村贫困大龄女童，特别是少数民族地区的女童，项目周期为 3 年（2003 年 11 月至 2006 年 11 月）。① 据统计，项目免费为 12761 名失辍学大龄女童提供了培训。

该项目分为研究、培训、倡导三个子项目，通过合作伙伴关系探索出为弱势大龄女童提供培训支持及政策倡导的模式。

在研究方面，项目进行了田野工作、问卷调查、文献资料收集，为项

---

① 章立明：《参与式培训与赋权女童——中英贫困地区大龄女童技能培训和妇联能力建设合作伙伴项目》，《中华女子学院山东分院学报》2009 年第 3 期。

目开展培训和宣传工作奠定基础。2005 年 6 月，在项目培训之前，全国项目办、省项目办及两级专家对项目试点县进行基线调查，对云南省文山州西畴县的 3 个乡镇 2400 名大龄女童进行了培训需求分析。基线调查数据显示，女童最迫切希望得到的培训内容前 4 位依次是：文化知识、卫生知识、男女平等知识、法律知识。

培训是项目的中心。大龄女童项目将参与式的理念贯穿培训始终，鼓励基层教师深度参与，编写贴近女童生活和心理、以实际问题为导向的培训教材，对大龄女童进行文化知识、职业技能和生活技能、法律权利意识的培训，增强女童参与社会发展的能力。培训使用参与式方法，分为三个方面，一是实用语算知识：日常读写、计算、实用历史地理知识，培养女童交流和问题解决的技能；二是实用生计知识：主要指务农和工作的技能，如新型农业、家庭种植养殖、刺绣、家政服务等，增强女童的生产能力和就业能力；三是实用生活技能：唤起女童作为儿童、妇女和人的权利意识，从而有能力对自己的生活做出积极主动的决定和行动。[①]

宣传倡导是项目的重要组成部分，项目宣传倡导专家结合国际经验，创造性设计各种当地喜闻乐见的文体活动进行宣传倡导。除了媒体宣传、地方戏曲和文艺节目宣传倡导性别平等、关爱女童理念，项目也让大龄女童成为项目主人，于 2005 年 12 月和 2006 年 11 月在云南省昆明市举办"放飞女孩的梦想"和"携手共创生活新天地"两次女童论坛，赋权几乎没有机会为自身利益陈述、申辩的农村女童。2015 年的中英"大龄女童论坛"以部分女童代表为主体，连同成人协助者和媒体人员近百人参与，通过精心设计，成立女孩和成人组合的工作小组，开展包括基础培训在内的预备活动，包括四个主题："展示我们的生活；重申我们的权利；倾听我们的声音；描绘我们的未来"，女童得到机会与包括政府官员在内的成人平等对话，并形成正式的《云南省大龄女童论坛倡议书》。论坛引起了媒体的广泛关注，参与的相关单位代表也具体了解支持女童发展的必要性并

---

① 池瑾、张莉莉、李国庆：《入学、质量与赋权：中国农村女童教育发展 20 年经验与创新》，中国出版集团、世界图书出版公司，2016。

付诸实践。会后，参与论坛有关政府部门纷纷行动起来保障女童权益，出席论坛的云南省卫生厅向全省下发了《关于做好农村女童青春期保健工作的通知》，明确提出了为每个行政村卫生室配备一名女村医等 6 项措施；云南省劳动与社会保障厅也专门下发《关于对中英女童项目合作实施 SIYB培训的通知》，免费为项目培训后的女童提供就业推介。此外，云南省司法厅和省民委也纷纷表示要将大龄女童权利和发展纳入其日常工作中。①

（三）第三阶段：流动、留守女童的保护与发展

随着我国义务教育阶段对于公平而有质量的教育的关注，以及各种相关政策的推动，2010 年底，小学女童入学率已高出男童 0.05 个百分点。普通初中女生比例达到了 47.21%。但是，随着大量青年女性外出打工，有针对性的生活技能教育成为这个阶段女童教育的关注点。以本文第一作者参与的中国科协和联合国儿童基金会合作开展的非正规教育项目为例，项目开发了"女孩的生活技能"培训课程，包括自我认知、沟通交流、自我保护、就业与发展四个板块的内容，2011~2015 年，合计举办"女孩的生活技能"培训 86 个班次。

生活技能教育中的一个重要内容是女童的健康和保护。2016 年的项目调研中，我们发现：在某些偏远少数民族地区，早婚现象严重、单亲家庭比例高、家庭教育不足。为了解决这个问题，北京师范大学教育学部中国民族教育与多元文化研究中心和中国滋根乡村教育与发展促进会合作开展了贫困农村青春期女童性健康教育，项目定位为儿童参与和性别平等关照下的生活技能教育课程。开发了"我从哪里来""青春期的变化""青春期的情感""月经及遗精""青春期的情绪管理""认识性骚扰与性侵害""预防校园暴力""早婚早孕的危害"等专题的教师培训教材和教学课件。

另外，公益组织如"女童保护"组织和分类专家学者与北京师范大学刘文利老师等也在女童保护和性健康教育方面做出了很大的努力并取得了

---

① 赵捷、李毅、方敏：《赋权与互动：一次成功的倡导活动——中英项目云南大龄女童论坛与女孩一起工作的案例研究》，《妇女研究论丛》2007 年第 2 期。

较好成绩。

2013 年 6 月 1 日，"女童保护"公益项目由全国各地百名女记者联合京华时报社、人民网、凤凰网公益、中国青年报及中青公益频道等媒体单位发起，2015 年升级成为专项基金。[①] 该项目通过与地方妇联、教育局、团委等部门的合作，培训当地教师授课，普及儿童防性侵知识。截至 2021 年 3 月底，"女童保护"已在全国 31 个省份相继开课，培训志愿者数万人，覆盖儿童超过 479 万人，覆盖家长超过 65 万人。根据项目年报，仅 2020 年，该项目上课总节数 16069 节，发放学生版手册 719976 本，家长版手册 45241 本，覆盖人数为 886247 人，并开设线上课程。[②] 此外，刘文利老师的《珍爱生命》教材、重庆"莎姐讲故事"系列也都纷纷涉及防性侵教育。这些尝试涉及非政府组织、政府部门以及高校等机构，吸引各方参与。从一个侧面可见，女童保护教育、性教育已经成为当前女童教育的重要内容。

三　女童教育发展的"转向"与"方向"

（一）贫困弱势女童辍学、早婚早孕等问题仍需持续关注

从入学率看，我国女童教育取得了很大的历史成就。到 2014 年，男女童小学净入学率均为 99.8%。[③] 2019 年的数据显示，新疆、青海、西藏这三个地区在小学和初中女生所占比例均排在全国前三位，显著高于全国平均水平。[④] 高中女生比例最高的三个地区是新疆、云南、西藏。似乎边疆少数民族的女童教育问题已经基本解决。但真实的情况是，在一些偏远少

---

① 《女童保护专项基金》，中国儿童文化艺术基金会，http：//www.cfcac.com.cn/index.php？m＝Xmjj&a＝show&id＝23，最后访问日期：2021 年 11 月 5 日。
② 《中国少年儿童文化艺术基金会 2020 年度工作报告》，中国儿童文化艺术基金会，http：//www.cfcac.com.cn/index.php？m＝Article&a＝show&id＝485，最后访问日期：2021 年 11 月 5 日。
③ 《2014 年全国教育事业发展统计公报》，http：//www.moe.gov.cn/srcsite/A03/s180/moe_633/201508/t20150811_199589.html，最后访问日期：2021 年 11 月 5 日。
④ 《2019 年全国教育事业发展统计公报》，http：//www.moe.gov.cn/jyb_sjzl/sjzl_fztjgb/202005/t20200520_456751.html，最后访问日期：2021 年 11 月 5 日。

数民族地区，女童辍学、早婚早孕等问题依然存在。

例如，中国儿童少年基金会联合北京师范大学中国公益研究院、全国妇联妇女研究所 2015 年共同在中西部 7 省份进行女童教育与发展问卷调查研究，回收有效问卷 1300 余份，其中 52.93% 的受访儿童为少数民族，受访儿童男女各占约一半。调查发现，在女童学校教育方面：儿童在学率 14 岁出现拐点，女童失学高峰发生在小学三到六年级；14 岁是少数民族儿童在学率的一个转折点，在此之后在学率大幅度下降，17 岁时低于 50%。此外，还收集到 18 名早婚儿童，其中 14 名为女童，订婚、结婚是她们失学的主要原因。[①]

此外，在孤儿、事实无人抚养儿童、残疾儿童、农村流动和留守儿童、困境儿童等特殊群体中，女童往往处于更为不利地位。例如，教育部年度统计资料显示，2015 年以来，特殊教育学校中女童所占比例增加不明显。[②] 到 2019 年，这一比例只有 36.67%。[③] 随着我国全纳教育事业的发展，特殊教育需要更好地关注贫困弱势女童。

性别、城乡和阶层的交互作用使得农村贫困女生的发展存在更大困难，义务教育之后面临职业选择偏窄、向上流动机会不足。2008 年由张桂梅老师创办的云南丽江华坪女子高级中学，招收贫困、辍学或落榜的女学生，帮助很多贫困女生考上了大学。该校也是全国第一所全免费的女子高中，体现了女童教育的价值追求。

为此，2021 年的《中国妇女发展纲要（2021—2030 年）》[④] 明确提出，"保障欠发达地区女童、留守女童、农业转移人口随迁子女以及残疾女童的受教育权利和机会。支持学业困难女童完成义务教育，提高女童义

---

① 中国儿童少年基金会、北京师范大学中国公益研究院、全国妇联妇女研究所：《中国女童教育与发展需求研究报告.》，https：//www.cctf.org.cn/report/study/2018 - 12 - 03/4862.html？v=2，最后访问日期：2021 年 11 月 5 日。

② 《2015 年全国教育事业发展统计公报》，http：//www.moe.gov.cn/srcsite/A03/s180/moe_633/201607/t20160706_270976.html，最后访问日期：2021 年 11 月 5 日。

③ 《2019 年全国教育事业发展统计公报》，http：//www.moe.gov.cn/jyb_sjzl/sjzl_fztjgb/202005/t20200520_456751.html，最后访问日期：2021 年 11 月 5 日。

④ 《中国妇女发展纲要（2021—2030 年）》，http：//www.cnwomen.com.cn/2021/09/27/99232622.html，最后访问日期：2021 年 11 月 5 日。

务教育巩固率。"可见，中国政府对女童教育的政策目标持续关注弱势女童，尤其是关注社会流动给女童教育带来的挑战和问题。

（二）性骚扰与性侵害问题严重影响女童发展

基于性别的暴力在全球存在，不分种族、宗教、文化、阶级和国家。据统计，全球超过 1500 万名 15~19 岁女童曾经遭受强奸。[①] 性骚扰与性侵害也是中国城乡儿童，特别是女童长期面临的风险，越来越为社会所重视。根据"女童保护"统计，2020 年全年媒体公开报道的性侵儿童（18岁以下）案例 332 起，受害人数 845 人。从案例数量来看，332 起案例中共有 322 起表明了受害人性别，其中受害人为女童的 308 起，占比95.65%。从城乡分布看，有 265 起表明了城乡地域分布。在 265 起案例中，发生在城市的 164 起，占比 61.89%；发生在县城的 75 起，占比28.30%；发生在农村的 26 起，占比 9.81%。媒体曝光案例中城市地区高于农村地区，可能说明城市地区儿童比农村地区儿童受到更为密集的来自家庭、学校及社会的监护。[②]

通过教育提升学生与家长意识，是保护儿童特别是女童不受性暴力侵害的方式之一。2021 年 6 月 1 日，《中华人民共和国未成年人保护法》正式实施，同日颁布的《未成年人学校保护规定》将于 9 月 1 日实施，两者明确将性教育纳入学校的义务教育内容。这是中国法律条文首次明确指出"性教育"这三个字。在 2021 年国务院印发了《中国妇女发展纲要（2021—2030 年）》和《中国儿童发展纲要（2021—2030 年）》，在后者中首次明确"为儿童提供性教育和性健康服务。引导儿童树立正确的性别观念和道德观念，正确认识两性关系。将性教育纳入基础教育体系和质量

---

① 16 Actions for Girls' and Women's Safety in Emergencies, https：//blogs. unicef. org/blog/16-actions-girls-womens-safety-emergencies/，最后访问日期：2021 年 11 月 5 日。
② 中国少年儿童文化艺术基金会女童保护基金、北京众一公益基金会，《"女童保护"2020年性侵儿童案例统计及儿童防性侵教育调查报告》，http：//www. gov. cn/zhengce/content/2021-09/27/content_5639412. htm，最后访问日期：2021 年 11 月 5 日。

监测体系，增强教育效果"①。

（三）性别平等教育的力度需要加强

社会生活中普遍存在的性别偏见和歧视问题是女童在教育及各方面处于弱势的根源。前文叙述表明，简单的贫困捐助、技能培训难以取得良好效果，性别平等的倡导与性别平等意识培养对于弱势女童的教育不可或缺。对整个社会而言，性别平等教育有利于促进社会意识改变，消除性别偏见和歧视，也从根本上解决出生人口性别比失衡的问题，保障女童生命权。

从性别平等角度看，女童教育平等包括机会、过程、结果三方面的平等。

很多研究都证明，教育过程中，传统文化中性别偏见的影响体现在很多方面。例如，在学校教育过程中，教材和教学资料中的两性形象、教师对于男女生的不同期待等，都塑造着学生的性别偏见，延续性别不平等。2021 年《中国妇女发展纲要（2021—2030 年）》提出"大中小学性别平等教育全面推进，教师和学生的男女平等意识明显增强"目标。《中国儿童发展纲要（2021—2030 年）》也提出要在"中小学、幼儿园广泛开展性别平等教育"。

性别平等教育已经成为政府推动下需要实践推进的重要任务，国务院妇女儿童工作委员会已经开展近十年"性别平等进校园"的试点及推广工作，且取得了较大成效。但是从目前的报道看，具体到某一个省、市，项目实施范围还不够大，参与的农村学校也不够多。主要的困难是缺乏相应的师资，也就是说，中小学教师的社会性别平等教育仍需加大力度。性别平等教育需要教师拥有正确的社会性别观念，并掌握赋能教育的方法。因此，在教师的职前、职后教育中需要开展相关课程和培训，并通过有效的制度保障影响更多学生。

为此，《中国儿童发展纲要（2021—2030 年）》提出以下两条措施。

---

① 《国务院关于印发中国妇女发展纲要和中国儿童发展纲要的通知》（国发〔2021〕16 号），http://www.gov.cn/zhengce/content/2021-09/27/content_5639412.htm，最后访问日期：2021 年 11 月 5 日。

"将贯彻落实男女平等基本国策体现在教育工作全过程。增强教育工作者自觉贯彻男女平等基本国策的主动性和能动性。将男女平等基本国策落实到教育法规政策和规划制定、修订、执行和评估中，落实到各级各类教育内容、教学过程、学校管理中。加强对教材编制、课程设置、教学过程的性别平等评估。在师范类院校课程设置和教学、各级各类师资培训中加入性别平等内容。"

"推动各级各类学校广泛开展性别平等教育。适时出台性别平等教育工作指导意见。推动因地制宜开发性别平等课程，加强专题师资培训。促进性别平等教育融入学校教学内容、校园文化、社团活动和社会实践活动。探索构建学校教育、家庭教育、社会教育相结合的性别平等教育模式。"

性别平等教育中，女童教育仍应作为重要关注点。由于性别与阶层的交互作用，农村弱势女童深受性别和阶层的双重压迫。在农村学校开展性别平等教育具有现实的紧迫性，需要政府、民间组织、学校和家庭形成更大合力。

女童教育的本质是对弱势女童的关照与支持，这个基本的立场确定了女童教育的关怀属性，也对赋权教育学方法提出了要求。女童教育既要关注弱势女童的特殊需求，也要探索在弱势人群教育中增强性别敏感性的方法。通过女教师带动对女学生进行赋权教育是性别平等教育可以延续发展的重要方向。

如果将女童教育作为一个历史性的概念，其关注重点是弱势女童。女童教育在不同的历史阶段有其特定内涵和具体指向，社会条件在变化，弱势女童的需求也在变化。很多研究者关注了女童教育的价值、途径、方法、内容等方面的问题，未来的研究和实践需要针对弱势女性的需求，进一步关注弱势女童自信心培养、青春期性健康教育、就业与创业指导、科技参与及两性交往等方面的成长和发展需求。

Girls' Education: the Development and Evolution of Its Content

Zhang Lili, Wang Yiyi, Jiang Guanqun

Abstract: This article analyses the key issues of girls' education in China during different period from the historical perspective of the development of girls' education. Based on the trend of international thought in girls' education, the article reviews the practical history and evolution of girls' education in China since the reform and opening up, including some practical explorations in addressing the difficulties in enrolling girls in schools, providing training skills for girls who are older but have dropped out of school, protecting girls and teaching them about adolescent sex knowledge. In the current socio-economic context, girls' right to education is basically guaranteed, but the combined effects of gender, hierarchy and ethnicity hinder the disadvantaged girls' development. The essence of girls' education is the care and support of disadvantaged girls, and this fundamental position defines the caring nature of girls' education and demands an empowering pedagogical approach.

Keywords: Principles of Pedagogy; Girls' Education; Empowerment Pedagogy

中国农村教育发展成就的结构化
分析和国际传播

——基于新结构经济学 GIFF 分析框架的构建和推演

邢　芸　曾晓东

【摘　　要】中国农村教育发展成就的国际传播，是大国担当的体现，也是提升中国教育发展话语权的可行路径。立足国际视角，探索新结构经济理论，既符合中国发展国情，又能增强世界对话和国际传播能力。因此，由新结构经济理论构建分析我国农村教育发展的 GIFF 双轨框架，并运用该分析框架，推演我国农村义务教育的"普九"进程、"义教工程"和"全面改薄"等经验案例。为此，阐释 GIFF 分析框架对传播我国农村教育发展成就，未来引领我国和其他国家在教育发展领域的实践，均具有重要价值。

【关 键 词】中国农村教育发展；新结构经济学；GIFF 分析框架；国际传播

【作者简介】邢芸，博士，西北师范大学教育学院副教授，研究方向为教育经济；曾晓东，博士，北京师范大学教育学部教授，联合国教科文组织国际农村教育研究与培训中心执行主任，研究方向为教育经济、教师教育。

中国作为有担当的世界大国，有责任就我国农村教育发展取得成就的宝贵经验在世界舞台发声，与发达国家平等交流共享并参与全球教育发展规则制定，同时传播到其他发展中国家供其借鉴。我国农村教育历经几十年的发展，成就卓著，尤其在农村义务教育阶段的发展成果举世瞩目。以往讲述我国农村教育发展的成就，更多倾向以时间线索来梳理农村教育发展的管理体制结构①、政策驱动目标和改革路径②、时代特征③，这促进了农村教育发展成就的理论综述，提升了政策实践的指导能力。然而，我们对中国农村教育发展成就的解析不应止步于此，应进一步提升基于理论框架的经验传播能力，体现与国际对话的大国教育发展使命。当前农村教育的发展对我国乡村振兴和社会公平正义也有重要支撑作用④，它不仅培养当代村民、促进就业、增强生态环保意识，也传承农村地区优秀传统文化和促进社会公平正义。那么，讲好中国农村教育发展的故事显得尤为重要。

为评估投资于发展中国家教育事业的资金和技术支持等，国际组织和机构广泛使用美好愿景、要素模型、制度扫描和分析框架等多种工具。本文尝试立足国际视野，梳理国际组织已构建的国家（地区）教育发展的分析工具，吸收适应我国国情的新结构经济理论，构建更为广泛适切且能与国际对话的国家（地区）教育发展分析框架；使用该框架推演我国农村义务教育发展中重要的普及九年义务教育（以下简称"普九"）进程和多个国家级项目，旨在为中国农村教育发展经验的国际传播、中国教育发展话语权的提升提供可行路径。

---

① 邬志辉：《中国农村教育发展的成就、挑战与走向》，《探索与争鸣》2021年第4期。
② 魏峰：《改革开放40年我国农村教育发展：成就、动力与政策演进特征》，《基础教育》2018年第6期。
③ 刘奉越、张天添：《中国共产党百年乡村教育发展历程、成就与展望》，《河北大学学报》（哲学社会科学版）2021年第4期。
④ 杜育红、杨小敏：《乡村振兴：作为战略支撑的乡村教育及其发展路径》，《华南师范大学学报》（社会科学版）2018年第2期。

一 国际组织指导国家（地区）教育发展分析逻辑的演进

（一）UNESCO 的美好愿景

联合国教科文组织（UNESCO）在联合国可持续发展框架下，认为只有通过从教育开始的全面跨部门努力，才能真正实现所有国家的可持续发展，从而确定了教育是可持续发展的先行者。为实现 2030 年新的全球教育目标 SDG4（Sustainable Development Goals 4），UNESCO 于 2015 年构建了全纳、公平优质教育和促进全民终身学习机会的教育目标，具体分为 7 类美好愿景，体现了 UNESCO 一贯的人文关怀视角和原则层面指导。[①]

同时，为实现美好教育愿景 UNESCO 也提出多种实施方式，即升级教育设施为所有人提供安全、非暴力、包容和有效的学习环境；向亟须发展的国家提供奖学金、课程资源和合格教师等支持。然而，上述美好的教育发展愿景和实现路径更多停留在概念原则层面，虽有益于国际传播，但在不同国家（地区）实践的可行性相对要弱。

（二）IIEP 的地中海教育规划模型

国际教育规划研究所（IIEP）是联合国教科文组织一类机构，帮助各国加强规划和管理教育系统的能力，以实现更加平等和可持续未来。该机构根据各国人口、教育、政治或经济等社会系统和相互关系的总框架，将人力需求作为制定远景计划的突破口，提出了地中海教育规划模型（Mediterranean Model of Educational Planning）。这个模型以要素需求的数量和复杂的数学建模完成教育规划，不仅诊断教育系统内部要素，也将教育系统和社会、经济环境间投入产出的相互作用紧密联系，试图构建可应用于不同国家（地区）教育发展的通用模板。

然而，地中海数学模型在构建便利且通用的分析技术的同时，往往会

---

① 施芳婷、陈雨萌、邓莉：《从原则指导到能力导向——UNESCO 与 OECD 面向 2030 年的教育蓝图比较》，《世界教育信息》2020 年第 12 期。

忽略许多重要但难以观测的变量，从而扭曲现实的教育发展状态；并且复杂的数学模型在静态简化问题基础上，很难预测路径的可行性。虽从模型技术上构建有其现实意义，然而针对人类教育行为的不确定和不可预测等特征，该模型的应用和推广并不十分成功。

（三）OECD 的大规模制度扫描

经济合作与发展组织（OECD）立足发达国家，推广和改善世界经济与社会民生的宏观政策，教育发展也是 OECD 关注领域之一。OECD 不提供教育发展规划的通用模板，而是通过大规模制度扫描与比较，奠定规划知识和信息的基础，为发达国家提供宏观教育决策背后的原因和机制的分析框架。[①] 早期 OECD 构建的教育指标，发展为基于信息基础且具有内在逻辑的一整套系统指标群，连接了教育发展中政府决策和民众关注的供求两端，使教育发展指标既具备政府决策功能，又回应了现实中教育发展的民众需求问题。

成员国可利用 OECD 提供的教育指标，分析本国具体的教育发展问题，而面临类似挑战的其他国家，也可借鉴其政策制定的逻辑机制，来调整本国教育发展的具体问题。然而，OECD 大规模制度扫描虽可积累丰富信息，却仅能解决局部具体的教育发展问题，缺乏系统整体性的指导思路。

（四）世界银行整体性的结构化指导思路

世界银行（The World Bank）早在 20 世纪 60 年代就开始关注教育发展问题，从早期教育金融借贷角色转化为促进教育发展的机构，关注教育投资带来的教育回报和其他社会经济效益。整体性的结构化思路应用于诊断和预测投资教育真正的成本和收益。世界银行鼓励借款人将教育系统视为一个整体，而非孤立地看待任何特定子部门，支持国家教育系统的全面

---

① 曾晓东：《20 世纪 90 年代以来世界教育规划理论和实践的进展》，《辽宁教育研究》2007年第 10 期。

发展和均衡绩效。此外，世界银行试图通过教育政策、出版言论等塑造教育发展的主流舆论环境，这样它就可以超越调整部门改革的方案贷款限制，甚至影响教育发展的国际舆论。

（五）小结

综上所述，国际组织指导国家（地区）教育发展各有优势，UNESCO注重勾画教育发展的美好愿景，IIEP擅长以要素为核心构建复杂的数学模型，OECD大规模制度扫描能解决教育发展具体问题。而世界银行构建的整体性结构框架具有更广范围适用的优势，也更具传播力量，这与就我国农村教育发展成就的经验向世界发声、重构中国发展经验的话语不谋而合。此外，世界银行构建整体性结构化思路上升为学术理论，是新结构经济理论产生和发展的基础。

二　新结构经济理论构建教育发展结构化
分析框架的逻辑起点：GIFF

（一）新结构经济理论与中国发展的世界话语

1. 新结构经济理论与其普及和传播特征

一个具备普及和传播特征的理论，应当具备的基本要素：理论武装与实践提升、自上而下与自下而上结合、外部注入与内在升华等特征。[①] 就理论武装而言，新结构经济学起源于发展经济理论，它在理论解释方面弥补了凯恩斯主义主导的政府经济失败，转向新自由主义对国家经济发展指导（非洲等发展中国家）仍然失败的不足，创立了一种新的适用发展中国家经济实践更广范围的解释体系。

新结构经济学在发展中国家经历了丰富且成功的实践。新结构经济学的代表学者林毅夫于2008~2012年任世界银行副行长和首席经济学家，以

---

① 余双好等：《大众化　时代化　中国故事：中国特色社会主义理论体系普及路径》，武汉大学出版社，2014，第71~84页。

及卸任后到北京大学国家发展研究院任职期间，通过世界银行、国际劳工组织以及北大研究机构，使用新结构经济学的分析框架发布了一系列具有影响力的实践报告，包括使用比较价值链分析尼日利亚产业发展[①]、非洲轻工制造业[②]、约旦番茄产业发展[③]、我国吉林省东北老工业基地产业升级转型等实践[④]，体现了新结构经济理论具有广泛实践适用的特征。

此外，该理论具备广泛适切性，还来自它的"外部注入与内在升华"和"自上而下与自下而上相结合"独到理论特征。新结构主义理论观点来自旧结构主义和新自由主义，并增加了禀赋结构的比较优势资源配置理念，认为经济体要素禀赋结构随着发展阶段不同而不同，经济发展每个水平上，市场都是资源得以有效配置的基本机制，需要硬件（设施资金）和软件（制度文化）结构调整；而这种结构调整是连续的，即从低收入农业经济到高收入后工业化经济的连续谱变动，而非断档跳跃式的变化。[⑤] 新结构经济理论在自下而上的实践基础上，认为自上而下的政府干预是必要的，尤其对仅通过市场资源配置的有限能力，发展中国家的政府需要采取相应的干预措施。

2. 新结构经济视角下中国经济发展和中国发展的世界话语

2021 年习近平同志在中共中央政治局第三十次集体学习时强调：加强和改进国际传播工作，提升国际传播理论研究水平。中国发展理论经验的传播是提升国际发展话语权的重要途径，其中教育发展经验的国际传播是提升中国国际话语权的路径之一。

中国经济的崛起引发了从华盛顿共识向北京共识的重大转变。西方主流的新自由主义经济学者对中国经济发展的解释误判、信息缺乏，套用以

---

① Lin J. Y., Treichel V., *Applying the Growth Identification and Facilitation Framework：the Case of Nigeria* (Washington：World Bank Policy Research Working Papers，2011)，p.7.

② Dinh H. T., Palmade V., *Light Manufacturing in Africa：Targeted Policies to Enhance Private Investment and Create Jobs* (Washington：World Bank，2012)，p.6.

③ ILO, *Report on Value Chain Analysis：The Tomato Sector in Mafraq Governorate Jordan* (Geneva：ILO，2014)，p.12.

④ 林毅夫等：《吉林省经济结构转型升级研究报告》（征求意见稿），北京大学新结构经济学研究中心，2017，第 15 页。

⑤ 林毅夫：《新结构经济学的理论框架研究》，《现代产业经济》2013 年第 Z1 期。

往理论经验和选择片面案例均无法解释中国经济的腾飞。[1] 因此，拉莫（Ramo）提出了中国经济崛起的"北京共识"，成为解释中国独特发展模式的标识，与新自由经济模式指导政府经济发展的"华盛顿共识"形成对比。[2] 具有中国特色的"北京共识"对于后进经济体的发展提供借鉴及发挥经验传播作用，这就需要我们拥有能与世界对话的中国发展理论。

新结构经济理论的解释框架与世界对话的中国发展理论是契合的。它要成为中国特色社会主义的发展理论要经历从抽象理论到真实具体的伟大实践。[3] 新结构经济理论同样经历了旧结构和新自由主义的理论抽象，也经历了指导多个发展中国家产业升级的具体实践，它成为中国特色经济发展理论的一部分，为中国发展经验的国际传播提供了话语权。新结构经济理论中比较优势的发展战略是其核心逻辑，相较于赶超战略更适应中国以及发展中国家的经济改革和发展。[4] 新结构经济理论在国内外的影响力不断上升，一方面，建立 20 个与他国经济结构转型全球联盟，并与诸如世界银行、亚洲开发银行、非洲开发银行、OECD、联合国南南合作办公室等 23 个国际研究机构合作；另一方面，与国内外高校、政府机关和研究单位合作成立新结构经济学研究联盟，24 个已成立的理事单位遍布中国内地多省份、中国香港地区和波兰等国。

（二）GIFF 分析框架以及其在世界各国的应用

新结构经济理论依据比较优势核心逻辑，总结了"增长甄别和因势利导框架"（Growth Identification and Facilitation Framework）的思路，简称 GIFF 分析框架。该分析框架的核心要义是要素禀赋内生而决定国家产业结构，结构变迁是经济发展的本质，它由要素禀赋变化、比较优势、市场和

---

[1] 蔡昉：《中国经济发展的世界意义》，中国社会科学出版社，2019，第 124 页。

[2] Ray D., "Introduction to Development Theory", *Journal of Economic Theory*, 137 (2007): 1-10.

[3] 刘芝平：《中国特色社会主义理论体系大众化与国际话语权》，中国社会科学出版社，2020，第 5 页。

[4] 林毅夫：《发展战略与经济改革》，北京大学出版社，2004，第 2~3 页。

政府共同驱动来决定。① GIFF 分析框架在指导产业政策方面分为双轨六步法，双轨即确定具有潜在发展优势的新产业，消除可能阻碍产业发展的约束并创造条件使潜在发展产业成为实际比较优势的产业；六步则是在双轨的基础上进一步提出的具体实施步骤。② GIFF 分析框架落脚于政府干预，这也是新结构经济学在强调市场资源配置效率的同时，认为政府应在发展中对外部问题协调起到因势利导作用的原因。③

林毅夫认为 GIFF 分析框架并非意识形态下政策框架的简单替代，它不仅可以解释持续增长和发展背后的因果关系，还可将发展的思考框架与各国现实情形相关联。④ 因此，GIFF 分析框架也有较强的传递和可迁移性，在世界多国实践和应用。从 2011 年开始世界银行、国际劳工组织（ILO）和联合国开发计划署（UNDP）运用 GIFF 框架开发了多个国家的案例分析报告。诸如 2011 年分析尼日利亚多个产业比较优势的发展和政府策略，后续关注该国与波兰双边贸易未来市场和国际石油价格变动引发尼日利亚政府经济改革策略；⑤⑥ 通过 ILO 为解决难民就业等制定的生计政策，分析了约旦马弗拉克省的番茄产业和固体废物管理干预的资助措施。⑦ 国内运用 GIFF 产生一定影响力的研究报告是针对吉林省东北老工业基地经济结构转型升级的政府建议。

---

① 林毅夫：《新结构经济学的理论框架研究》，《现代产业经济》2013 年第 Z1 期。
② J. Y. Lin, *New Structural Economics: A Framework for Rethinking Development* (Washington: World Bank Policy Research Working Papers, 2011), p. 10.
③ 朱富强：《如何理解新结构经济学的 GIFF 框架：内在逻辑、现实应用和方法论意义》，《人文杂志》2017 年第 7 期。
④ 林毅夫：《新结构经济学——重构发展经济学的框架》，《经济学》（季刊）2010 年第 1 期。
⑤ Ademuyiwa I., Onyekwena C., *Nigeria-Poland Bilateral Trade: Identifying New Trade Opportunities* (Abuja: CSEA Working Papers, 2014), p. 34.
⑥ Velde D. W. et al., *Supporting Economic Transformation in Nigeria* (Abuja: DFID, 2016), p. 11.
⑦ Hassan N., *Mitigating the Impact of the Syrian Refugee Crisis on Host Communities* (New York: UNDP, 2015), p. 8.

（三） GIFF 构建教育发展结构化分析框架的可行性

1. 追求发展的相似内核：发展经济理论视角下的教育发展

新结构经济理论是发展经济诸多理论下的分支之一，其更高的逻辑框架来自发展经济理论的衍生。发展经济学是研究发展中国家制度、增长、不平等和贫困的学科，是一个庞大、活跃且令人兴奋的研究领域。[①] 教育是一国重要组成部分，影响着国民素质和社会未来人才的培养，教育发展也是发展经济理论重点关注对象。教育发展与社会经济发展既有基于质量和增长的共性，也有教育作用人而关注不同群体间教育发展的均衡问题。因此，在相似发展内核的支撑下，将经济发展的分析框架应用于教育发展的质量和均衡两方面研究是可行的。

2. 政府主导的相似性：政府主导的教育发展和产业政策调整

新结构经济学认为对发展中国家投资基础教育有较高的社会回报，也促进了国民经济发展的正外部性。政府主导下的教育发展是中国特色社会主义道路的必然选择，这种选择提高了整个社会的教育水平，从而促进社会进步和人民生活福祉。同时，新结构经济学强调政府对经济发展和产业调整的有效干预，这与我国政府主导下教育发展的理念不谋而合，为 GIFF 分析框架从经济发展领域迁移至教育发展领域创造了可能性。

3. 结构化的相似思维：教育发展不均衡与产业结构禀赋差异

从 1949 年新中国成立我国人口中 80% 为文盲，到 20 世纪末基本扫除青壮年文盲并普及九年义务教育，50 年间中国教育事业把占全球约 18% 的人口数量大国，发展为人力资源强国，中国教育事业的发展对人类历史进程有重大贡献。[②] 然而，中国教育事业的进一步发展，需要使用结构化思维解决不均衡问题。由于中国 31 省份地区间差异，教育发展存在不均衡现象，影响着教育公平目标的实现。早期的不均衡体现在要素不均衡，学者

---

① Ray D.，"Introduction to Development Theory，" *Journal of Economic Theory*，137（2007）：1-10.

② 中共教育部党组：《人民教育奠基中国——新中国 60 年教育事业发展与改革的伟大成就》，《求是》2009 年第 19 期。

认为普及义务教育属于完成低水平均衡，即表现为教育过程与教育资源的初级阶段均衡，该阶段特点是教育权利、机会和资源配置以合理均衡"要素"为特征。① 当前已基本解决低水平和初级阶段"要素"特征的不均衡，教育发展不均衡的主要矛盾体现在教育质量的区域差异等结构化问题，接下来需要消除诸如区域、校际、城乡等结构化差异的更高阶段教育均衡的发展。

新结构经济学 GIFF 分析框架建立在发展不均衡的产业结构上，使用比较优势分析产业结构不同禀赋的结构变化，并挖掘其潜在优势的思路。上述 GIFF 结构化思路迁移至教育发展领域，在内部禀赋结构化的教育质量差异方面提供了相似的分析路径支持。因此，从学理视角来说，构建教育发展的结构化分析框架不仅可行，还有可能消除阻碍教育质量发展的障碍。

三 我国农村教育发展成就的结构化分析：GIFF 推演传播

（一）我国"要素"型为主的教育发展评价体系

我国近年来对教育发展的相关指标逐渐重视。以推进高质量教育体系建设为导向，借鉴了联合国 2030 年可持续发展议程教育目标的 18 项教育监测评价指标，并结合我国教育事业发展的实际情况，教育部于 2020 年发布《中国教育监测与评价统计指标体系（2020 年版）》，关注育人过程中教育评价的改革。2021 年在围绕《深化新时代教育评价改革总体方案》颁布一系列文件的同时，教育部等六部门发布《义务教育评价指南》，构建符合中国新时代特色的基础教育评价指标体系。我国实施的教育监测和评价，主要以"要素"思路构建相关指标，这对指导本国教育发展具有针对性的现实价值。然而，由"要素"构成的评价指标和体系，一旦指标的"要素"不符合其他国家（地区）教育发展的实际情况，或指标本身的有

---

① 翟博：《教育均衡发展：理论、指标及测算方法》，《教育研究》2006 年第 3 期。

效性发生变化，并不利于经验的广泛传播，这就需要拓展和借鉴更具传播性和更广适切性的分析框架。而上文已论述 GIFF 结构化的分析框架具备广泛适切特征，从而可迁移至教育发展领域，构建我国农村教育发展成就的结构化分析框架，并尝试运用该分析框架来推演和传播我国农村教育发展的经验。

（二）GIFF 双轨分析框架的迁移

新结构经济理论构建 GIFF 分析框架的终极目标是发掘和扶持一国潜在优势产业，从而促进国际贸易中由本国比较优势产业创造的经济增长，GIFF 框架本身更倾向于增长和效率的发展分析；GIFF 框架除关注发展效率的质量外，也关注发展均衡的公平。教育发展除了关注教育投入和产出效率的质量外，更关注教育均衡的公平，尤其在构建中国特色社会主义公平以及乡村振兴背景下，"教育公平事关社会的公平正义，教育公平是最大的公平"。

综上所述，GIFF 迁移至教育发展领域，将分解为教育发展的质量和均衡两方面。基于新结构经济学 GIFF 分析框架广泛应用的可迁移特征，以及农村（区域）教育发展与政府主导密不可分的国情、教育发展由质量和均衡决定的双目标，本研究尝试将 GIFF 的双轨分析框架迁移至教育发展的质量和均衡两个领域，迁移思路如表 1 所示。

表 1　GIFF 双轨分析框架迁移至教育发展领域

双轨	GIFF 应用经济发展领域	迁移逻辑	教育发展的质量领域	教育发展的均衡领域
第一步	确定具有潜在发展优势的新产业	潜在优势：质量/均衡发展	确定教育质量有待提高的潜在优势领域或相对薄弱领域	确定教育不均衡发展的矛盾突出方向
第二步	消除可能阻碍产业发展的约束，并创造条件使潜在发展产业成为实际比较优势的产业	成为比较优势产业：高质量和均衡发展	消除可能阻碍教育高质量发展的约束机制；政府政策调控，创造促进城乡教育高质量发展的机制	消除可能阻碍教育均衡发展的约束机制；政府政策调控，创造促进城乡教育均衡发展的机制

GIFF 双轨迁移的思路，第一步：确定教育质量有待提高的潜在优势领域和确定教育发展不均衡的矛盾突出方向。从经济发展领域的潜在优势产业，到教育发展中质量和均衡的矛盾是迁移的关键逻辑。经济发展更强调的是经济增长，教育发展则是在提高教育质量外，更强调教育均衡发展的公平；前者强调产业经济发展的突破点，后者则更强调教育发展的矛盾突出方向。

第二步：消除可能阻碍教育高质量和均衡发展的约束机制，通过政府政策的调控干预，创造促进教育高质量和均衡发展的新机制。GIFF 迁移的关键逻辑在于从比较优势产业的发掘到教育高质量和均衡发展。具体来说，经济发展强调挖掘有真正潜在比较优势的产业，从而消除阻碍比较优势产业发展的约束机制，达到经济增长的目的；教育发展则在提高教育质量前提下，更多强调教育质量欠发达地区如何消除教育质量和均衡发展的约束机制，并从政府层面调控和创造促进乡村教育高质量和城乡教育均衡发展的新机制。

（三）农村"普九"教育发展成就的 GIFF 分析和传播

农村"普及九年义务教育"（简称"普九"）的发展成就可以使用GIFF 框架展开解析。确定我国农村教育"普九"发展的突出矛盾是 GIFF 双轨的第一步。对"普九"的重视可以追溯到中国共产党 1922 年在《关于教育运动的决议案》中提出"普遍义务教育"救国运动、解放运动和建国初期创办的工农革命学校。① 改革开放后，在我国社会百废待兴、各行各业急需人才的突出矛盾下，中共中央、国务院 1980 年发布《关于普及小学教育若干问题的决定》，提出根据不同地区实际情况，分步骤实施普及小学教育。1985 年中共中央发布《关于教育体制改革的决定》，基于当时"基础教育还很落后；我国幅员广大，经济文化发展很不平衡，义务教育的要求和内容应该因地制宜，有所不同"等突出矛盾和要求，提出著名的"普九""三步走"目标，是早期中国特色社会主义"分步骤实行九年

---

① 郝文武：《中国共产党普及教育的百年成就》，《群言》2021 年第 7 期。

制义务教育"的发展经验。1986 年颁布《中华人民共和国义务教育法》，以法律形式确立和保障国家层面义务教育的实施，此后法律法规等制度不断完善。2000 年之前相继颁布了《教育法》《教师法》《义务教育法实施细则》《禁止使用童工的规定》《残疾人教育条例》，这些法律法规明晰了政府、学校和家长的权责，既体现了我国义务教育实施的总原则，又为地方政府"普九"的实施留有余地。国家教委 1994 年明确提出"20 世纪末基本普及九年义务教育和基本扫除青壮年文盲"的"双基"任务，并依据当时我国中小学规模和城乡地区差异，在"三步走"的基础上，设计了四类地区"三步走"的分类目标。而现实中"普九"的成就，在 1999 年以 94.56%全国初中毛入学率提前完成了 1994 年提出的 85%入学率的任务。①之所以提前完成任务，一方面与政府重视和制度逐步完善有关；另一方面，与不同历史阶段能够精准寻找攻克"普九"困难及突出矛盾有关，这与 GIFF 第一步思路吻合。

GIFF 双轨的第二步是消除约束机制，并通过政府政策调控，创造促进"普九"教育均衡发展的新机制。第一，要消除阻碍义务教育均衡发展的约束机制，完成乡村和贫困地区"普九"是关键。为改变农村集体经济改革引发的农村中小学办学困难的状况，1983 年中共中央、国务院发布的《关于加强和改革农村学校教育若干问题的通知》以及 1985 年中共中央发布的《关于教育体制改革的决定》，提出振兴教育的"县办高中，乡办初中，村办小学"的分级办学政策。然而，这个振兴政策在实施中仍遇到困难。叠加 2001 年中央对农村税制改革后"以县为主"的地方教育财政体系，导致地方政府财权缩减但事权增加，尤其是"分级办学"制度下乡级对教育事业的事权增加，在城乡教育差异的基础上，进一步加剧了城乡教育发展不均衡的约束机制。② 为打破农村县级政府"举债办学"的财政约束和城乡教育发展不均衡的约束，2003 年全国范围内取消了农村义务教育

---

① 资料来源：国家统计局《中国人口统计年鉴》和教育部计划建设司《中国教育事业统计年鉴》。

② 张玉林：《分级办学制度下的教育资源分配与城乡教育差距——关于教育机会均等问题的政治经济学探讨》，《中国农村观察》2003 年第 1 期。

附加税和农民集资办教育的模式。第二，政府为深入推进乡村地区"普九"进程和缩小城乡差距，于 2006 年构建促进农村义务教育经费保障由"以县为主"上升至"以省为主"、"两免一补"等新机制。[1][2] 上述机制免除农村义务教育阶段学生学杂费，对贫困家庭学生免费提供教科书，并补助寄宿生活费；新机制得以实现是以中央加大财政转移支付的调控为前提，由中央和省级政府真正承担了"两免一补"的生均成本和教师工资。

综上所述，我国政府在农村地区艰苦卓绝的"普九"实践，既在不同历史时期精准掌握了农村教育发展不均衡的突出矛盾，并根据不同时期均衡发展的矛盾，部署不同地区和时代的"普九"路径，又消除"分级办学"教育财政约束机制，同时创造了具有中国特色的从"以县为主"上升至"以中央和省为主"的教育财政转移支付机制，补充和增加"两免一补"等促进城乡"普九"均衡发展的新机制，完整地经历 GIFF 分析框架的双轨两步思路。

(四)"义教工程"促进西部地区农村教育均衡发展的 GIFF 分析和传播

在农村"普九"教育发展的进程中，西部农村贫困地区为实现义务教育"两基"目标，于 1995 年实施"国家贫困地区义务教育工程"(以下简称"义教工程")，这是当时中央专项资助投入最多、规模最大且具有全国影响力的教育工程。

首先，GIFF 双轨需确定农村义务教育发展的突出矛盾。由国家教委和财政部首次联合提出"义教工程"，体现了中央政府在当时社会背景下精准把握农村义务教育均衡发展的突出矛盾。"义教工程"的提出正值国内外社会环境巨变、中国特色社会主义市场经济体制形成和改革开放蓬勃发展的"九五"规划时期。而与经济发展形成鲜明对比的教育发展相对滞

---

① 袁桂林：《农村义务教育"以县为主"管理体制现状及多元化发展模式初探》，《东北师大学报》2004 年第 1 期。
② 范先佐：《构建"以省为主"的农村义务教育财政体制》，《华中师范大学学报》（人文社会科学版）2006 年第 2 期。

后，截至 1995 年全国仅有 36% 人口普及九年义务教育，其中西部贫困地区经济发展迟缓导致财政困难，基础教育办学条件差、校舍和师资等严重匮乏，和发达地区基础教育相比要落后十几年甚至数十年①，这就造成农村特别是贫困地区要实现义务教育"两基"任务变得非常困难。中共中央、国务院早在 1993 年发布的《中国教育改革和发展纲要》中就已提出"实行分区规划"的思路，即"从各地经济、文化发展不平衡的实际出发，因地制宜，分类指导；积极支持贫困地区发展教育"，抓住"普九"教育发展中地区以及城乡间极不均衡的现实突出矛盾。

其次，GIFF 双轨需消除已有约束，并创造有益于发展的新机制。第一，"义教工程"消除最大的约束是财政投入的匮乏，尤其是涉及西部 9 省区的第三片贫困地区财政投入不足。当时财政部副部长谢旭人在接受采访时，提及中央财政在困难背景下，对该工程专款财政投入的规划为，中央财政于 1995 年增加 2 亿元义务教育专款，于 1996 年和 1997 年再分别增加 3 亿元，1997～2000 年每年安排专款增至 8 亿元，综合 1995 年和"九五"期间累计投入的专款高达 39 亿元；同时地方各级政府也增加"普九"经费投入。② 上述举措大大缓解了西部贫困地区地方政府对基础教育财政投入不足的约束。第二，在破除经费不足的约束基础上，该工程创造了诸多有益于贫困地区基础教育发展的新机制。最具中国"普九"教育发展特色的机制是，根据各省（区、市）经济社会和教育发展的具体情况，将全国从高到低划分为三片地区实施，并制定两期"普九"教育规划。一期工程于 1995～1997 年重点攻坚西部 12 省份的"二片"地区和西部 9 省份"三片"地区，1998 年完成基本任务后转到相对落后的"三片"地区实施，于 2000 年完成项目一期工程。③ 二期工程重点对 2000 年后少数民族和西部省份"三片"地区尚未通过"普九"验收的项目县，实施第二轮

---

① 国家教育委员会财务司，财务部文教行政司：《国家贫困地区义务教育工程管理手册》，高等教育出版社，1997，第 123～292 页。

② 国家教育委员会财务司，财务部文教行政司：《国家贫困地区义务教育工程管理手册》，高等教育出版社，1997，第 299 页。

③ 国家教育委员会财务司、财务部文教行政司：《国家贫困地区义务教育工程管理手册》，高等教育出版社，1997，第 123～124 页。

"普六"巩固和初中建设为重点的发展。基于地区实际情况的"集中财力分片投入和分步实施"措施，是契合"科学发展"和辩证唯物主义的发展内核的。为预防地方政府搞形式主义和竞相攀比，中央政府预见性地创设各地政府执行的可行性研究指标体系，并进行方案论证，将其细化到县一级政府实施九年义务教育计划是否可行、与全省普九目标的关系，对社会经济效益的评价和资金使用效益分析论证；①　同时，该工程实行与上述机制匹配的"分组审核和集中复议"的项目审核工作程序，并与"二片"地区相关行政领导分别签订项目责任书。上述新机制并不是仅在基础教育办学数量上的增加，而是与提高贫困地区教育质量密切相关。后期学者检验一期项目"二片"地区实施效果，发现该项目在促进城乡义务教育均衡发展方面，提升了农村中小学基础设施建设，缩小了城乡小学阶段财政预算内生均公用经费的差异；②　二期工程真正实现了提升农村儿童受教育年限的终极目标。③

总体来看，"义教工程"提出和设计既体现了 20 世纪 90 年代城乡基础教育发展不均衡的表面矛盾，又揭示了这种表象下教育财政约束的实质性矛盾。着手实施该工程，既为打破教育财政约束而分三片地区实施不同方案，又符合实际情况创造了工程可行指标和方案论证以及地方责任等新机制。"义教工程"从设计到实施均无可参照历史经验，它虽是完成"普九"目标实施的具体工程之一，但仍然符合 GIFF 双轨发展思路，这值得将其教育发展经验进行推广和传播。

（五）"全面改薄"促进农村教育质量发展的 GIFF 分析和传播

不论是我国"普九"教育发展经验，或是"义教工程"实施经验，均适用 GIFF 教育均衡发展分析框架的经验传播。乡村振兴背景下我国农村

① 国家教育委员会财务司、财务部文教行政司：《国家贫困地区义务教育工程管理手册》，高等教育出版社，1997，第 145 页。
② 哈巍、罗蕴丰、徐晓雯：《义教工程，成效几何——基于"国家贫困地区义务教育工程"一期的影响分析》，《清华大学教育研究》2018 年第 3 期。
③ 汪德华等：《"扶教育之贫"的增智和增收效应——对 20 世纪 90 年代"国家贫困地区义务教育工程"的评估》，《经济研究》2019 年第 9 期。

教育质量的发展也逐渐受到重视，GIFF 教育质量发展的分析框架未来可引领我国农村教育发展和国际经验传播。教育部联合国家发改委、财政部于2013 年发布《关于全面改善贫困地区义务教育薄弱学校基本办学条件的意见》（简称"全面改薄"），并于 2014~2018 年全国规划投入 5226.89 亿元实施为期五年的全面改薄项目，这体现了我国政府为彻底摆脱农村义务教育"贫、穷、弱、差"局面走向质量发展道路的转折和决心。

首先，GIFF 质量发展框架需确定农村义务教育高质量发展有待提高的潜在优势领域。"潜在优势"领域，可以理解为影响高质量发展的相对薄弱领域。在我国已完成城乡薄弱学校改造基础上，"全面改薄"提出的"薄弱学校"是具备相对动态特征的概念，特指"农村、边远、贫困和民族边境地区，特别是连片特困地区，社会经济发展滞后、办学成本高、教学条件较差、生活设施不足的村小和教学点"等。因此，薄弱学校是基于省和国家标准的比较，针对每一所存在基本办学条件缺口的学校细致审核，制定"一校一策，缺什么补什么"的专门方案，并明确弥补缺口的聚焦点、资金使用效率和实施进程。① 这样选择的薄弱学校具备非常明确和清晰的改革路径，且校级层面"改薄"的累积效应与地区教育高质量发展紧密相关。可以说，这是具有中国特色的，是完成发掘相对薄弱领域中薄弱学校的 GIFF 第一步。

其次，GIFF 的第二步需打破已有约束，并创造促进高质量发展的新机制。为匹配"全面改薄"聚焦薄弱学校的倾斜政策导向，更合理地分配资源和更高效地优化资金使用效率，防止重复交叉和未突出重点薄弱学校薄弱环节等阻碍教育质量发展，各省份开发了一系列"全面改薄"省级标准和绩效评价指标、财政资金使用效率监管和保障奖补制度，以及公开动态管理监控等新机制。标准是制定全面改薄规划的根基，"全面改薄"标准化绩效评价是基于完成"普九"转向教育公平"均衡"发展各阶段的标准化进程：各省份可结合各自实际情况制定省级项目规划，中央综合分析各

---

① 叶赋桂等：《全面改善贫困地区义务教育薄弱学校基本办学条件中期评估报告》，清华大学出版社，2019，第 106 页。

省份项目规划，并将其分为"保底、上水平和标准化"三类进行监管；同时，设计了符合各省份实际情况和变动情况的资金绩效、建设绩效和综合工作绩效三种类别绩效，并对上述绩效展开动态监测、评价和省级排名。[①]一方面，"全面改薄"在财政责权上，体现保证效率的现代财政制度"财权与事权相适应"原则：资金来源总量中央占比45%，省级地方政府配套及其他资金占比55%，省级政府承担包含县、乡、村三级省内财政资金统筹和工作统筹责权，这是我国教育财政从"乡级"办学、上升至"以县为主"、发展到"省级统筹"的多维效率博弈的结果。另一方面，"全面改薄"在财政责权上又体现了完成项目的财政保障和奖补激励原则：既减轻贫困地区县级政府的财政负担，又要保障贫困地区义务教育的发展，"全面改薄"要求"省级政府在加大和优化财政投入基础上，最大限度地向贫困地区予以财政资金的倾斜支持，防止资金项目支持缺位"；"全面改薄"的中央资金不仅有该项目专项转移支付资金，还包含了"农村义务教育保障经费"的一般转移支付资金，其中改薄专项资金占中央投入资金的74.9%（2014~2018年），其余25.1%为其他种类繁多的中央专项资金[②]，创造了整合多项转移支付的中央奖补新机制，这种整合更有利于省级政府在财权和事权上的统筹工作。

总之，"全面改薄"基于明晰的标准选择薄弱学校，是寻找影响农村教育高质量发展的相对薄弱领域的第一步。然后，打破和预防专项资金使用效率低的约束，构建绩效评价、财政资金使用效率监管和奖补等新机制，完成了 GIFF 第二步。这说明"全面改薄"提升农村教育质量的发展也同样适用 GIFF 分析框架的推演传播。

四　结语

本文尝试结合新结构经济学 GIFF 的结构化分析框架，构建和推演双

[①]　叶赋桂等：《全面改善贫困地区义务教育薄弱学校基本办学条件中期评估报告》，清华大学出版社，2019，第 18~23 页。

[②]　叶赋桂等：《全面改善贫困地区义务教育薄弱学校基本办学条件中期评估报告》，清华大学出版社，2019，第 171 页。

轨教育发展的分析逻辑，讲好并传播中国农村教育发展取得巨大成就的故事。新结构经济学虽发源于西方发展经济理论，然而该理论历经世界发展中国家的实践和中国本土化的发展得到广泛认同。GIFF 双轨的思路与中国特色"不破不立"的观点十分契合①，"破"为 GIFF 第一步，破除影响教育发展的约束，"立"为 GIFF 第二步，结合实际情况寻找潜在发展优势和阻碍发展的矛盾点，由此创造促进教育发展的新机制。该分析框架的思路看似简单，实则不论对传播我国农村教育发展成就，还是未来指导我国农村教育进一步发展和引领他国教育发展的实践，均具有重要价值。

引入基于理解各种机制之间变化和关联理论的分析框架，是重构和提升对农村教育发展成就的认识论。周雪光和艾云将"突破简约、关注宏观微观联系、强调制度变迁内在性过程"三大特征定义为多重制度逻辑②，这与 GIFF 分析框架有相似之处，即关注动态变化和相互内在联系的"破"和"立"；同时，他们认为这种分析框架的优势在于避免"孤立分化"中国制度变迁下的现象，可以得到令人满意的解析。因此，基于 GIFF 分析框架来解读我国农村教育发展的故事，不仅将其置于更丰富立体的中国农村教育发展变迁历程，也更有利于将这种经验在发展路径相似国家和地区间完成迁移、普及和传播。

此外，基于实践上升为理性认识的 GIFF 分析框架，能够引领多种教育发展实践模式的探索。中国特色实践论观点认为：以实践为基础的认识，只有上升为理性的理论才能解决本质问题，而实践不仅是认识的来源，更是认识的目的。③ 这就说明从实践上升为新结构经济理论的 GIFF 分析框架，不仅可以解决我国农村教育发展的本质问题，还可以指导我国农村教育高质量发展的实践框架，也是引领其他国家（地区）认识本国教育发展的多种实践方法论。因此，从实践论的视角奠定了 GIFF 分析框架进一步指导我国农村教育发展的基础，也能引领其他国家的教育发

① 康沛竹、江大伟：《〈新民主主义论〉导读》，中国民主法制出版社，2012，第 59 页。
② 周雪光、艾云：《多重逻辑下的制度变迁：一个分析框架》，《中国社会科学》2010 年第 4 期。
③ 孙正聿：《毛泽东的"实践智慧"的辩证法——重读〈实践论〉〈矛盾论〉》，《哲学研究》2015 年第 3 期。

展实践。

我国政府对农村教育发展持续几十年的投资和努力，是中国特色社会主义教育发展的重要经验。如何在世界上讲述好、传播好并平等交流共享这种经验，使其成为参与全球教育发展重要的国际经验，是当代中国教育研究者的历史责任。我们仅做了初步的探索和思考，未来可引入多元理论视角下的分析框架予以解析，呈现多样化学术声音，为中国教育经验更好地在世界传播贡献学者力量。

Structural Analysis and International Communication of China's Rural Educational Development Achievements
—Based on the GIFF Analysis Framework of New Structural Economics

Xing Yun, *Zeng Xiaodong*

Abstract: The international communication of China's rural educational development achievements is a manifestation of the responsibility for a great country, and it is also a feasible way to enhance the discourse of China's educational development. Based on an international perspective, the New Structural Economic Theory has been explored that not only conforms to China's development conditions, but also possesses the ability of world dialogue and international communication. Therefore, the GIFF dual-track framework is constructed based on the New Structural Economic Theory. Used the GIFF to analyze and deduce the empirical cases of China's rural education development, such as the process of "Universal Compulsory Education", "Compulsory Education Project" and "Comprehensively Improve the Weak Schools of Poverty stricken Areas". To this end, explaining that the GIFF analysis framework is of great value in communicating the achievements of China's rural education development and leading the practice of China and other countries in the field of education development in the future.

Keywords：China's Rural Education Development；New Structural Economics；GIFF Analysis Framework；International Communication

南非农村技能发展的理论、实践与启示

许　婵　冯忱熹　杨艳梅　郭子川　刘思瑶

姚骥坤　李兴洲（通讯作者）

【摘　　要】新冠肺炎疫情突袭而至，使得原本就存在的技能隔离形势更加严峻，留守农村的老人和进城务工的年轻人都面临技能脱节的挑战。尤其是在发展中国家，农民技能水平较低，城乡差距逐步加大。本文以南非农村技能发展体系为研究对象，通过系统而全面的文献研究深入分析了南非的基本国情、技能相关的理论体系、法制机制、战略计划及技能项目等内容，总结了可供我国借鉴的经验。

【关　键　词】南非；农村技能；农村教育

【作者简介】许婵，四川师范大学地理与资源科学学院讲师，博士，研究方向为城市社会学；冯忱熹，西北大学城市与环境学院人文地理学专业研究生；杨艳梅，四川师范大学地理与资源科学学院学科教学（地理）专业研究生；郭子川，四川师范大学地理与资源科学学院人文地理与城乡规划专业本科生；刘思瑶，华中师范大学城市与环境科学学院人文地理学专业研究生；姚骥坤，联合国教科文组织国际农村教育研究与培训中心，北京大学哲学系伦理学硕士，研究方向为儿童早期教育。通讯作者：李兴洲，教育学博士，北京师范大学教育学部教授。

一　引言

随着新冠肺炎疫情的暴发，国际上大量低技能人群失业，返贫现象比比皆是；最弱势群体的生计受到长期破坏，面临疤痕效应。[①] 疫情损害最严重的是仅受过基本教育的群体，其就业前景十分堪忧。[②] 技能隔离使阶级等隔阂难以跨越，青年的失业率逐年攀高，这在农村地区表现得尤为明显。农村现有劳动力素质与现代农业的技能要求脱节，无论是留守在农村的老弱妇孺，还是进城的年轻劳动力，都需要通过高质量的技能培训适应发展。联合国可持续发展目标4将技能发展放在重要位置，在此背景下，扭转乡村地区低技能人群发展困境尤为迫切。

研究表明，由于农业生产经营规模较小，配套设施不足，农村地区从发展中获得的效益有限。[③] Dedrick 等人指出，人力资本决定着 ICT 对区域经济生产率的影响，[④] 只有促进农村产业升级以及人才技能培养，才能让农村享受信息化发展红利。国际上已有很多国家主动把握技术变革带来的机遇，为协助人民脱离贫困，采取相应措施，已具有丰富的政策和实践经验。国际经验的分析，有助于进一步研究农村技能的内涵与外延，丰富农村跨越式发展的理论与技术路径。南非在此方面走在世界前沿，本文将深入解读南非农村技能发展理论及实践，为全球农村地区的可持续发展提供参考。

二　基本国情

南非共和国位于非洲最南端，国土面积约为121万平方公里，2020年

---

① Bell D. N. F., Blanchflower D. G. "Young people and the Great Recession," *Oxford Review of Economic Policy* 27（2011）：241-267.

② 吴思栩：《信息化助推乡村振兴：机制、条件与对策》，《南京社会科学》2021年第9期。

③ 吴思栩：《信息化助推乡村振兴：机制、条件与对策》，《南京社会科学》2021年第9期。

④ Dedrick J., Gurbaxani V., Kraemer K. L., "Information Technology and Economic Performance: A Critical Review of the Empirical Evidence," *ACM Computing Surveys*（*CSUR*）35（2003）：1-28.

人口为 5962 万人，其中黑人占比 81%，白人占比 7.9%。^① 南非作为金砖五国之一，是世界第 35 大经济体，也是非洲经济最发达的国家之一，素有"彩虹之国"的美誉。新南非成立于 1994 年，目前正面临城乡差距过大、贫富分化严重、教育隔离加深等问题。

对新南非总体发展阻碍最大的是其种族隔离问题。1910 年，南非联邦成立，其本质是牺牲黑人利益，平衡白人内部阿非利卡人和英裔白人的矛盾。1910~1948 年，南非矿业等各部门处于起步阶段，1913 年出台的《土著人土地法》迫使南非农村人口大规模迁徙，农村人扮演了底层廉价劳动力的角色。^② 1948 年，南非国民党（National Party）执政，实施更严格的种族隔离制度，黑人几乎丧失教育权^③，白人资本家压榨其剩余价值，黑人职工甚至难以支付下一代教育费用，从而进入恶性循环。^④ 1994 年种族隔离制度被废除，但其造成的后遗症仍然存在，其中农村地区遗留问题更为突出。因此，新南非农村发展政策的重点在于消除殖民经济制度的遗留问题，实现社会公平发展。^⑤ 据世界银行 2019 年统计，南非的青年失业率高达 58%，原因在于：一方面就业岗位不足，产业结构与劳动力结构不匹配导致失业率攀升；另一方面，1994 年前的种族隔离制度使得阶层固化，黑人所得资源有限，阻碍南非形成广泛的人力资本。^⑥

新南非成立以来，政府积极处理历史遗留问题，取得一定成效。通过将技能生态系统理论体系用于实践，搭建起供给端与需求端相互匹配的平台；颁布相关法案，保障人才技能培训策略的施行；按期制定国家技能发展战略并实施多种类别的技能发展项目等，积极探索解决种族隔离、城乡差距、失业率高等众多社会问题的方法。本文以南非成功经验为例，深入

---

① Mokoena M., South Africa Yearbook 2019/20 [Z]. 27th Edition ed. Pretoria: Department of Government Communication and Information System, *Republic of South Africa*, 2020: 2022.

② 程光德：《南非共产党的南非农村发展策略及其启示》，《社会科学辑刊》2010 年第 6 期，第 123~126 页。

③ 伯德：《南非国家技能开发策略》（摘要），《中国就业》2004 年第 6 期，第 27~28 页。

④ 朱艺丹：《发展中国家教育扶贫政策比较研究》，陕西师范大学硕士学位论文，2018。

⑤ 赵倩：《南非农村发展政策及其启示》，《世界农业》2016 年第 5 期，第 86~91 页。

⑥ 王锦：《撒哈拉以南非洲人口红利研究及国别案例分析》，云南大学硕士学位论文，2019。

分析其对于我国乡村振兴进程中以技能促进乡村跨越式发展值得借鉴的经验。

三　理论基础

一般而言，农村的定义包含两个要素，即空间范围的度量和区域人口及其特征的度量。"农村社区"的共同特征则包括：人口和经济活动比城市地区更为分散；生计很大程度上取决于初级产品的种植和提取；无法获得与城市地区类似的基本公共服务。

鉴于南非种族隔离的历史，任何关于南非农村技能发展的研究都必须阐明其"农村"的含义。《南非1997农村发展框架》将农村地区定义为：人们在其中耕种或依赖自然资源的人口稀少地区，包括分散在这些地区的村庄和小城镇。此外，还包括在前黑人家邦建立的大型定居点，这些定居点依靠移民劳动力和汇款维持生计。根据该定义，南非大体存在两种主要类型的农村地区，即商业耕作区和黑人家邦区。[①]

商业耕作区覆盖了南非大都市区以外的大部分地区，其特点是大型商业耕作单元间散布着小城镇、村庄，在一些区域还有前黑人家邦的小块土地。[②] Goldman 和 Reynolds 指出，1994 年之后农村小城镇人口的快速增长是先前临时农民工人及其眷属向内迁移的结果。[③] 前黑人家邦区〔又叫班图斯坦（Bantustans）〕通常是远离迁出地且人口密集的围绕城市外围的定居点，既无历史根基，又无现实经济基础。[④] 在这里，许多居民试图通过自留地和公共土地上的季节性生产、国家养老金和非正规经济活动等的

---

① Jacobs P., Hart T., "Skills Development in Rural Areas—A Brief Review of Evidence", *RIAT Concept Paper-Concept Paper* 1, 1 (2012).

② Jacobs P., Hart T., "Skills Development in Rural Areas—A Brief Review of Evidence", *RIAT Concept Paper-Concept Paper* 1, 1 (2012).

③ Goldman I., Reynolds K., "Rural Local Government in South Africa," *Van Donk*, M (2007).

④ Goldman I., Reynolds K., "Rural Local Government in South Africa," *Van Donk*, M (2007).

组合来生存。①②

除在特定国情背景下需要定义"农村"外，还需阐明什么是"农村技能"。虽然传统部门在农村地区仍然可以发挥重要作用，但旅游、创意产业、制造业等广泛部门的活动也愈加重要。农村地区还需要一系列交叉技能，如数字技能和更高水平的领导及管理技能。除此之外，还需要回应未来的"元技能"（Meta-skills）需求，来应对技术颠覆和"工业 4.0"所带来的个人、组织和技能系统发展机遇，如自我管理、社会智能和创新等。因此，本文采用广义的农村技能定义，包含三种要素：生产技能、生活技能和生态技能。其中，生产技能包括农业生产技能、农副产品初加工技能、基本 ICT 知识和数字技能等；生活技能主要包括人际交往能力、决策和批判性思维技能与自我管理技能等；生态技能则主要包括生态环境基础知识和可持续生计战略等。为将多重技能及其涉及的参与方融为一体，需要构建理论框架，在南非的技能发展策略中即是以"技能生态系统"理论协调各方涉益者。

"技能生态系统"（Skill Ecosystems）理论源自大卫·芬戈尔德（David Finegold）团队所提出的针对生物医学和计算机产业的"高技能生态系统"（High-Skill Ecosystems）。③ 在此基础上，约翰·布坎南（John Buchanan）等认为其不仅局限于高科技产业集群，还可以应用到一些社会价值更高的领域。他将技能生态系统定义为"由企业、市场和机构的连锁网络形成的特定区域或行业的高、中、低水平竞争力的集群"④。据此，农村技能生态系统也具有相似特征，且包含了更广泛的组成要素，如经济、政治因素等。这一概念应用到农村技能发展中主要体现在由多主体构成的农村技能供给和需求网

① Aliber M. "Synthesis and Conclusions" in Aliber M, de Swardt C, du Toit A, et al., *Trends in Policy Challenges in the Rural Economy: Four Provincial Case Studies* (Cape Town: HSRC Press, 2004).

② McAllister P., *Building the Homestead: Agriculture, Labour and Beer in South Africa's Transkei* (London: Routledge, 2020).

③ Finegold D., "Creating Self-sustaining, High-skill Ecosystems," *Oxford Review of Economic Policy* 15 (1999): 60-81.

④ Finegold D., "Creating Self-sustaining, High-skill Ecosystems," *Oxford Review of Economic Policy* 15 (1999): 60-81.

络的耦合关系上。图1从整体上概括了涵盖三次产业的农村技能生态系统，并说明了技能需求和供给是在正规和非正规部门及不同的技能水平之间相互作用的。南非政府正是基于此体系，对现有资源进行整合、评估，并尝试探索南非农村地区资源不能合理利用，效益无法最大化等问题的解决途径。比如，南非农村地区教育强调农业，但基层政府却不重视农业，导致与农业相关的各种职业和技能都未能得到充分发展。因此，本文将从技能供给端和需求端出发，剖析南非农村技能生态系统，总结其农村技能发展经验。

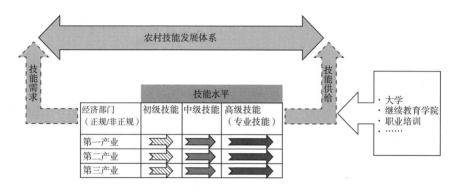

图1 南非农村技能生态系统示意图

资料来源：Jacobs P., Hart T., "Skills Development in Rural Areas—A Brief Review of Evidence", *RIAT Concept Paper-Concept Paper* 1, 1 (2012).

（一）技能供给端

技能供给端主要包括正规教育（如大学）和非正规教育（如继续教育学院）等，如图1右侧所示。南非农村地区的大学存在分布不均的现象，面积小但城市化水平较高的省份可能拥有比面积大城市化水平低的省份更多的大学。此外，农村地区还存在资金不足和教育设施不齐全等情况，导致一些学校无法为贫困学生提供良好的本科教育。例如，为农学专业学生提供实习机会时会因成本过高而降低质量，从而影响其毕业证书的含金量。当充分认识到这些限制条件后，大学教育需对农村地区大学（Rural-based University）的课程进行分析，为其提供与农村居民需求相吻合的课程，保障农村地区的技能供应。

继续教育与培训学院（Further Education and Training College，简称 FET 学院）是为 16 岁以上在校学生和离校青年提供普通职业教育和职业资格培训的机构，是提高南非基础技能的重要部门。南非的继续教育与培训学院包括公立和私立两种①，仅在 2010 年就有 FET 学院与 275 个高等教育学校（如大学、技术大学、综合大学）相关联，并为学员提供理论和实践教学及国家职业证书。② FET 学院为学生提供了就业所需的中高等技能培训，增强了学生在劳动力市场的流动性。但南非农村地区 FET 学院普遍存在缺少必要设施和实践经验，公私部门的合作十分薄弱，在职培训的机会有限以及培训机构距离学生居住地过远等问题。

（二）技能需求端

南非农村技能系统的需求端主要受到技能导向的技术变革（skills biased technical change）的影响，体现在行业需求和个人需求层面。③ 在行业需求层面，南非农村地区从农业、木材业到制浆业等产业对非技能和低技能工人的需求都在稳步下降，而对高技能工人的需求却在显著增加。另外，南非农村地区许多农业部门未真正地了解自身的技能需求，导致技能供给与需求之间无法有效匹配。全球范围内的农业正在向机械化和资本密集化转型，因此，商品化小农想要参与全球商品链，需要新技能来提高生产力和竞争力。而农村地区人口受教育程度普遍较低，限制了其对新技术的学习和使用，所以农村地区的技能需求还应包括农业发展技能需求与教育发展技能需求。

在个人需求层面，首先，南非农村地区护士比例远低于全国平均水平，更因艾滋病泛滥医护人员严重短缺。因此，更好地规划农村医疗保

---

① 李梨：《新南非继续教育与培训学院改革研究》，硕士学位论文，浙江师范大学，2014，第 3 页。
② Hart, T. and Aliber M, "The Need for an Engendered Approach to Agricultural Technology", *AGENDA* 84 (2010)：75-90.
③ Dedrick J., Gurbaxani V., Kraemer K. L., "Information Technology and Economic Performance: A Critical Review of the Empirical Evidence", *ACM Computing Surveys (CSUR)* 35 (2003)：1-28.

健人力资源以及提升专业医疗人员的技能是南非普通农村人口和医疗人员的共同需求。其次，南非农村人口还对教育技能有强烈需求。随着教育技术的普及，农村教师对在职技能发展的需求增加，渴望学习基本计算机技能。最后，农村居民还有对于 ICT 技术的需求。以农村女性为例，她们仅有少数完成高等教育，而 ICT 服务已被广泛用于继续教育和培训、技能提升等方面，所以掌握 ICT 技术能逐步满足农村妇女的教育需求。

南非农村技能生态系统从供给到需求形成循环，促进了农村地区乃至整个国家的进步。但因南非农村的特殊性及技能发展的实际执行难度，技能生态系统还不够完善。所以，南非政府制定了一系列的法制机制，为其农村技能的进步提供动力。

四　法制机制

在南非国内，农村就业技能需求的增加与供给短缺使其技能生态系统在供需循环方面存在一定问题。而艾滋病毒的肆虐、种族隔离文化的影响也使得南非国家技能发展受到威胁。同时，全球竞争加剧对就业数量、质量要求逐步提高，南非经济持续健康发展较为困难。此外，南非技能发展计划实施及推广过程遇到了较大阻碍，如技能发展任务仅由劳动与教育培训部门（Labor and Education Training Department）负责，导致技能培训发展面临挑战。为应对上述情况，需构建促进技能发展的法制体系。在此背景下，南非《技能发展法案》（Skills Development Act No. 97）、《技能发展税法》（Skills Development Levies Act No. 9）于 1997 年、1999 年相继出台。据南非统计局就业数据，在法案实施后南非就业人数持续上升，全国就业总人数从 1997 年的 2541 万上升至 2002 年的 2702 万；国内人均生产总值整体也从 1997 年 3550 美元上升至 2003 年 3751 美元①，表明法案对促进公民就业、国家经济发展均产生了推动作用。以下将详细剖析两部法案的具

---

① The World Bank. Gross Domestic Product Percapital in South Africa ［EB/OL］. ［2022-06-13］. https：//datacommons. org/place/coutry/ZAF.

体内容及现实意义。

（一）技能发展法案

《技能发展法案》主要目的是建立促进技能发展的制度性框架，实施技能发展的相关战略，实现技能培训的质效提升。法案确立了四个关键发展战略：（1）建立新的技能发展制度框架，有效实施国家、部门和企业技能发展计划；（2）提供更多培训和发展战略，使公民获得国家认定的技能资格证书；（3）通过建立徒工协议（Learnerships）为待业者、就业者提供相应的技能培训；（4）建立国家技能管理局（National Skills Authority, NSA）及行业教育与培训局（Sector Education and Training Authority, SETA），以提高技能培训质量标准。在具体内容方面，法案确立了与技能发展相关的三大类机构的组成与职责，分别是框架性机构、实施性机构和支持性机构，为国家技能发展体系构建了法制框架、实施战略及支持性组织。三大类机构组成及其职能如图 2 所示。

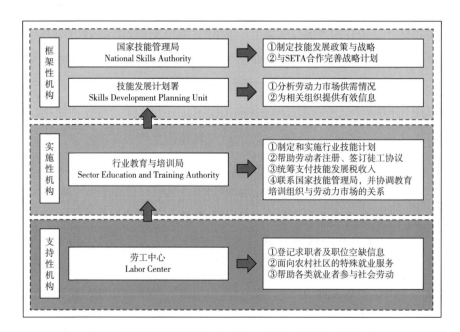

图 2 南非技能发展法案确立的三大类机构及其职能构成

在 SETA 制定的相关战略中，徒工协议最为典型，它将国家技能发展理念转化为实践，作为一种结构化的学习计划，考虑了受训人员与雇主的需求，结合理论学习与实践操作，受训人员学习合格后将获得由南非资格认证局（South African Qualifications Authority）认定的职业资格证书。徒工协议为公民提供轻松、可负担的技能教育与培训服务，增强了受训人员的职业技能，扩大了职业选择范围，并为企业提供了熟练技能人才。SETA 下设 22 个以行业划分的分支机构，如与财政部合作的金融和会计事务管理局（FASSET）；与矿产和能源部合作的矿业和资格管理局（MQA）；与公共服务和行政部合作的公共服务教育和培训局（PSETA）等。① 其中与农村发展最为密切的是农业教育与培训局（AGRISETA），它是一个多元化的组织机构，涉及传统农业和广义农业范围（林业、农产品初级加工等），其在 SETA 总体方针指导下，监督并实施农业工作场域的学习培训计划，保证农民获得科学的技能培训服务，提高农民生计能力，为国家发展提供坚实的农业经济基础。

在实施层面，《技能发展法案》通过技能法制体系的构建完善技能发展系统，推进技能发展相关计划落实。首先，建立促进技能教育与培训发展的相关机构及战略性组织框架，例如：国家技能管理局、行业教育与培训局、行业与职业质量委员会（Quality Council for Trades and Occupation）、技能发展计划署、国家技能基金（National Skills Fund）及技能发展税法融资计划（Skills Development Levy-Financing Scheme）等，为法案提供系统性支持。其次，法案鼓励公私部门建立紧密联系，推动技能培训相关计划、战略实施，实现技能教育与培训全覆盖，并与资格认证局合作，对培训成果进行检验并予以认证，保证技能培训的有效性。

（二）技能发展税法

为保障《技能发展法案》有效运行，南非于 1999 年颁布了《技能发展税法》，构建持续的资金支持体系。该法案制定了强制性的征税计划，

---

① McAllister P., *Building the Homestead：Agriculture，Labour and Beer in South Africa's Transkei* (London：Routledge，2020).

要求所有年收入超过 50 万兰特（约为 22 万人民币）的雇主必须在南非税务局注册，企业按月以所发工资总额的 1% 支付技能发展税。征收税额具体分配如表 1 所示。税法旨在为南非各产业部门内企业的教育和培训提供资金支持，并以此为核心构建技能发展税收体系。

表 1　南非技能发展税收分配比例

征税拨款体系要素	占比	分配具体条件
南非税务局征收费	2.0%	最高不超过 2%
国家技能基金	18.0%	部长规定的百分比
行业教育与培训局管理费	10.5%	最高 0.5% 分配给行业与职业质量委员会
强制性补助金	20.0%	无人认领的强制性补助金在每年 10 月 15 日前转移至灵活性补助金
灵活性补助金	49.5%	最高 80% 分配给关键性资金池
总计	100%	

技能发展税收体系为国家技能发展提供了坚实的资金保障和金融支持，促进了国家经济跨越式发展。同时机构设置监察员，监督税收的征收及使用，确保税收资金的有效利用。但征税分配体系有一定缺陷，其将大部分资金分配与使用的权力集中于 SETA，易滋生腐败，阻碍徒工协议等战略的实施，需加强监督管理。

五　战略计划

在《技能发展法案》和《技能发展税法》两部国家技能发展法律的推动下，南非于 2001~2015 年颁布了关于国家技能战略发展的三部政策，分别为《国家技能发展战略 I 》（2001~2005 年）、《国家技能发展战略 II 》（2006~2010 年）、《国家技能发展战略 III 》（2011~2015 年）（以下分别简称《战略 I 》《战略 II 》《战略 III 》）；并于 2019 年发布了《国家技能发展规划 2030》（National Skills Development Plan 2030）。其颁布目标旨在通过增强对未就业人群的就业培训，使其获得技能培训和发展，从而促进南非就业状况可持续地改善。

表2 三部《国家技能发展战略》发展重点对比

战略时序	发展重点
《战略Ⅰ》（2001~2005年）	开发全民的生产技能，强调了学习的平等性和终身学习的能力
《战略Ⅱ》（2006~2010年）	开发实现可持续增长、发展和公平所需要的技能，强调了平等性、提高培训质量和开发工作场所技能，也强调发展就业能力的重要性
《战略Ⅲ》（2011~2015年）	强调雇主与大学、教育培训机构之间的合作，将职业导向的学习作为重心，大力建设继续教育学院，以培养能够为国家经济增长和包容性发展做出贡献的高技能劳动力

三部延续性的技能发展战略中，《战略Ⅰ》强调国民学习环境的平等性；《战略Ⅱ》在其基础上强化工作场所的公平性要求；《战略Ⅲ》强调学校、机构之间的技能培训合作。其侧重点从城市转向农村技能的发展，并强调需要区分对农村迁移人口的培训（他们需要在城市地区通过学习技能创造收入）和对在农村定居人口的培训。

（一）国家技能发展战略Ⅲ

《战略Ⅲ》主要针对南非国内社会根源问题，就如何推进战略目标建设和执行战略计划等内容进行了详细的阐述。《战略Ⅲ》提出，南非在发展过程中必须关注社会历史遗留问题。新南非成立以来国内种族关系有了明显改善，不同种族和平相处已是常态。[1] 但种族歧视在社会环境中仍较为明显，白人主要居住在环境优雅、设施齐全的城中区，而黑人大多数远离中心城镇，形成地理隔离。在政策扶持下，部分黑人中产阶级崛起，但更广大的黑人群体经济上依旧处于弱势，社会阶层分化和贫富分化严重。

2007年，联合国发起了一次关于非洲妇女参与政治决策的线上讨论，指出男权在整个非洲社会中的各个方面仍占主导地位，妇女在家庭和社会上都被认为是从属于男性的二等公民。[2] 南非妇女拥有接受教育和就业的机会，但受传统观念、知识水平等限制，其教育权利的充分实现还面临着很大困难。综上所述，由于种族、性别、地理隔离等产生的社会不平等现象，南非

---

① 杨立华：《南非的民主转型与国家治理》，《西亚非洲》2015年第4期。
② 李思梦：《新南非妇女参政研究初探》，硕士学位论文，湖南师范大学，2014。

社会经济发展受到严重阻碍。

《战略Ⅲ》提出了"实现机制"、"国家体系"以及"学习者个体"三个从宏观到微观层面的建设目标。三个建设目标的主要内容、核心计划与预期建设成果如表 3 所示。

表 3　国家技能发展战略Ⅲ建设目标

建设目标	主要内容	核心计划	预期建设成果
实现机制	机构建设和制度完善	建立可靠的技能机构体系（Credible Institutional Mechanism）	建立、完善技能发展标准化框架及供需综合信息系统
国家体系	提高国家教育、公共服务等系统的指导和服务功能	公立学院系统教育：各小型教育独立学院合并为综合大型学院（Mega-institutions）	提升公共服务部门相关的指导与服务水平
		协同一体化的合作组织：构建国内各级相关部门所组成的综合系统	
学习者个体	个人择业和就业能力建设	投入充足资源支持就业指导工作的开展，同时引导青年人做好职业规划	提高个人择业就业能力

除了聚焦社会根源问题、推进战略目标外，《战略Ⅲ》也要求严格落实战略部署。战略执行部门主要包括行业教育与培训局和国家技能基金。二者统筹协调，根据市场需求，制定满足技能发展需求的战略，协调税收与技能需求收支的平衡。

（二）国家技能发展规划 2030

《国家技能发展规划 2030》（以下简称《规划 2030》）是根据《国家发展计划》（National Development Plan）和《学后教育培训白皮书》（White Paper for Post-School Education and Training）的政策范围制定的《规划 2030》主要是帮助青年发展技能并获得求职机会，释放南非国民生产力，到 2030 年实现消除贫困、减少不平等现象的目标，以支持经济增长、创造就业和社会发展。[1] 与《战略Ⅰ》《战略Ⅱ》《战略Ⅲ》不同的是，

---

① 刘建豪：《南非职业技术教育发展的挑战与愿景——基于对〈2030 年国家发展规划〉的解析》，《世界教育信息》2015 年第 11 期。

《规划 2030》更加关注职业技术教育，旨在统筹建立起整合各方力量的学后教育体系。

《规划 2030》囊括了教育系统和个体的建设目标及相关机构的监测评估模式。尽管政府部门和技能培训相关利益方已采取一定措施，但教育系统在发展基本技能（Basic skills）和技术技能（Technical skills）方面仍有待完善。为解决现有的技能发展问题，《规划 2030》提出了 5 个目标，可将其归纳为系统层面和个体层面的建设。系统层面建设包括推进公平的体系建设，关注并解决阶级、种族、年龄、地理隔离、疾病等因素引发的不平等问题，以支持南非的战略实施。此外仍需致力于提高整个公共系统部门的包容性和协作性，呼吁利益相关者参与。系统内部需要建立问责机制，加大治理监督力度与完善评价体系，最终实现政府、社会及行业教育与培训局和各部门、机构系统化、默契化合作。个体层面建设目标指出，教学与学习过程中需要注重学习者已有的知识和物质基础，同时技能征税机构需要为其支付学习津贴以保障学习者正常的学习进程。

为实现战略目标，行业教育与培训局和高等教育与培训部对战略实施过程进行全程监测和评估。行业教育与培训局作为《规划 2030》的主要执行和支撑机构，是培训者就业和雇主雇用的连接桥梁（见图 3），是协调各利益主体关系的重要支撑点。

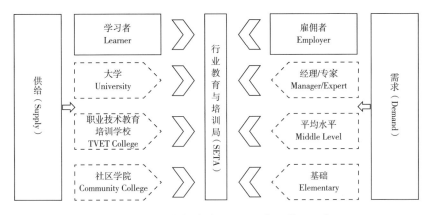

图 3　行业教育与培训局 SETA 作用关系示意

六　技能项目

在制定技能相关法案与国家技能发展战略、发展规划的同时，南非各有关部门就如何解决农村社会中生产资料分配不均、失业率高等问题，以及如何提升农村生活质量的问题，展开了探索与实践。实际项目经验与法案政策的完善相辅相成，相互促进。下文将就南非农村发展的整体背景以及三部国家技能发展战略实施以来，南非已开展且将持续推进的、具有指导意义的技能培训相关项目展开探讨。

自 2009 年 4 月以来，南非农村发展的重要性在"农村综合发展计划"（Comprehensive Rural Development Programme，CRDP）中得到体现，该计划已率先在林波波省的吉亚尼市（Giyani）试行。CRDP 以三个递进阶段探索非农业技能的培训，包括以满足人类基本需求为主要驱动因素的孵化阶段；以较大规模的基础设施建设为关键驱动因素的创业发展阶段；由中小企业和乡村市场驱动的工业和金融部门发展阶段。并采用从农业转型到农村转变再到土地改革三步走的战略，涉及经济、政治、社会三个层面的包容性农村发展内容。CRDP 旨在通过最大限度地利用和管理自然资源，创建有活力、公平和可持续的农村社区，从而有效应对贫困问题。该计划不仅能起到改善农村居民生活水平的作用，还有助于解决财富分配不均、土地所有权界定不明等社会不平等问题，以此保障南非农村综合发展目标的全面实现。

（一）农村发展创新伙伴关系项目

农村发展创新伙伴关系项目（The Innovation Partnerships for Rural Development Programme，IPRDP），以试验和整合创新技术，改善农村社区的基础服务和生活质量为主要目标。农村发展和土地改革部（The Ministry and Department of Rural Development and Land Reform）选定一些农村地区以及市镇为试验地率先实施 IPRDP。其重要环节是在试点地区进行技术示范和领导能力培训，随后将对应技术在试点农村内推行，以检验其本土化的成效。IPRDP 的推行，旨在加强农村社区与技术提供方的伙伴关系，以实现技术转让；推进实用知识的普及，并提升政府管理能力和相关单位的科学技术创新能力，其预期成果包括：推动科研进程，促进大众化的基础服务建设；加强试点地区的技术学习和创新管理能力的培训建设；改善技术支持服务供给决策的概念化和设计流程。欧盟为南非政府提供了资金支持以协助其正常运转，下设的各方案已在各地进行试点，具体包括：水资源获取和水质保障、卫生质量、住房和住区环境、电力和能源、通信技术和服务、生态或绿色基础设施等。

（二）全国农村青年服务团计划

全国农村青年服务团计划（The National Rural Youth Service Corps Programme，Narysec）是农村发展和土地改革部的青年技能发展和就业计划，也是 CRDP 的一部分。该服务团提供品格培养方案、软硬技能培训，并派遣青年到农村地区从事各种农村基础设施建设和其他相关项目工作，使农村青年有效地完成从求职者到创业者的转变，打破原先依赖社会补助金的恶性循环。该计划通过匹配农村社区需求，制定专门的方案对青年进行培训；通过公民教育，培养具有多学科技能的青年；使青年在培训中持续获得知识和技术技能，从而实现更好的自我发展，扩大农村社区的规模。Narysec 的参加者从农村社区征聘后，将在该计划中接受四年培训，前两年侧重于技能发展，后两年侧重于企业的孵化。

截至 2013 年 5 月，约有 13000 名 Narysec 参与者处于不同培训阶段。农村发展和土地改革部与农业研究理事会（Agricultural Research Council）合作，培训了 900 名从事小农户牲畜和奶制品生产的农业辅助专业人员，750 名从事蔬菜园艺和土壤采样的专业人员。该计划还为南非国防部提供了针对性课程，包括军事演练、体能训练、沟通和社会责任等科目，已有 1047 名青年在金伯利市（Kimberley）的 3 个步兵营毕业。农村发展和土地改革部同时与私营部门合作，其中 400 名青年接受了建筑实践培训，分别前往西开普省和林波波省参加住房建设、青年中心建设等建筑项目。在 Narysec 四年方案结束时参与者将被雇用，或通过建筑企业为各自社区做出经济贡献。

（三） 幼儿早期发展护理人员培训

幼儿的早期护理与教育决定了其能否成长为对国家和社会有用之才。因此，可以说南非农村地区大量幼儿的早期护理和教育在一定程度上影响着南非的未来。幼儿早期发展护理人员培训（Early Childhood Development Care Givers Training）是《南非幼儿早期发展综合行动纲领——向前迈进》[①] 中提出的重要环节之一。政府采取了一系列举措，以培养足够多具有专业技能的幼儿发展从业者，包括：卫生促进者和社区卫生工作者、病房外展团队负责人、提供（含餐饮）全日托中心厨师、玩具管理员及助理、社区康复工作人员和其他保健从业人员。[②]

林波波省许多农村家庭生活贫困，一些父母或受雇的照料者长期在居住地与工作地之间长途往返，同时许多家庭还受到艾滋病的侵扰，这些因素都影响儿童的日常照料质量和学业表现。图沙南信托基金（The Thušanang Trust）是林波波省的一个非政府组织，其通过 20 多年的正式培训，在培养幼儿早期教育从业人员的能力，以及家长支持从业人员在家中的工作等方向取得了一定的成绩，其成熟的体系、经验与教训被其他地区组织学习借鉴。图沙南信托基金的培训特色在于从三个方面切入发展儿童高质量教育，包括个体（以幼儿发展从业人员的形式）、各组织（托儿所委员会等）、社区。该组织的经验涵盖了父母和照料者参与其子女全面发展的全过程。[③]

---

① South African Integrated Programme of Action for Early Childhood Development—Moving Ahead, 2013/14–2016/17.

② Health promoters and community health workers, WBOT team leaders, Early childhood Development practitioners, Early childhood development Coordinators/ supervisors, Child-minders for children under the Age of 2 years, Cooks for full-day programmes that provide food, Toy librarians and assistants, The existing community-based rehabilitation workforce and other health care practitioners.

③ Roper M, Building Early Childhood Development Capacity in Limpopo: The Thušanang Trust's Approach (*Oxfam*, 2014).

（四）工匠发展计划

工业发展是经济增长的必要条件，也是国家不受外力约束、成功实施国家战略性基础设施项目等的重要保障，而保证工业高速和高质量发展，离不开大量具有专业技能的各级工匠。南非高等教育与培训部门在 2013 年成功举办"工匠年"（Year of Artisan）活动后，发起了"工匠十年"（Decade of the Artisan）计划，旨在促使更多的南非青年选择工匠作为职业，以实现《国家发展计划》和《学后教育培训白皮书》的目标，即到 2030 年每年培养 3 万名修建道路、学校、港口、发电站等基础设施等的工匠人才。国家科学基金会将优先考虑需求量较大的行业来培训工匠，如制砖工、电工、装配工、机械工等。所有这些培训供应机制在工匠发展价值链中发挥着巨大作用。

CRDP 从宏观层面指导农村综合发展，包括推进产业结构转型，通过分阶段的孵化政策鼓励民众创业或引入企业等，来为农村地区创造更多的工作岗位。而具体的四个技能发展项目，包括 IPRDP 通过加强与国外政府部门及相关研究机构的合作，引入先进技术，消除农村基础设施建设与完善的技术障碍；Narysec 通过向有志青年提供培训与实习机会，缓解青年高失业率的问题，同时升级农村人口素质；幼儿早期发展护理人员培训通过对申请者提供幼儿早期教育的专业素养培训，保障农村幼儿健康成长；工匠发展计划则是通过对申请者进行相关工艺技能培训，为解决其就业、家庭生计问题寻求出路，同时为南非工业发展积累人力资源。这些项目以不同的切入点，分别针对农村发展的技术资金问题、幼儿教育问题、青年失业失学问题以及中年再就业问题，提出了切实可行的措施，在各政策规划与法案的指导下，协同解决历史遗留问题，促进农村可持续发展。

七　启示与借鉴

政府主导、多方协同的技能培训系统为南非人民构建了优质的、有保障的技能培训平台和就业渠道，使其劳动力的技能开发、职业生涯发展和可持续就业的目标得以实现。南非的农村技能培训发展实践具备了政策统领、内容充实、全民参与、保障完善等特点。其关于健全国家技能培训体系的成功经验对我国发展职业教育、加强技术技能人才队伍建设、建立国家职业资格与学历相互衔接的教育框架，实现 2035 年教育现代化的目标，以及通过提升农村地区居民的技能助力乡村振兴，培育经济新动能，实现经济高质量发展具有一定的借鉴意义。南非技能发展对我国的启示主要包括以下四方面。

首先，南非农村技能体系是基于农村地区的特殊情况实行的一系列技能发展策略。以教育为原动力，通过大学教育和 FET 学院等形式为农村居民提供与其需求相吻合的课程，满足农村学生、教师以及社会青年等对于相应技能的需求，从而推动相关产业的发展。而我国农村的具体情况与南非差别较大，因此不仅要学习南非对于教育投资的方式，还要因地制宜地进行改进。一方面也需从供给和需求两个层面考虑技能生态系统的构建，另一方面则需要注意政策实施中各个机构的衔接合作问题。具体而言，可以发挥基层党组织和社会组织的力量、借助互联网教学平台等有效地构建农村地区技能体系的供给端，并切实地了解农村居民个体及农村关键产业的技能需求，做到需求与供给的紧密衔接。

其次，南非技能发展法制机制建立、实施对国家经济发展产生了深远的影响。《技能发展法案》促使公民就业及职业选择的机会逐步增加，社会向公平、包容的方向发展。《技能发展税法》则为国家技能发展体系建设提供持续的金融支撑，落实技能发展战略。中国应根据自身发展的迫切需求，建立并完善相关法律体系，将零散、分离的技能发展战略、计划等整合为具有中国特色的技能发展系统，推动技能发展质效提升。同时吸取南非发展教训，构建专门的财税支持制度，并设置严格的监督体系，为中国技能法制机制及发展体系构建提供充足资金，保障技能发展体系持续运行。

再次，南非国家技能发展战略和国家技能发展规划作为公民技能发展和就业率提高的政策指南，为缓解社会矛盾、促进经济发展做出了巨大贡献。对我国而言，政府可以建立以"学习成果"为基础的教育发展和学习评估系统，认可非正规学习途径，鼓励从学龄教育转向终身学习，缓解阶层固化、城乡教育资源失衡等问题。此外，基层政府应创设环境扶持中小企业发展以促进就业，包括营造良好的非传统技能培训中心的内部环境与技能促进就业的外部环境。综合改善社会就业整体氛围，为求职者提供优质、平等的就业场所。同时，需要建立并明确利益相关方的权责。在政府、企业、社会组织等多方协作下，以明确的目标、完备的监测与考核标准、健全的多边问责机制全面推进技能培训发展。

最后，在具体的技能发展项目建设方面，南非国家政策与实施项目相匹配，宏观指导与微观解决路径相协调，使得农村在双向驱动下迅速发展。对此，在我国的宏观政策层面，为应对农村普遍存在的"空心化"、"老龄化"等问题，政府应注重农村特色化发展，完善农村基础设施，打造特色产业，号召社会关注农村失业者、留守老人及儿童，鼓励农村创办非营利性的技能培训中心，协助地方招商引资从而为农村创造更多的就业岗位。在项目实施层面，应构建流程完整的农村技能培训机构体系，为农民就业提供切实帮助，具体内容应该包括：旨在解决农村关键问题的基础设施建设和技术支持类项目，以改善农民生存环境；旨在实现农业增产增值与解放农村生产力的土地确权登记、资源合理分配的制度改革类项目，倒逼农村产业结构升级；旨在提高农村全体居民基本素质和技能水平的针对性培训项目，如提供幼儿早期发展护理人员培训、失学儿童重返校园培训、妇女 ICT 技术使用培训、失业中青年技能更新和再就业培训等，从而进一步完善农村教育体系，并为农村地区提供更多优质劳动力。

总体而言，从中央政府到基层政府需要通力配合，协调企业、社会组织等各类机构，通过多方参与为不同区域的农村确定因地制宜的发展方向，从当地农村居民的具体需求出发，提供相应的技能培训，以实现农村特色化、跨越式发展，最终创建充满活力、公平和可持续的农村社区。

Theories, Practices and Lessons Learned From the Rural Skills Development of South Africa

Xu Chan, Feng Chenxi, Yang Yanmei, Guo Zichuan,

Liu Siyao, Yao Jikun, Li Xingzhou

Abstract: The outbreak of the COVID-19 has made the existing skills isolation situation worsen. Both the elderly left behind in the rural areas and the young people who have migrated into cities are facing the challenge of skill disconnection. Especially in developing countries, with farmers' low levels of skills, the gap between urban and rural areas is gradually increasing. Taking the rural skills development system of South Africa as the research object, this article has thoroughly analyzed the basic national conditions, skills-related theoretical systems, legal mechanisms, strategic plans, and skills projects, then systematically and comprehensively summarized the experiences and enlightenment for China.

Keywords: South Africa; Rural Skills; Education; Theory; Practice; Enlightenment

教育促进可持续发展的新范式

——中国滋根推动的绿校绿村建设

罗义贤

【摘　　要】教育促进可持续发展是新时代国内需要，也是国际关注的一项前瞻性、综合性、系统性工程。中国滋根为适应新形势、新任务、新要求，以绿色生态文明学校和绿色生态文明村建设为载体，通过教师培训提高他们对可持续发展的认知能力，以转变思想行为观念为切入点，带动学生、学校、村民、社区从不同的角度、层级明了什么是可持续发展，什么是不可持续，使其能主动参与绿色生态文明学校、乡村的发展，为社会组织参与全面推进乡村振兴形成了一个良好的范式。

【关 键 词】乡村教育；可持续发展；范式效应

【作者简介】罗义贤，博士，教授，中国滋根乡村教育与发展促进会会长，研究方向为乡村教育与发展。

成立于1995年的中国滋根乡村教育与发展促进会，是在民政部登记注册，教育部领导的全国性、非营利性社会团体。其宗旨是促进以人为中心的可持续发展，在农村直接支持中国贫困乡村基础教育、基本医疗卫生、生态环境、文化传承以及小型经济项目，20余年初心不变，在教育促进农村可持续发展方面提出新理念，设计新框架，探索新路径，创造新范式。

一　教育扶贫成果卓著

"日拱一卒无有尽，功不唐捐终入海。"从 20 世纪 90 年代以来，围绕脱贫攻坚，滋根人积极开展教育扶贫工作，如劳燕衔泥、集腋成裘、聚沙成塔，从海内外募集资金 9123 万元，先后无偿地向贵州、河北、云南、湖北等 9 个省 300 多所学校、100 多个乡村、124.9 万人次，提供贫困生助学、学校综合改善、图书阅读推广、教师培训、实用技术培训、医疗卫生、环境保护、乡土文化传承服务与小型经济项目等。其中，仅国家级贫困县雷山，就获得了 2770 余万元无偿捐赠，帮助了 9000 余名少数民族学生（主要是女生）完成了 6 年制义务教育。其中还资助一部分品学兼优的学生，完成了 9 年、12 年乃至大学、研究生的教育。他们中的许多人毕业后又回到自己的家乡，担任教师、医生、农林技术员、乡镇公务员等，为家乡的发展做出了很多贡献。中国滋根人二三十年如一日初心不改，致力于以教育扶贫推进可持续发展，赢得了社会的广泛赞誉。

"高屋建瓴，大道之行。"进入 21 世纪以来，随着国家经济社会的发展，普六、普九义务教育目标先后实现，脱贫攻坚已经取得全面胜利，大规模支持贫困生完成义务教育，扶贫济困的时代已经过去，农村教育的工作重心得以调整。《国家中长期教育改革和发展规划纲要（2010—2020年）》明确提出"重视可持续发展教育"，其理念融入教育整体发展中，以帮助受教育者形成可持续发展所需要的科学知识、学习能力和生活方式。面对资源约束趋紧、环境污染严重、生态系统退化的严峻形势，国家强调树立尊重自然、顺应自然、保护自然的生态文明理念。党的十八大、十九大拟定了走可持续发展道路，建设生态文明，坚持节约资源和保护环境的基本国策。《国民经济和社会发展第十四个五年规划和 2035 年远景目标纲要》进一步明确，要"培养德智体美劳全面发展的社会主义建设者和接班人"。而加强劳动、生态、环境教育，帮助受教育者在实践中培养爱劳动、爱农业、爱大自然的品质，使其了解家乡文化、积极关心家乡发展、努力参与建设家乡、齐心改变生活环境，这是教育促进农村可持续发展最好的切入点。

"如云聚合，如影随形。"中国滋根在过去的二三十年间，见证了中国城市化、工业化的过程和脱贫攻坚的全面胜利。面对国家已经进入发展的新时代，乡村振兴有了新任务，教育战线承接了新要求，可持续发展已形成全球共识。中国政府提出的五个文明建设的大政方针，乡村振兴的四根支柱，与2015年联合国可持续发展峰会上正式通过的17个发展目标并行不悖、相向而行，在新的形势面前，滋根人不能故步自封，要积极投入时代洪流，建设美丽农村。

二　研究新情况，溯源新问题

为适应新时代、新形势、新任务、新要求，滋根人认真厘清可持续发展在乡村教育领域面临的一系列矛盾，深入分析其成因。

"旁搜博采，鞭辟入里。"多年深耕乡村教育，滋根人较好地把握了乡村教育面临的一些发人深省的问题：一是学生厌学情绪严重，特别是经济欠发达地区的学生尤其是女生，进入初中后弃学较多。二是"撤点并校"后，许多边远山区学生很小就住校，离开父母亲人和原有的生活环境，导致亲情缺失，家乡认同感淡薄。三是乡村年轻人大多外出，村庄仅留下老人、妇女和留守儿童，未成年人的权益得不到很好保证。四是农村乡土文化缺少传承，加之受现代城市文化冲击，社区缺乏生机与活力。五是农村自然生态遭到破坏，务农群体收入偏低，撂荒耕地增加。六是成人教育滞后，终身学习可望而不可即，农村学校的老师大多出自本乡本土，面对这些矛盾无不感到困惑和彷徨。这些矛盾归聚的焦点，就是农村发展的不可持续。

"穷本溯源，探其究竟。"这些矛盾产生的根源是什么？通过调研分析，滋根人认为：一是快速的城镇化、工业化造成了乡村经济萎缩。二是一些地方在经济发展过程中造成了生态环境破坏和社会发展的相对滞后，人们的生态观、价值观、行为模式发生扭曲和异化。三是欠发达地区乡村教育由于经费、师资、教材等问题，教师缺乏有关生态环境等议题的培训，只能使用城市教材和大纲，课程内容和实际生活脱节。四是受当前应试教育的影响，学校侧重学科成绩和以教师为中心，对人的全面发展和以学生为中心的参与式教学方式缺少关注。五是学校与社区脱节，家长与孩子产生心理的隔阂等。正是这些原因，导致了问题的积聚、矛盾的产生乃至局部的恶化。

"凡益之道，与时偕行。"针对上述问题和成因，中国滋根主动肩负起历史使命，积极致力于找到化解这些矛盾的方式与方法。从 2010 年开始，其将工作的重心从扶贫助学转向教育促进可持续发展。希望通过探索、试点、示范，化解矛盾，使可持续发展的理念、文化、知识、技能，能够进课堂、留校园、出校园、进社区、留社区。促使滋根工作所覆盖的、以农村学校师生为主要对象的社会群体，获得基础性和框架性教育，了解五个文明建设和乡村振兴四根支柱的基本内涵，获得可持续发展的基础知识，掌握实用技能。帮助人们健全公共觉悟，树立有利于社会的价值观，关注农业农村、社区社会、生态环境、乡土文化，能够从各个不同的角度、层级明了什么是可持续发展，什么是不可持续发展，能主动参与相关的班级、校园、社区实践活动和社会工作，形成好的思想行为范式。

三　打造新载体，化解新矛盾

"师古不泥，开拓创新。"教育促进可持续发展，是一项前瞻性、综合性、系统性工程，不可能一蹴而就。特别是人们固有思想行为习惯的改变，要经过一个漫长的过程，必须汇聚有思想、懂基层、能实践的专家群体，既高屋建瓴占据学理性高地，针对不同群体编撰教材，开设课程，培训师资，带出骨干，又能俯下身去，深入基层，指导建立实践活动阵地，带动可持续发展事业的进步。而这一切都没有现存的经验可参考，必须创建一个新载体，中国滋根在国内率先提出了将建设"绿色生态文明学校""绿色生态文明村"作为教育促进农村可持续发展的试点、示范的新平台。

"振鹭充庭，人才济济。"十余年来，中国滋根与北京师范大学、中国农业大学等高等院校合作，共同组成了针对农村学校教育和农村成人教育的专家团队，针对建设绿校、绿村的不同群体开发了社会关注、乡村需要的多层次培训课程，如"共创可持续发展的乡村 ——教师培训""乡村振兴 ——可持续发展人才培训"等，并编辑出版了相应的教材，中国滋根还注意收集整理来自实践一线的经验成果，录制了大量来自基层建设绿校和绿村的音像资料。为完成教育促进可持续发展这一国家在新时代提出的新任务、新要求，奠定了一定的人才基础。

"取法乎上，圭端臬正。"中国滋根拟制的绿色生态文明学校建设的目标：切合实际，培养孩子成为环境保护的卫士，乡土文化传承的种子，能自觉参与可持续发展的行动。绿校的总体框架包含六个方面：家庭困难学生能获得奖助学金；学校有洁净的饮水，学校有图书室，班级有读书角；培养生态价值观，组织学生参与环保行动；乡土文化进课堂、留校园；教师获得培训并参与培训计划；村（社区）校能够良性互动。绿村的架构：发展乡村经济，增加就业收入，发展生态农业、乡村手艺、休闲旅游、电商产业融合、合作经济等；保护乡村环境，促进生物多样性，发展循环经济，如农林混种、稻田养鱼、建设沼气池、利用太阳能和风能等；乡土文化传承创新推广，倡导勤劳节俭、互助合作、男女平等、尊老爱幼等乡土文化和价值观。绿校与绿村以一种崭新的姿态，在教育促进可持续发展领域营造了一股新风。

四　以师为本，迈出新路

"善之本在教，教之本在师。"绿校、绿村建设关键在教师，只有教师认清了教育促进农村可持续发展的重要性和必要性，他们才能积极主动地开展此项工作。6 年多来，中国滋根先后培训了 3000 余名一线老师和 500 名成人教育工作者，帮助作为一级培训师的受训者学通弄懂了可持续发展的教育理念，掌握了基础性知识，提高了认知能力，转变了行为观念，使其切身感受到不能仅仅教学生课本知识，而更应该与现实生活结合开展教育；可持续发展并不高大上，就在我们每一个人的身边，有很多有意义的事可以身体力行。受过培训的老师回到工作岗位，基本能按照中国滋根要求，撰写以可持续发展为主题的乡土课程教案，结合实际组织开展"可持续发展教育进课堂"的二级培训，成为推动学校和村（社区）开展教育促进可持续发展的中坚力量。其中部分佼佼者，还被吸纳进中国滋根的培训师专家团队，肩负起对一级培训师培训的相关任务（见图 1）。

图 1   河北省青龙县绿色生态文明试点校乡土文化教案展示

"深厉浅揭，因时制宜。"十年可以树木，百年方能树人。为落实教育促进可持续发展，从 2015 年开始，中国滋根在冀、鄂、黔、滇、闽、浙、湘、赣 8 个省和宁波、青龙、新洲、丽江、铜仁、永泰等 20 个县市区选择 100 所乡村学校，开展绿色生态文明学校建设，其目的是结合学校课程，将环境教育，爱家乡、爱农业、爱劳动等乡土文化传承创新教育，性别教育，以学生为中心的教学理念和实践，融入日常教学之中；尽可能多地将生态环保等课外读物引入班级，将乡土文化传承人请进校园，对学生进行面对面的教学与实践辅导，增强了学生的知识、态度和技能，使 5 万多名乡村学生直接受益，数十万名学生间接受益（见图 2）。中国滋根为"绿校"开发基础性、系统性培训课程内容，课程多采用参与式，注重与学习者的生活环境文化紧密结合，为新时代乡村学校教育提供了符合实际、注重实效、便于实地操作和示范推广的新范式。

图2 河北省青龙县山神庙小学学生在小农场劳动

"足履实地，兢兢业业。"在绿校建设有条件的地方，滋根人注重可持续发展出校园、进社区的活动，带动周边社区建设绿色生态文明村，将可持续发展教育理念和框架贯穿于乡村振兴之中，重塑新型乡村成人教育，营造终身学习的乡村。中国滋根和受过培训的一线乡村教师与成人教育专业人员共同设计和编写了"可持续发展教育进村寨"乡土教材。在村民终身学习方面，充分利用现代化融媒体和网络平台，先后在河北青龙，浙江宁波、德清，贵州榕江，云南宁蒗等地，帮助建立学习型乡村，针对不同农民群体组织短期培训，对学习者进行生产、生活、环境及文化相关的技能性教育，丰富村民终身学习的机制；在乡村经济发展方面，介绍不同类型的农民合作社，不同案例的合作经济，生态化的种养加在增加就业、扩大收入方面的作用；在乡村治理方面，介绍剖析村务公开透明，村民自我负责和积极参与乡村社区公共事务，推动经济发展和社会服务的合作机制；在乡村环境卫生方面，支持实施促进生物多样性、保护环境和自然资源，推广应用新能源小型项目等。滋根的培训，培养了乡村骨干，设计并促进了在乡村可持续发展行动中农民的自我参与和积极行动。

五   新载体带来新变化，结出新硕果

"苟日新，日日新，又日新。"中国滋根推动的绿校、绿村建设，给所在乡村带来了几项重大改变：一是老师的改变，参加过培训的老师群体，能够主动地将环境教育、乡土文化传承创新教育、性别教育、以学生为中心的教学理念和实践等相关知识、态度、技能融入日常教学之中，设计成教案，作为"可持续发展进课堂"的乡土教材，并能很好地结合教学大纲与教学计划，将环境保护类、性别教育类、乡土文化传承类、劳动实践类等知识纳入课堂教学之中，同时辅之以适应少年儿童身心特征的丰富多彩的活动。二是学生的改变，学生在乡土教材以及有关课程中获得了可持续发展的相关知识，并落实到行动上，绿校基本能做到注重环境保护，实现垃圾分类与回收；做到热爱劳动，珍惜粮食，自助就餐实现光盘；做到学习践行乡土文化，开展课外阅读等。三是家长的改变，与以往相比较，家长们有更多机会参与到学校组织的环保、乡土文化等活动当中，在孩子的影响和学校、村（社区）的推动下，他们逐渐认同可持续发展理念，对学校工作也给予了更多的理解与实质性支持。四是学校自身的改变，参与试点项目的学校普遍设立了绿色生态文明学校建设推动小组，设立相适应的制度并落实到教学岗位和教学计划当中，学校普遍安装了节能环保的设施，设立了有学生参与种植管护的小农场、小药圃、小果园等，劳动基地收获的成果能补充学生的营养午餐，能组织开展乡土文化进校园、留校园、出校园、进社区，开展课外阅读等活动。五是社区的改变，如新洲区三店街道办事处积极支持乡村学校组织农耕文化节，并将它扩展到全镇，形成了对新洲全区颇具影响的农民丰收节。六是政府相关部门的改变，青龙、新洲、玉龙、松桃等县，以及铜仁市教育局等先后发文，在所属县市推广中国滋根开展的绿色生态文明学校建设。

"一叶知秋，穰穰满家。"中国滋根注意不断总结经验，发现问题，解决问题，其矢志不渝的努力，得到社会重视与肯定，女童性健康教育项目成为中国滋根品牌，连续 5 次获得财政部、民政部数以百万计购买社会服

务项目的经费支持。中国成人教育协会与中国滋根签署战略合作协议，在农村成教师资领域联合开展培训工作。贵州省社科联、贵州省妇联分别与中国滋根签署协议，将绿校、绿村建设项目引入他们农村工作的联系县。中国著名企业"三一集团"，将中国滋根绿校建设的教材、教案、课程设计等，全套引入湖南省涟源市"三一学校"，作为新时代乡村振兴学校建设的新模板。北京随锐科技集团为支持中国滋根绿校、绿村师资培训，捐赠具有全球领先水平的视频会议（远程教育）系统3套，并承诺将该系统捐赠给中国滋根每一个开展"教育促进可持续发展"项目的试点县。中国滋根支持的青龙县大森店绿色生态文明示范村，成为全国脱贫攻坚先进村，获得中央表彰。

"见微知著，以一持万。"2021年金秋十月，中国滋根与武昌理工学院共同主办的"第三届教育促进可持续发展论坛暨绿色生态文明学校现场会"在湖北武汉市举行，与会代表在现场观摩绿色生态文明试点示范学校和绿色生态文明建设试点村时，对滋根人20余年来专心致志地开展教育促进乡村可持续发展的工作表示了浓厚的兴趣。武汉市新洲区在中国滋根的精心指导和大力支持下，引入国内外优秀的导师资源和培训体系，以可持续发展相关的议题为核心内容，编写教材，设计课程，培训骨干教师，在当地培养了一支能长期培训和指导本地一线乡村教师的绿校、绿村建设的师资队伍，带动了广大乡村教师组织学生开展爱家乡、爱农业、爱劳动、关注生物多样性、垃圾回收等活动（见图3）；邀请手工编织、刺绣、陶艺、绘画、剪纸、传统艺术表演等民间艺人走进课堂传授民俗文化与技艺等（见图4）。

在新洲的两个现场表演展示区，新洲20余所乡村绿校编撰的乡土教材、课程设置和活动成果引起了与会代表的普遍共鸣。中国林学会秘书长陈幸良认为，这是他在国内参加生态文明与可持续发展会议中开得最有特色、最生动活泼的一次会议，从我们下一代稚嫩而认真的表述和表演中，我们看到了生态文明建设在乡村振兴中的未来。北京大学首都发展研究院副院长沈体雁认为，这次论坛会议是一个多方合作交流的优质平台，必将为教育促进乡村可持续发展提供很好的范式。中国研究"三农问题"的著

图 3 武汉市新洲区张渡湖小学师生在制作生物多样性标本

图 4 武汉市新洲区徐沟小学学生在展示编织技艺

名学者温铁军指出，他在 20 多年前就接触了中国滋根的创始人杨贵平女士，开始参与中国滋根的活动，这么多年过去了，滋根人初心不改、始终坚持做好一件事，即紧紧围绕教育促进可持续发展这个中心开展工作，在经济欠发达的乡村建设绿色生态文明试点县，推动绿校和绿村的发展，成效显著，得到社会的充分肯定与支持。

"谦恭虚己，再接再厉。"中国滋根多年来始终聚焦可持续发展问题，注重切合我国农村实际，严谨工作，形成有理念、有培训、有试点、有示范、有推广的绿校、绿村建设体系，是联合国的发展理念与国家乡村振兴战略结合的典范。项目的成功既有北师大、中国农大专家团队的努力，也有地方教育工作者的积极参与。中国滋根以中国本土的力量推进教育促进可持续发展这一全球难题解决，既具有世界性表率意义，也是滋根人有效发挥作用、永葆生机活力的重要前提。习近平主席在二十国集团领导人第十六次峰会上明示："中国将力争 2030 年前实现碳达峰、2060 年前实现碳中和。我们将践信守诺，携手各国走绿色、低碳、可持续发展之路。"中国滋根责无旁贷，仍将为社会绿色低碳建设负重前行，继续贡献智慧与汗水。

The New Paradigm of Education Promoting Sustainable Development: The Construction of Green School and Green Village in China

Luo Yixian

Abstract: Education to promote sustainable development is a forward-looking, comprehensive and systematic project of international concern for the domestic needs of the new era. In order to adapt to the new situation, new tasks and new requirements, China takes the construction of green ecological civilization schools and green ecological civilization villages as the platform, improves their cognitive ability of sustainable development by teacher training, and changes the concept of thinking and behavior as the breakthrough point, and drives students, schools, villagers and communities to understand what is sustainable development and what is unsustainable from different angles and levels. They can actively participate in the development of green ecological civilization schools and villages, and form a good paradigm for social organizations to participate in comprehensively promoting rural revitalization.

Keywords: Rural Education; Sustainable Development; Paradigm Effect

创新社区教育　服务乡村振兴

罗继平

【摘　　要】武汉市新洲区社区教育以文化建设为突破口，以人才培养为着力点，培养红色头雁，聚集新乡贤力量，创办民俗节会，培训技艺技能，传承优秀传统文化，主动投身乡村振兴主战场，形成了"书""会""节""馆"四大工作体系，为乡村振兴提供了持续的精神动力。

【关 键 词】武汉新洲；社区教育；乡村振兴

【作者简介】罗继平，原武汉市新洲区教育局职业与成人教育科科长，现为新洲公益教育服务组负责人、中国滋根新洲项目负责人，武汉市作家协会、音乐家协会、民间艺术家协会会员，研究方向为农村成人教育。

图1　武汉市新洲区问津书院

文化是振兴乡村的灵魂，社区教育在乡村文化振兴中肩负重要使命，具有独特优势，是应当并且能够做出重大贡献的。

武汉市新洲区位于大别山余脉南端、长江中游北岸，面积 1500 平方公里，人口 100 万，自 2012 年开始，新洲区建立社区教育学院、教育学校、教学点三级社区教育网络，共有专任教师 350 人、兼职教师 200 余人。新洲社区教育以文化建设为突破口，以人才培养为着力点，培养红色头雁，聚集新乡贤力量，创办民俗节会，培训技艺技能，传承优秀传统文化，主动投身乡村振兴主战场，形成了"书""会""节""馆"四大工作体系，为乡村振兴提供了持续的精神动力。

一 "书"

新洲具有丰厚的文化资源，社区教育以文化建设为突破口和着力点，持续发力，努力传承新洲红色文化、问津文化和民俗文化，为乡村振兴聚集文化力量。

2013 年 6 月，新洲社区教育组织编写《新洲民间文化丛书》，争取区委宣传部牵头，并将其列入新洲文化建设项目。全区动员千人，历时一年，耗资百万。

2014 年 6 月，十本一套《新洲民间文化丛书》结集出版。3000 套丛书发送到全区 640 个行政村和社区、120 所学校、500 多个企事业单位。

《新洲民间文化丛书》被列入《荆楚文库》，其出版发行震动新洲，赢得一片赞誉。该书被区委区政府带到北京，赠予新洲籍人士，大受欢迎；服务窗口部门，把《新洲民间文化丛书》装饰在门厅，作为高端文化标志；一年后该书一套难求，为满足客户要求，凤凰谷公司干脆自己拿钱重印。

《新洲民间文化丛书》编辑，扩大了社区教育的影响，提升社区教育的社会地位，锻炼提高了队伍，达到了成书、成事、成才的目的，《新洲民间文化丛书》编辑也成为我们团结和组织群众的纽带，拉动了新洲社区教育其他工作。

《新洲民间文化丛书》编辑发行，引发了新洲传承优秀传统文化的热潮，随后各镇街先后推出《龙丘文化丛书》《徐古民间故事》《古镇仓子埠民国

图2　新洲民间文化丛书

将军录》《火凤凰》期刊，纷纷编印地方文化书籍，推出自己的文化品牌。

2015年，编书团队组建，编辑《新洲红色文化丛书》，该丛书分为《新洲革命故事》《新洲抗日故事》《新洲红色记忆》《新洲红色纪念地》《红色将军山》《红色涨渡湖》《新洲红色诗词》等九册，200万字。

《新洲红色文化丛书》第一次对新洲革命史料进行全面系统的收集整理，第一次完整记述李紫苏区、将军山、涨渡湖革命根据地的形成发展和壮大的历史。《新洲英烈名录》第一次理清中国共产党成立至今新洲烈士1878名，其中增补表册遗漏烈士14名。《新洲军政人物》记述了新洲萧耀南、徐源泉、万耀煌、陶述曾、陶希圣等人物的历史功绩，特别是他们在抗日战争中的突出贡献。《新洲红色文化丛书》对大别山革命老区的红色新洲，从不同层面、不同视角做了全面、系统、深入的展示，被称为新洲的"红色百科全书"。

2016年秋季开学，一套七本共一万八千册《红色新洲》教辅读本发放到全区中小学生手中。在《新洲红色文化丛书》的基础上，根据学生年龄特点，将先烈英雄事迹编写成通俗易懂的故事，起到很好的教育作用。新洲社区教育人的辛勤工作，得到了市区领导和社会各界的充分肯定。

二　"会"

新洲历史悠久，人才辈出。新洲社区教育致力于发现人才、培养人才、组织人才、使用人才。充分发挥新乡贤的骨干、示范和引领作用，把人才聚集为队伍，转化为力量。

在编写《新洲民间文化丛书》的同时，推动组建了一批学习研究型组织，网罗团结了一批智者和乡贤。"徐古八贤""龙丘八怪"，一批乡土文化专家、作家诗人，都成为乡村振兴的智库。整合老年大学、关工委、老科协等组织，充分发挥社区人才优势，动员社区专家学者、能工巧匠、劳动模范、科教人员、退休老干部参与社区教育。

"龙丘文化研究会"：在"河东狮吼"的三店，社区学校校长徐元桥组织辖区和三店籍干部教师、专家爱好者创办"龙丘文化研究会"，他们挖掘龙丘文化，陆续编辑出版了《龙丘文化丛书》十几本；策划组织了"龙丘桃花节""龙丘瓜蒌节""农耕文化节" 3 个民间节会；创办"龙丘民俗馆""农耕文化馆""龙丘皮影馆"等 4 个乡村展览馆，申报了"牌子锣鼓""龙丘竹雕"等 6 个非遗传承项目；2017 年成功申报"湖北省民间文化艺术之乡"，目前正在组织修复历史文化遗迹，申报国家级"民间文化艺术之乡"。

图 3   新洲非遗高跷亭子

"八十八行研究会"："八十八行"是新洲重点非遗项目，其秘书长、李集社区教育兼职教师李孚喜主动承担《新洲八十八行》编辑工作，他上红安，下黄州，四个月行程三千公里，跑遍新洲的村村寨寨。自己给民间艺人发工资，动员妻子、亲友收集整理资料。他创办李集老年艺术团，排演"八十八行"。湖北日报头版、文化版头条，楚天都市报整版报道李孚喜为乡村文化建设所做出的艰辛努力。

图4　新洲江家良心秤

"举水文学研究会"：设立于新洲社区教育学院，网罗了一批文学爱好者。学院组织他们深入生活，采写宣传了全国道德模范新洲"江家良心秤""守诺邵桃荣""励志创业余红梅"等一批先进模范人物及事迹，采编出版乡村振兴领军人物丛书《红色头雁》。

搭建特色平台，聘任特色教师，开展特色培训，为他们创设施展才华和抱负的平台，帮助他们实现人生价值和社会价值，这就是他们获得的最好的"报酬"。

新洲最大的学习型组织是"红色头雁"。新洲社区教育学院从"教育部—村一名大学生计划"项目开始，培养农村技术和管理人才，几年来开办了7期培训班，培训了700多人。学员余红梅从收废品起家，发展到收旧货、收古董，创办了古建筑公司，在北京开了两个古董店，打造"凤娃古寨"民俗文化博览园，成为妇女创业的榜样。

积极与组织部门联系，承办新洲"红色头雁"的培训。已经办了3期，321名村书记编班学习。其中潘塘街陈玉村书记张文喜，把人民群众的冷暖记在心头，把乡村振兴的责任担在肩上，带领全村村民实干、苦干，其带领的党组织连续 5 年被评为区先进基层党组织，张文喜 2018 年当选十三届全国人大代表。

新洲社区教育教师基本从普通教育转岗而来。每位社区教育教师，根据个人专业兴趣，结合各地资源和需求，选择一个专题进行研究学习。在工作项目的推进中，龙丘文化徐元桥、红色文化刘和平、诗人吴天亮、作家汪莉义，儿童服饰石翠芬、刘金明，一大批社区教育专业人才迅速成长，成为新洲的专家学者，也成为新洲新乡贤领军人物。

三 "节"

2012 年创办"张店桃花节"。张店是举水西岸交通、商埠和文化重镇。张店物产丰饶，有种桃的传统，但一段时间鲜桃销路不畅，有产无收，种植户纷纷砍伐桃树。为了促进鲜桃销售，复活"八十八行"，当地策划组织了"张店桃花节"。发动新绿源生物肥业和同心圆、六角海等种植企业，整理场地，提供后勤和安全保障；发动张店民俗艺术团牵头承担表演和后勤工作。"我们自己的桃花节，大家都来做贡献"，在社区学校的鼓动下，张店的百姓对自己的桃花节倾注了极大的热情，大家纷纷献计献策，出钱出力，个体小老板纷纷赞助经费。

图 5 张店桃花节

2012年4月6日，首届"张店桃花节"开幕，200多名农民演员在张店桃花园中为3000多名游客实景表演，抒情达意的民歌演唱、幽默风趣的《八十八行》、古老的民俗器物、靓丽的传统服饰都重焕光彩。"民歌民俗展示魅力张店，日出日落演绎农耕文明"，人面桃花，古风古韵，给游客以追思和遐想。

张店桃花节，从2012年创办至今，主办方从民间到政府、到企业，已经办了8届。桃花节，打开了鲜桃销路，拉长了产业链条，桃花观光游、采摘体验游，网上订购，快递销售，桃花宴，桃胶汤。8年间，张店新开十里桃园，"桃花经济"成为最响亮的口号。

桃花节，活跃了群众文化生活，促使农民艺术团队不断挖掘整理，推陈出新，排演民俗节目，也带动周边中小学民间文化艺术传承。

2016年创办"孔埠弦歌节"。该节日起源于建筑老板程书麒创办的"新洲民歌研究会"。汪集街道将原八里经管处地皮无偿交给程书麒建礼堂。受此鼓舞，程书麒又花了98万，买来原八里粮管所院落，大规模建设八里民间文化传承基地。程书麒出资400多万元建成"弦歌堂"，有一座建筑面积1000多平方米的礼堂。用作公益场所，弦歌堂是当地民歌排练基地和展演舞台，也是当地群众文化体育活动中心。

图6　孔埠弦歌节高台狮子表演

"一街镇一节会"。兴办节会锻造出一支文化策划团队，新洲社区教育策划队伍随后应邀策划组织了李集荷花节、将军山红歌会、龙丘农耕文化节、龙丘瓜蒌节等节会。新洲开发旅游景区，很多请该团队去做文化顾问，策划组织景区文化建设，如"万福园"、"花朝河湾"等。"凤凰谷"、"龙岩山庄"、"八里弦歌堂"等地，邀请该团队成员进驻担任文化顾问。

兴办节会，投身新洲政治、经济、文化建设的主战场，增强社区学校工作的内在动力；发动群众，组织群众，依靠群众办节会，激发群众的学习能力和创造能力。

四　"馆"

2014 年新洲教育局向全区学校发出"民俗文化进校园"的号召，2015年国务院确定武汉市为"优秀传统文化进校园"工作试点城市，武汉市将该建设任务交由新洲区承担。新洲区以"红色文化""问津文化""民俗文化"为重点，以"深厚的历史文化底蕴，广泛的群众基础"为导向，确定学校传承重点项目。聘用"非遗"传承人担任兼职教师，培养学校在职教师、编写教材，组织开展各类学习传承工作。

在新洲中小学和社区学校，传承基地建设、乡村博物馆与展览馆建设开展得如火如荼。

"龙丘民俗馆"。三店街整合老年大学、老科协等机构，改建出建筑面积 1200 平方米的社区教育学校，2017 年建成了"龙丘民俗馆"，14 个展室，涵盖当地传统文化、传统技艺。"龙丘巧娘驿站"、计算机网络机房、图书阅览厅、舞蹈排练场，教学、实训、生活设施一应俱全。

"龙丘农耕文化馆"。2018 年三店二中建成了"龙丘农耕文化馆"，该馆包含"中国农耕史展馆""农耕器物展馆""农家院落""农作物标本种植园"四大部分。2018 年创办"龙丘农耕文化节"，同时承办"三店农民丰收节"。

图 7　农妇朱金莲的猫头鞋培训班

"新洲育婴馆"。育婴员培训是新洲社区教育的一个品牌。从 2011 年开始，学院组织了 14 期育婴员的培训，培训 3000 多人。绝大部分学员培训结业后进入武汉市月子中心、家政服务公司，做起月嫂、育婴员等工作。其月薪一般 6000~8000 元，多者月收入 1.2 万元。

"凤凰女工坊"。脱贫致富，就业是关键。在三店社区学校创办"龙丘巧娘驿站"，在凤凰社区教育学校创办"凤凰女工坊"，社区教育学院建设"新洲民间技能馆"，努力增强社区教育学校的服务能力，尽量满足社区居民技能学习需要。

培育民间技艺传承人、组织非物质文化项目进培训课堂。凤凰农妇朱金莲会做猫头鞋，但有价无市，销路不畅，当地政府帮其包装宣传，申报非遗传承人，又聘请她担任教师，开设猫头鞋培训班。当地政府与武汉手工艺联合会联

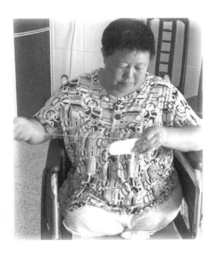

**图 8　残疾妇女高艳梅
在轮椅上纳鞋底**

系猫头鞋营销，组织网络宣传销售。"一人受训，一家脱贫"。由朱金莲的 20 多位徒弟制作的工艺品在黄鹤楼景区等地展销。三店残疾妇女高艳梅受培训之后，在家手工制作布鞋，月收入 2000 多元。

社区教育学校，不能只是办公的地方，必须建有各类教育、培训、传承基地。这才像社区教育学校，校外基地不能取代校内基地。在建的仓埠社区教育学校，设计的就是民国风格建筑，将来整个学校就是"仓埠民国历史展览馆"。

"张店刺绣馆"。张店小学很多孩子，书包里有刺绣用具，上学放学有空就绣花。妈妈奶奶都跟着绣。张店小学学生的刺绣，用传统的技法表现现代儿童生活，童真童趣，生机盎然。2016 年"别样的寒假作业"见诸《湖北日报》后，全国各大网站纷纷转发。2017 年中德少年足球交流，张店刺绣作为礼品被带到德国。张店小学儿童歌舞《推车调》是新洲的经典，经常选调参加市区大型活动，周边民间艺术团、景区艺术团纷纷邀请孩子们去教舞，5 个孩子一对一教学，4 个小时就可以教会一群成人。

图 9　张店小学女童课后走道内刺绣

"涨渡湖抗日根据地展览馆"。由双柳社区教育学校创建。2019 年 4 月刚刚建成，就频繁地承办党员教育活动。接待中铁大桥局、中石油、中建三局、高新开发区老干局等团体参观 2000 余人次。区人大常委会主任魏久明、双柳街党工委书记郭国清率本单位党员干部参观展览馆后表示：要保护好重要文物，做好根据地纪念设施建设总体规划，分期分批逐步实施。

乡村博物馆、展览馆，是优秀传统文化传承基地重要组成部分。"向东戏曲馆""得胜剪纸馆""徐沟编织馆""凤凰彩绘馆""潘糖花饰馆"，这些展馆在满足学校教学实训需求的同时，积极为社区居民提供学习观摩服务，也成为新洲全域旅游的支撑。截至 2018 年底，全区传统文化进校园重点项目学校已经达到 40 所，受惠学生达到 6 万。

彰显项目的地域性、布局的系统性和工作的独创性，在农村中小学系统建设传统文化传承基地，建设乡村博物馆、展览馆；优秀传统文化"从进校园到出校园"，学生带动家长，学校影响社会。新洲的学校，正日益成为社会道德建设高地、地域文化传承中心、城乡百姓精神家园，传递乡音，记住乡愁，引领乡风，凝聚乡情。

Innovations in Community Education for Rural Revitalization

Luo Jiping

Abstract：Community education in Xinzhou District of the City of Wuhan takes cultural construction as the breakthrough, takes talent training as the focus, taking the initiative in pooling the strength of emerging village thought leaders, celebrating folklore festivals, prioritizing skills training, and inheriting essence of traditional culture, with 4 working mechanism of "books, societies, festivals and museums" formed, providing sustained impetus for rural revitalization.

Keywords：Xinzhou District of Wuhan；Community Education；Rural Revitalization

图书在版编目（CIP）数据

教育与乡村发展 . 第 1 辑 / 朱旭东主编 . -- 北京：

社会科学文献出版社，2022.6

ISBN 978-7-5228-0087-5

Ⅰ.①教…　Ⅱ.①朱…　Ⅲ.①乡村教育-研究-中国

Ⅳ.①G725

中国版本图书馆 CIP 数据核字（2022）第 076633 号

教育与乡村发展（第 1 辑）

主　　　编／朱旭东

副 主 编／曾晓东　李兴洲

出 版 人／王利民

组稿编辑／任文武

责任编辑／丁　凡

责任印制／王京美

出　　　版／社会科学文献出版社·城市和绿色发展分社（010）59367143
　　　　　　　地址：北京市北三环中路甲 29 号院华龙大厦　邮编：100029
　　　　　　　网址：www.ssap.com.cn

发　　　行／社会科学文献出版社（010）59367028

印　　　装／三河市龙林印务有限公司

规　　　格／开　本：787mm×1092mm　1/16
　　　　　　　印　张：17.5　字　数：268 千字

版　　　次／2022 年 6 月第 1 版　2022 年 6 月第 1 次印刷

书　　　号／ISBN 978-7-5228-0087-5

定　　　价／88.00 元

读者服务电话：4008918866